HERBERT LUCY

Kämpfen –
ein Leben lang

*Erinnerungen des
Gesamtbetriebsrats-Vorsitzenden
von Daimler-Benz*

Mit einem Vorwort von
Helmut Schmidt

Mit 19 Abbildungen

Piper
München Zürich

Redaktionelle Mitarbeit:
Hans Otto Eglau

ISBN 3-492-03588-4
© R. Piper GmbH & Co. KG, München 1993
Gesetzt aus der Baskerville-Antiqua
Gesamtherstellung: Clausen & Bosse, Leck
Printed in Germany

Inhalt

Vorwort

Als mich mein Freund Edzard Reuter bat, den Lebenserinnerungen von Herbert Lucy ein Vorwort voranzustellen, unterstrich er, der Unternehmer und Arbeitgeber, diesen Wunsch mit der Begründung, der langjährige Vorsitzende des Gesamtbetriebsrates habe seit 1945 in der Daimler-Benz AG ein Lebenswerk vollbracht,»...das in seltener Reinkultur gelebte soziale Demokratie verkörpert.« Da ich Lucy seit Jahrzehnten kenne und seine Arbeit verfolgt habe, weiß ich, daß Reuters Urteil zutrifft.

Herbert Lucys Buch legt in unverschnörkelter Sprache sein Leben dar, das er als Werkzeugmacherlehrling begann und während dessen er ein Vierteljahrhundert lang – ohne Gegenstimme oder Gegenkandidaten – der auf Arbeitnehmerseite wichtigste Repräsentant eines der größten, erfolgreichsten und zugleich weltweit renommierten Unternehmen Deutschlands gewesen ist. Lucys Bericht ist auch ein spannendes Stück Geschichte deutscher Gewerkschaftsarbeit geworden. Sie begann 1945 mit dem festen Willen, einen neuen Anfang zu machen, zugleich aber mit der Frage, wie man nun mit den Nazis, denen man ausgesetzt gewesen war, umgehen sollte, ohne die Wunden ewig offenzuhalten. Die im Widerstand natürliche Gemeinsamkeit mit den Kommunisten zerfiel auch in Mannheim bald in Kämpfe; im Verhältnis zwischen SPD und KPD mußte Klarheit geschaffen werden.

Wenn man an einem totalen Neubeginn steht, braucht man Kooperationen und Allianzen. Lucy zeigt, wie man Unbequeme einbindet, wie man Instrumente nutzt und benutzt – z. B. das spätere Betriebsverfassungsgesetz –, um Vorteile herauszuschlagen; wie man als Betriebsrat und harter Verhandler, immer den Gesetzestext in der Tasche, ein Optimum des Möglichen herausholt; wie man einem Arbeitgebervertreter vom Kaliber Hanns Martin Schleyers im Duell Respekt einflößt; wie man seine Mitarbeiter motiviert und ihnen hilft, sich mit der Arbeit und dem Produkt zu identifizieren; wie man durch Gruppenarbeit Arbeitsprozesse menschenwürdiger macht; wie man Mitarbeiter umfassend informiert; wie man im Gesamtbetriebsrat nach Debatte den notwendigen Konsens für anstehende Auseinandersetzungen mit der Kapitalseite herstellt; wie man delegiert, Verantwortung verteilt, nach eingehendem Palaver schlußendlich entscheidet und – fast das wichtigste Element – sich mit den richtigen Leuten umgibt und sich auf sie verläßt.

Dieser Band ist unversehens auch ein Lehrstück für den Erwerb von Handlungsfähigkeit geworden. Statt alles auf einmal zu wollen, sofort, ohne Rücksicht auf Scherben, aber mit der Wahrscheinlichkeit von längerfristig eintretenden Nachteilen, muß man vielmehr stetige »Fußarbeit« leisten, wie Lucy das nennt.

Dieses Buch also ist mehr als eine Autobiographie eines Mannes der ersten Stunde. Es ist auch ein Stück Firmengeschichte und zugleich ein Stück Betriebsratsgeschichte – zum Lesen und Weitergeben. Gustav Heinemann hat die

Wiederaufbauleistung einmal mit den Worten gewürdigt: »Den Arbeitnehmern, die in der Zeit nach dem Zweiten Weltkrieg die große Last des Zusammenbruchs und des Wiederaufbaus zu tragen hatten, gebührt unser aller Achtung. Sie haben aus den Trümmern des schrecklichsten Abschnitts unserer Geschichte das Leben wieder lebenswert gemacht. Hierbei ging es nicht nur um die materiellen Güter, die – oft für einen Hungerlohn – geschaffen wurden. Zumal die gewerkschaftlich organisierten Arbeitnehmer haben unter Führung ihrer Organisationen wesentlich dazu beigetragen, daß auch das geistige Trümmerfeld verhältnismäßig rasch aufgeräumt werden konnte.« Dies Wort trifft voll auf den Werkzeugmacher und Betriebsrat Lucy zu.

Der Autor dieses Buches trat 1945 in die Gewerkschaft und 1956 in die SPD ein. Er hatte ein – wie er schreibt – »nur bescheidenes Talent« für Theorie, er war nie gefesselt von tiefschürfenden Programmdiskussionen, sondern er war »mehr der von handfesten Arbeitnehmerinteressen geleitete Pragmatiker«, der in der SPD eine für diese Themen aufgeschlossene Partei sah. In diesem Sinn arbeitete er für diejenigen, die ihn in die Ämter schickten, so als Kommunalpolitiker im Mannheimer Stadtrat ab 1965, ab 1980 als stellvertretender und dann – nach seinem Ausscheiden aus dem Beruf – als Vorsitzender der Fraktion. Gleichzeitig vertrat der von Lucy – trotz absoluter Gegensätze der Herkunft und kulturellen Prägung – hochverehrte und unvergessene Carlo Schmid, ein epikuräischer Intellektueller von Weltläufigkeit und Vitalität, aber fest in seinem von Arbeitnehmern geprägten Wahlkreis verwurzelt, 20 Jahre lang Mannheim im Bundestag. Beides ging damals hervorragend zusammen. Auch Lucy hätte ein guter Volksvertreter für Bonn sein können, aber als die Frage aufkam, entschied er sich für den

Vorsitz des Gesamtbetriebsrates und für die Kommunalpolitik. Er hat nie in schlaflosen Nächten Marx gelesen; zu
seinem schwäbischen Parteifreund und späteren Landesvor-
sitzenden Erhard Eppler hatte er, da es ihm an Theorieinter-
esse und an grünen Ambitionen mangelte, naturgemäß
keine Antenne. Andererseits aber waren für Lucy auch kommunistische Betriebsräte dann akzeptable Kollegen, wenn
sie ehrliche Interessenvertreter der Belegschaft, nicht aber
von Ost-Berlin ferngesteuert waren. In Rechts-Links-Sche-
mata paßt Lucy nicht. Seine Vaterfigur war Willi Bleicher,
der von der KPD zur SPD stieß und bis zuletzt die klassenkämpferische Attitüde nicht ablegte.

Lucy wurde 1929, in der Weltwirtschaftskrise, gut drei
Jahre vor der Machtübernahme durch die Nazis, geboren, er
erlebte mit zehn Jahren den Ausbruch des Zweiten Welt-
kriegs; was er an Schulbildung mit auf den Weg bekam, hat
infolgedessen dieses Wort kaum verdient.

Bombenangriffe und mehrere Evakuierungen als Volks-
schüler bestimmten seine Erfahrungen. Für einen Begabten,
der 1944 als Kind einfacher Eltern in den Trümmern nach
einer Zukunft suchte, war die Arbeit »beim Benz« die einzige berufliche Chance. Krieg und Not haben Lucy um seine
Jugend und Träume von Bildung und Weiterkommen zunächst betrogen – so wie es vielen jungen Leuten damals
gegangen ist. Es war bitter, um die Möglichkeiten der eigenen Begabung zu wissen, aber das Fahrgeld für die tägliche
Straßenbahnfahrt vom Vorort Feudenheim zur Mittelschule in die Mannheimer Innenstadt nicht aufbringen zu
können.

Mannheim war die von der Industrialisierung am frühe-
sten und nachhaltigsten erfaßte süddeutsche Großstadt, ein
betont politisches Umfeld für den Heranwachsenden. Die

Eltern, zwar keine Mitglieder, aber in ihren Überzeugungen der SPD nahestehend, waren im Milieu der Arbeiter- und Gewerkschaftsorganisationen und Freizeitzirkel aktiv. Man hörte während des Krieges verbotenerweise BBC, um sich über den wahren Kriegsverlauf zu informieren. Und man hielt Kontakt zu Verfolgten. Der Benz-Lehrling vergißt sein Leben lang nicht das allmorgendliche Eintreffen und die Drangsal der verelendeten Zwangsarbeiter aus dem nahen KZ-Außenlager Sandhofen. In Sträflingskleidung und ohne feste Schuhe mußten sie unter SS-Bewachung schuften. Wer sie heimlich mit Essensresten versorgte, wurde brutal bestraft. Lucy lernte so die menschenverachtende Diktatur und die Folgen von Widerstand am eigenen Leib kennen.

Schon bald war er Vertrauensmann bei Daimler-Benz, dann Betriebsrat, später ergänzte er seine betriebliche Arbeit durch die politische Arbeit in der SPD – alles mit Fleiß erarbeitet, alles erlebt, nichts nur angelesen, obwohl er bildungshungrig war. So ist er durch Vertrauensarbeit, durch beharrliches Festhalten an seinen Zielen, durch alle Machtkämpfe zwischen christlich, sozialdemokratisch oder kommunistisch ausgerichteten Betriebsräten hindurch in seine Ämter gelangt. Er ließ den kommunistischen Gegnern keine Chancen zur außerbetrieblichen Profilierung; er grenzte sie nicht aus, sondern band sie ein und integrierte sie mit ausgeprägtem Machtinstinkt, mit Pragmatismus – und mit Schlitzohrigkeit. Jegliches Zugeständnis an den Vorstand des Unternehmens kostete als Entgeld für die Belegschaft ein Extra an anderer Stelle. Management und Kapitalvertreter hörten von ihm Klartext, umgekehrt erfuhr die Belegschaft von ihm auch die unangenehmen Wahrheiten – alles ohne rhetorische Gratwanderungen und ohne klassenkämpferische Tiraden. Wenn der Deutschen Bank, wenn Flick und Quandt in glänzenden Gewinnsituationen des Unternehmens gute Erträge zuflossen, dann kamen Lucys Leute nicht zu kurz. Seine Politik machte die hoch über Tarif liegenden Verdienste bei Daimler-Benz möglich. Die von Lucy in Gang gesetzten innerbetrieblichen Schritte zur Qualifizierung haben viele Arbeiter in höhere Lohngruppen mit entsprechenden außertariflichen Zulagen gehoben.

Lucy war hart, aber selten verletzend im Umgang. Mit der Devise »Gegner, keine Feinde« wurde er von den 100000 Beschäftigten im Tarifgebiet Nordwürttemberg-Nordbaden geachtet – übrigens auch deshalb, weil er in einem fast hundertprozentig IG-Metall-organisierten Betrieb gegenüber seiner Gewerkschaft zwar loyal und diszipliniert war, niemals aber ihr Befehlsempfänger wurde.

Der innerbetriebliche Sozialpolitiker hat nie vergessen, woher er kam und in wessen Auftrag, mit wessen Mandat er handelte. Als Vorsitzender des Gesamtbetriebsrates hat er mit dem Vorstand des Unternehmens rund 80 Betriebsvereinbarungen abgeschlossen: für Schichtarbeiter, für ältere Mitarbeiter, für berufstätige Mütter, für die Weiterbildung.

Wir trafen uns 1975 auf einem SPD-Parteitag in Mannheim. Lucy saß als Kreisvorsitzender auf der Präsidiumsbühne, ich war Bundeskanzler einer sozialliberalen Koalition. Und wir trafen uns im selben Jahr abermals in einer Betriebsversammlung der Daimler-Benz AG in Mannheim. Das Unternehmen stand – trotz Weltrezession – wirtschaftlich sehr gut da. »Mercedes« war in der ganzen Welt für Qualitätsarbeit, hervorragendes Management und guten Service bekannt – eine Firma mit bester Bilanz und scheinbar ohne Probleme.

Ich habe als Bundeskanzler Betriebsversammlungen immer für eine gute Informationsquelle für beide Seiten gehalten, für die Regierten und die Regierenden. Der Bundeskanzler hörte vielerlei Tatsachen, Fragen, Probleme und Kritiken unmittelbar von arbeitenden Menschen und deren Vertretern, wie sie in den Wirtschaftsteilen der Tageszeitungen oder im »Handelsblatt« kaum jemals auftauchten. Gleichzeitig konnte er den Belegschaften, Betriebsräten und auch den Vorständen aus erster Hand über die laufende Wirtschafts- und Sozialpolitik berichten, auch über den Lauf der Welt, ihrer Krisen und internationalen Verwerfungen sowie deren Auswirkungen auf andere, weniger glückliche Branchen. Aus diesem Buch habe ich übrigens nachträglich gelernt, mit welcher Unbeirrbarkeit der Betriebsrat Lucy meinen Auftritt vor der Belegschaft gegenüber Verhinderungsversuchen der Unternehmensleitung durchgesetzt hat. Als ich dann kam, saß der Vorstand der Aktiengesellschaft in der ersten Reihe.

Ich sagte damals an die IG Metall gerichtet, die ja nicht immer frei war von ideologischen Scharfmachern: »Die deutschen Gewerkschaften haben die enorme Steigerung des realen Lebensstandards mit relativ wenig Streiks mit einer im Grunde ziemlich friedlichen Gewerkschaftstaktik erreicht. Sie haben 20 Jahre lang immer, wenn es nur irgend ging, die Verhandlung gesucht und am Schluß einer langen Verhandlung den Kompromiß vorgezogen. Wir haben das große Glück gehabt – auch die, die gar nicht in der Gewerkschaft sind –, daß seit 1949 die Gewerkschaftsführer ... klugen Gebrauch von ihren Möglichkeiten gemacht haben, ... Modernisierung und Rationalisierung in unseren Fabriken nicht etwa abzuwürgen, sondern geschehen zu lassen, auch wenn sich in vielen Fällen die Belegschaften zunächst dazu skeptisch eingestellt hatten. Die Gewerkschaften haben es fertiggebracht, daß die Produktion immer moderner wurde, gleichzeitig... jedes Jahr eine Lohnsteigerung abgeholt, ohne die Produktion lahmzulegen.« Wie man dies als gestandener IG-Metaller und Betriebsrat in der betrieblichen Praxis bewerkstelligte, das steht in diesem Buch. Ich habe damals wie bei vielen anderen Gelegenheiten meine Überzeugung vertreten, daß der letzte Grund für unseren wirtschaftlichen Aufstieg und für unsere soziale Stabilität in unserer einheitlichen Gewerkschaftsbewegung liegt, die es nicht nötig hatte, bei jeder Gelegenheit auf öffentlicher Bühne Klassenkampf aufzuführen. Sie erreicht das Wesentliche am Verhandlungstisch. Sie war – und bleibt hoffentlich – sich bewußt, daß man heute die Kuh nicht schlachten darf, die morgen Milch geben soll.

Männer wie Lucy stehen für eine lange Reihe kämpferischer, treuer Menschen, zu denen Reformer wie Hans Böckler, Otto Brenner, Heinz Oskar Vetter, Ernst Breit, Eugen Loderer, Georg Leber und Walter Arendt zählen. Sie alle haben sich für den sozialen Konsens eingesetzt, der die Basis für hohe Reallöhne und Gehälter ist. Wichtig für diesen Konsens ist auch der geheim gewählte Betriebsrat, denn er hat in Deutschland die Macht, in der Praxis ein großes Stück industrieller Demokratie zu gestalten. Das ist ein Pfund, mit dem man wuchern muß. Lucys Buch ist ein Paradebeispiel dafür, wie man Rechte der Mitwirkung in reale und verdiente Vorteile umsetzt.

Als Gewerkschafter und Kommunalpolitiker weist Lucy eindrucksvoll auf das schwerwiegende Problem der weitgehenden Auflösung des traditionellen Arbeitermilieus hin. Parteien und Gewerkschaften stehen heute einer Vielzahl von sozialen Milieus mit je besonderen Wertorientierungen gegenüber, die sich nicht mehr aus beruflicher Stellung allein ableiten, mit unterschiedlichen Lebensentwürfen und

Bedürfnissen. Für die Menschen aus manchen dieser Milieus sind die traditionellen Werte der Arbeiterbewegung nur noch Nostalgie, andere muß man stets neu für Reformbündnisse gewinnen. Gemeinsam sind ihnen aber immer noch die existentiellen Fragen: Habe ich einen sicheren Arbeitsplatz? Wie ist der beschaffen? Welchen Lohn erhalte ich für meine Arbeit? Wieviel Wochen- und Lebensarbeitszeit muß ich aufwenden? Solange diese Fragen bestehen, kann kaum im Ernst eine Rede sein vom »Ende der Arbeiterbewegung«, wie sie die sogenannten »neuen sozialen Bewegungen« unter Einfluß der Grünen zeitweise behaupten. Die Gewerkschaften, auch die SPD, werden nur dann eine starke Kraft bleiben, wenn sie sich den sich wandelnden betrieblichen, sozialen und ökonomischen Realitäten stellen.

Selbstverständlich müssen Gewerkschaften für morgen fordern und vor der aktuellen Wirklichkeit hermarschieren, sonst wären sie keine. Vorwegzugehen heißt nicht, Utopien zu verfolgen und sich im Grundsätzlichen zu verheddern, sondern es heißt: Veränderungen und Möglichkeiten wahrnehmen, sie richtig einschätzen und sie in Innovationen verwandeln, die den Menschen und der Wirtschaft dienlich sind.

Ich habe in 40 Jahren politischer Tätigkeit eine Grundüberzeugung nie verhehlt, die ich mit Lucy teile: Die Einheitsgewerkschaft hat sich als eine starke Säule gesellschaftlicher Stabilität in der deutschen Nachkriegsgeschichte bewährt. Die Solidarität innerhalb einer einzigen einheitlichen Gewerkschaftsbewegung hat es möglich gemacht, nicht nur schrittweise über vier Jahrzehnte lang Arbeitsbedingungen, Arbeitszeit, Urlaubszeit, tatsächlichen Lohn, soziale Verbesserungen durch den Gesetzgeber auszuhandeln und stufenweise voranzukommen, sie hat auch Modernisierungen und Rationalisierungen durch die Unternehmensleitungen möglich und für die Arbeitnehmerseite erträglich gemacht.

Anders als im Kaiserreich oder in der Weimarer Demokratie waren Freund-Feind-Schemata nach 1945 bei den Funktionären der Einheitsgewerkschaften zum Glück die Ausnahme – trotz der Arbeitskämpfe, welche gelegentlich nötig gewesen sind.

Diese Grundhaltung ist angesichts der wirtschaftlichen Vereinigungskrise auch heute notwendig. Heute ist Solidarität mit den Arbeitnehmern und den Arbeitslosen im Osten nötig. Die Vereinigungskrise verlangt Abwägung von Verzicht, Bereitschaft zum Teilen und zu einer gemeinsamen umfassenden Anstrengung, wenn wir nicht bei der Bewältigung der nationalen Aufgabe versagen wollen. Jetzt müssen die Sozialpartner zeigen, daß sie an ungewöhnlichen Problemstellungen wachsen können! Leider sieht es zur Zeit mit der Tugend der Verantwortung für das Ganze nicht gut aus. Die Illusion, schon 1994 würden wir im Osten wirtschaftlich blühende Landschaften erleben und deshalb könnten 1994 im Osten die gleichen Tariflöhne gelten wie im Westen, hat nach der Einigung bei beiden Tarifpartnern die Sicht auf die Tatsachen vernebelt. Tatsache ist, daß im Osten binnen drei Jahren fast die Hälfte aller Arbeitsplätze, die 1989 besetzt gewesen waren, verlorengegangen ist; daß viele Betriebe wegen ihrer Unrentabilität verkleinert oder geschlossen werden müßten; daß andere Betriebe in beträchtlicherem Maße der Subvention aus öffentlichen Mitteln bedürfen; daß diese Subventionen weitestgehend aus staatlicher Kreditaufnahme finanziert werden; daß die Produktivität in der alten ostdeutschen Industrie immer noch weit unterhalb der westdeutschen Industrie liegt; daß schließlich die westdeut-

sche Industrie inzwischen in die tiefste Wachstums- und In-
vestitionsrezession geraten ist, die wir seit Kriegsende erlebt
haben.

Bis ins Jahr 1992 hinein haben Bundesregierung, Arbeitgeber und Gewerkschaften die Notwendigkeit zu gemein-
samem Handeln nicht erkannt. Durch einen eklatanten
Mangel an Augenmaß und Voraussicht und durch platten
Optimismus hinsichtlich des Produktionsfortschritts in
Ostdeutschland hat man gemeinsam die Existenz weiter
Teile der ostdeutschen Industrie gefährdet. Eine provo-
kante, beispiellose Tarifkündigung durch den westdeutschen Arbeitgeberverband Gesamtmetall hat 1993 einen
Arbeitskampf ausgelöst, bei dem keine der beiden Seiten
etwas gewinnen kann. Die von FDP-Politikern geäußerte
Drohung, man müsse per Gesetz in die Selbstbestimmung
der Lohntarifpartner (»Tarifautonomie«) eingreifen, goß Öl
ins Feuer, während die Bundesregierung ratlos daneben
stand und keinen Versuch machte, durch Orientierung,
Empfehlung und Ratschlag zur Verständigung beizutragen.

Die Tarifautonomie ist ein kostbares Gut. Dabei müssen
beide Tarifpartner sich ihrer Rolle als mächtige Monopoli-
sten bewußt sein. Sie tragen gemeinsam Verantwortung für
das Ganze und dabei besondere Verantwortung für die
Dauer der ökonomischen und sozialen Vereinigungskrise.
Die Gewerkschaften müssen darauf achten, daß sie angesichts ihres ohnehin durch Fehlverhalten ihrer gemeinwirtschaftlichen Unternehmen belasteten Ansehens nicht ihre
dringend nötige tragende Rolle im sozialen Gefüge gefährden.

Die Arbeitgeber müssen verstehen, daß Kündigungen
laufender Tarifverträge und einseitige Drohgebärden falsche Schritte sind – nämlich Schritte rückwärts in Richtung

auf den Klassenkampf und damit in eine Situation wie in England und Amerika hinein. Es wäre eine historische Schuld und ein zu hoher Preis für kurzfristige Etappensiege, wenn im vereinigten Deutschland eine vernünftige Verständigung über Löhne und Arbeitszeiten fehlschlüge. Wer über die Gefährdung des »Industrie-Standortes Deutschland« lamentiert, muß wissen: Eine tiefgreifende Verletzung unseres sozialen Friedens muß den deutschen Standort vor aller Welt diskreditieren.

Drei Dinge gehören für pragmatische Reformer von der Art Lucys zusammen: der auf dem Grundgesetz errichtete demokratische Staat, die Sozialdemokratische Partei und die Gewerkschaften. Zu dieser Trias gehört die Erkenntnis, daß man politische Verhältnisse nur dann verändern kann, wenn man den Willen und die Mehrheit dazu hat. »Macht und Verantwortung zu haben«, sagt Lucy zu Recht, »bedeutet häufig, unpopuläre Entscheidungen gegen vielfältige Widerstände auch im eigenen Lager durchzusetzen.« Ohne Rückendeckung der Partei, und in ihr auch von denen, die sich immer nach Opposition und reiner Lehre sehnen und denen Lucy ein »prinzipiell gestörtes Verhältnis zu Macht« attestiert, ging es nicht – und wird es auch morgen nicht gehen.

Ein sozialdemokratischer Politiker und aktiver Gewerkschafter befindet sich im Alltag zwischen Ideal und Praxis. Beide Reformströme haben ihre Ursprünge in der Handwerker- und Arbeiterbewegung des 19. Jahrhunderts. Beide schlugen sich nieder in berechtigter Empörung für die Abschaffung elender Lebensbedingungen und bezogen aus dem Aufbegehren gegen politische und soziale Deklassierung ihre Antriebskraft. Beide haben sich inzwischen sehr verändert, so warnt Lucy; in der Sozialdemokratie gibt es eine Tendenz zur Dominanz rhetorisch versierter Akademiker und sozial gesicherter Menschen des öffentlichen Dienstes mit erheblicher Freizeit.

Aber auch für die Gewerkschaften verändern sich die sozialen Milieus. Lucy bemerkt auch, daß eine der Wurzeln für Ausländerfeindlichkeit und für Neigungen zur Wahl rechtsextremer Parteien – erschreckenderweise auch bei organisierten Gewerkschaftern – in der Tatsache liegt, daß manche der Etablierten von heute keinen Zugang mehr zu den Problemen und Lebensweisen politisch verwaister Gruppen finden, wie z. B. zu Industriearbeitern und städtischen Unterschichten. »Angst«, schreibt Lucy aus eigener Anschauung, »ins soziale Abseits gedrängt zu werden, entlädt sich in Feindseligkeit gegen Ausländer. Sie werden als Konkurrenten um einfache Arbeitsplätze, billige Wohnungen und staatliche Sozialleistungen betrachtet.« Sein Rezept: Man darf aus wahltaktischen Gründen keine unerfüllbaren Versprechungen machen, man muß den Bürgern reinen Wein einschenken. Denn: »Die Wahlentscheidungen fallen nicht auf Kreisdelegierten-Konferenzen, sie fallen draußen auf der Straße, in den Familien und in den Betrieben, wo die Wähler unter sich sind.«

1987 wurde ich, nunmehr schon lange Privatmann, in einer Festveranstaltung der IG Metall mit einer Medaille geehrt, die dem Andenken an eine historische Weichenstellung zwischen SPD und Gewerkschaften dienen soll. In einer Vereinbarung, die nach der Heimatstadt Lucys »Mannheimer Abkommen« heißt, hatten 1906 Sozialdemokratie und Gewerkschaften sich gegenseitig die Unabhängigkeit voneinander attestiert, ungeachtet der gemeinsamen sozialen Herkunft. Wörtlich hieß es im sozialdemokratischen Parteitagsbeschluß: »Die Gewerkschaften stehen an Wichtigkeit hinter der Sozialdemokratischen Partei nicht zurück.« Zugleich wurde die Übereinstimmung in den Zielsetzungen betont und schließlich festgestellt: »Beide Organisationen sind in ihren Kämpfen auf gegenseitige Verständigung und Zusammenwirken angewiesen.«

Dies war ein weiser Beschluß, der uns frühzeitig der Gefahr einer Entwicklung zu Staatsgewerkschaften oder umgekehrt zum Gewerkschaftsstaat enthoben hat. Ein Streik als politisches Instrument einer Partei kam danach nicht mehr in Betracht.

Nach 1933 teilten Gewerkschaften und Sozialdemokratie das Schicksal der Verfolgung durch die nationalsozialistische Diktatur, nach 1945 im Osten Deutschlands abermals durch die kommunistische Diktatur. Im Westen Deutschlands blieb es nach 1945 bei der klaren Trennung gemäß dem Mannheimer Abkommen. Gleichzeitig aber erfolgte nach 1945 der Schritt von der Richtungsgewerkschaft zur Einheitsgewerkschaft; diesem Zusammengehen mit den christlichen Gewerkschaften gebührt ebenfalls historischer Rang.

Gewerkschaften und Sozialdemokraten waren sich in den Zielen nah. Es gab wenig Dissens bei Aufgaben wie der Bekämpfung von Massenarbeitslosigkeit oder bei der Verwirklichung des im Grundgesetz festgelegten Sozialstaatsgebotes. Kontrovers jedoch verlief das Ringen um die wirtschaftlich und ökologisch verantwortbare Energieversorgung. Aber insgesamt haben Gewerkschaften und SPD alle wesentlichen sozialen Verbesserungen seit 1949 gemeinsam erstritten: das Betriebsverfassungsgesetz, die Montanmitbestimmung, die Lohnfortzahlung für die Arbeiter bei Krankheit oder die schrittweise Arbeitszeitverkürzung. Im letzten Vierteljahrhundert geschahen die wichtigsten

Schritte auf dem Weg der sozialen Sicherung in den Jahren von 1969 bis 1982, das heißt: unter sozialdemokratisch geführten Bundesregierungen.

Allerdings war dieses Verhältnis zu den Gewerkschaften in SPD-Regierungszeiten nicht ohne Meinungsverschiedenheiten in Detailfragen, am stärksten während der letzten Welt-Ölkrisen 1973/74 und 1979/80. Wir haben damals die Bundesrepublik durch harte Sparmaßnahmen (bis hin zum Autofahr-Verbot an Sonntagen) besser durch die Weltwirtschaftskrise gesteuert als fast alle anderen nicht über eigenes Öl verfügenden Staaten der Welt. Aber vielen Gewerkschaftern und vielen Sozialdemokraten hat das nicht gefallen, und vielerlei Kundgebungen gegen die notwendigen Sparmaßnahmen haben dann der FDP den Entschluß zum Koalitionsbruch erleichtert. Heute darf man wohl die Frage stellen: Wem hat das letztendlich geholfen?

Die SPD hatte in mehreren Wahlkämpfen unter den Deformationen der unter Gewerkschaftsflagge geführten gemeinwirtschaftlichen Unternehmen zu leiden, die mit den Firmen Neue Heimat und *co op* in die Geschichte unrühmlicher Affären eingegangen sind. Der Verlust an Glaubwürdigkeit ging vom gemeinsamen Konto ab. Später gab es Irritationen, weil ein prominenter Sozialdemokrat und späterer Kanzlerkandidat die These vertrat, durch Lohnverzicht bei Arbeitszeitverkürzungen könnten zusätzliche Arbeitsplätze geschaffen werden. Diese Debatte ist nicht abgeschlossen, manche Fetzen werden noch fliegen. Aber, um es mit einem Wort von Willy Brandt zu sagen: »Gute Weggenossen sind nicht solche, die immer nur im Gleichschritt sich bewegen. Gute Weggenossen sind jene, die im Vertrauen zueinander in dieselbe Richtung wollen.«

Wer in einer demokratischen Gesellschafts- und Staatsordnung, dazu noch in einer Koalition, in Gesetzgebung und Regierung einen Schritt nach vorn tun will, der muß sich mit Gegensätzen und widerstrebenden Interessen auseinandersetzen. Und am Ende steht fast immer und notwendigerweise ein Kompromiß. Akzeptable und tragfähige Kompromisse zu finden ist des Gewerkschafters täglich Brot. Nur die Fähigkeit zum Kompromiß bringt Ergebnisse, sie bringt aber auch Respekt und Anerkennung. Lucy ist es in seiner Arbeit immer wieder gelungen, die unvermeidlichen Kompromisse gegenüber den Wunschvorstellungen der Menschen, die er vertrat, einsehbar zu machen. Demokratie verlangt Kompromißbereitschaft, wenn sie denn funktionieren soll. Manchmal ist es schwierig – sowohl gegenüber Idealisten als auch gegenüber Eiferern –, die Tugend des Kompromisses glaubwürdig zu vertreten.

Seit der Erschütterung der Weltwirtschaft durch die Folgen der Aufhebung fester Wechselkurse und der beiden Ölpreiskrisen, das heißt seit den siebziger Jahren, haben sich die wirtschaftlichen Rahmenbedingungen drastisch verändert. Die Hoffnung auf Wiederherstellung von Vollbeschäftigung ist vergangen. Von jenen weltweiten Erschütterungen haben wir uns auch in den achtziger Jahren nur unzureichend erholen können, zumal die amerikanische Währung in ihrem Wechselkurs genau so unzuverlässig bleibt wie die amerikanische Haushaltspolitik. Die weltweite Verflechtung Deutschlands – viermal so groß wie diejenige Amerikas, doppelt so groß wie diejenige Japans – ist zugleich Quelle unseres hohen Wohlstandes wie auch Ursache einer starken Einschränkung der deutschen Handlungsfähigkeit. Seit 1989/90 haben uns die ökonomischen Fehler, die wir im Zuge der Vereinigung und seither gemacht haben, sogar gezwungen, im Ausland mehr Kredite aufzunehmen, als wir an das Ausland gewähren. »Die Zeiten, in denen den meisten von uns gebratene Tauben in den Mund flogen, sind vorbei«, schreibt Edzard Reuter mit Recht. »Wir durchleben eine wirtschaftliche Krise und beginnen zu ahnen, daß auch harte Arbeit nicht zu noch mehr Wohlstand führen muß. Zugleich nehmen wir erstaunt zur Kenntnis, daß die gewohnte Bewunderung der ganzen Welt für unsere Erfolge umschlägt in offene Kritik, verbunden mit der Erwartungshaltung, die von uns Opferbereitschaft und Verantwortung in Angelegenheiten einfordert, die wir bisher anderen überlassen haben.«

Der kataraktartige Zusammenbruch der Sowjetunion und ihrer Herrschaft über viele Nationen außerhalb der bisherigen sowjetischen Grenzen hat riesige Probleme entstehen lassen, auf welche die Welt nicht vorbereitet war. Dazu gehören fortdauernde Führungsquerelen in Moskau, weitgehende Funktionsunfähigkeit der russischen Volkswirtschaft, Mängel in der Sicherheit der Kernkraftwerke. An die Stelle der einen Atomwaffenmacht Sowjetunion sind vier Atomwaffenstaaten getreten. Fast alle Nachfolgestaaten der Sowjetunion liegen im Streit mit Rußland, zum Teil auch untereinander. In manchen Regionen wird täglich geschossen.

Auf der Balkan-Halbinsel hat der Zusammenbruch der kommunistischen Diktaturen blutige Konflikte ausbrechen lassen. Und nicht nur die Nationen und Staaten im Osten Europas sind wirtschaftlich und politisch bedroht von all diesen neuen, gefährlichen Entwicklungen, sondern durchaus auch das vereinigte Deutschland. Als Herbert Lucy 1989 in den Ruhestand ging, erschien die Welt einigermaßen übersichtlich – heute werden Männer seines Schlages gebraucht, um den Arbeitnehmern zu sagen, wo es langgeht!

Dies gilt auch für das innere Leben der industriellen deutschen Großstädte. Lucy weiß, wovon er spricht, wenn er im vielleicht spannendsten Teil seiner Erinnerungen seine akuten Sorgen um den »Sozialfall Großstadt« ausbreitet. Mannheim leidet – wie alle großen Städte – unter Wohnungsnot, unter nachlassender Wirtschaftskraft durch schwindendes Wachstum der Bevölkerung, unter dem Rückgang der leistungsfähigen mittleren Jahrgänge, unter zunehmender Vergreisung der Gesellschaft, unter der Abwanderung zahlungskräftiger Bürger und deshalb unter zunehmenden Verkehrsproblemen, verursacht durch Pendler. Steuerausfälle, wachsende Belastungen durch Infrastrukturaufgaben wie Pflege- und Altenheime bedrücken die Stadtväter.

Hier gibt ein Kenner eine ernstzunehmende kommunalpolitische Krisenanalyse. Seine Fallstudien und seine Klage über das brisante Konfliktgemisch in den Kommunen gilt für die meisten deutschen Städte. »Kommunalpolitik als in erster Linie zunehmend mühsames Geschäft, mit den drängenden Problemen der Gegenwart fertig zu werden« kann Handeln nicht auf die lange Bank schieben, nicht in Mannheim, nicht in München, Chemnitz, Leipzig oder Frankfurt. Der Praktiker Lucy – New York vor Augen – lädt die Städte zum Umdenken ein, zum Abschneiden alter Zöpfe, zur Verkürzung der Dienstwege, zur Verschlankung von Personal und vor allem zur Abschaffung von investitionshemmenden Genehmigungsverfahren.

Herbert Lucy ist einer, der sich selbst nicht schont. Ein Privatleben kann er während seines aktiven Berufslebens kaum gehabt haben, Hedonismus wird ihm ein Fremdwort sein. Die große Feier zum Abschied aus dem Unternehmen hatte er sich verbeten; so wie immer machte er darauf aufmerksam, daß er sein Lebenswerk nur mit anderen gemeinsam zustande bringen konnte. Es ist eine herausragende Lebensleistung in eigenem, kraftvollem Stil, ein Glücksfall für die Arbeitnehmer bei Daimler-Benz, für das Unternehmen selbst und für seine Heimatstadt Mannheim. Seine Erinnerungen zeigen uns einen hoch engagierten Menschen mit klarem Bewußtsein seiner Verantwortung – in unseren Tagen ein selten gewordenes Vorbild.

Hamburg, 9. Mai 1993   Helmut Schmidt

1. Arbeitersohn im »roten« Mannheim

Jugendjahre in den Wirren der Zeit

Mein späterer Lebensweg scheint schon durch meine Herkunft und die äußeren Umstände meiner Kindheit und Jugend vorgezeichnet gewesen zu sein. Keiner meiner Vorfahren entstammte der privilegierten Klasse. Geprägt war unsere Familie vielmehr vom Arbeitermilieu Mannheims, einer Stadt, die über ihre heutige Bedeutung hinaus schon Ende des vorigen Jahrhunderts als das führende Industriezentrum Süddeutschlands galt. Hier, genauer gesagt im damaligen Vorort Feudenheim, hatte mein noch vor der Jahrhundertwende aus dem hessischen Lorch zugewanderter Großvater väterlicherseits bei einem Bauern als Tagelöhner angeheuert. Hier lernte er auch meine Großmutter kennen, die sich als einfache Magd durchs Leben schlug. Auch die Vorfahren meiner Mutter entstammten einfachen Verhältnissen: Mein Großvater mütterlicherseits zog als selbständiger Anstreicher mit einem Handwagen zu seinen Auftraggebern. Was er verdiente, erlaubte ihm nur ein bescheidenes Auskommen.

Mein Vater Ludwig Lucy, drittes von vier Kindern, hatte den Maurerberuf erlernt und sich schon als Lehrling mit 15 Jahren der Bauarbeiter-Gewerkschaft angeschlossen. Aber er war nicht der Mann, der daran interessiert war oder sich gar danach drängte, in seiner Organisation Ämter und Funktionen zu übernehmen. Um so aktiver war er dafür im Arbeitergesangverein und bei den »Freien Turnern«. Bei einem Wettkampf dieses vor allem aus jungen Sozialdemokraten und Gewerkschaftern bestehenden Sportvereins lernte er dann in Feudenheim auch meine Mutter kennen, die sich unter den Zuschauern befand. Sie, älteste von fünf Töchtern, war Stenokontoristin gewesen, hatte ihre Stellung bei einer Mannheimer Metallfirma jedoch bald aufgegeben, weil sie im elterlichen Haushalt aushelfen mußte. Im Unterschied zu vielen Arbeitern, die im Kaiserreich als Folge des unseligen Bündnisses von Thron und Altar mit der evangelischen Kirche gebrochen hatten, waren meine Eltern vor diesem Schritt zurückgeschreckt. Sicherlich spielte dabei auch mein Großvater väterlicherseits eine Rolle, der aktiver Christ war und zeitweise sogar dem Ältestenrat der Kirchengemeinde Feudenheim angehörte.

Ich hatte das Glück, in ein Elternhaus hineingeboren worden zu sein, in dem für die damalige Zeit sehr fortschrittliche Erziehungsgrundsätze galten. Autoritärer Drill und körperliche Züchtigung gab es bei uns nicht. Nach meiner Erinnerung verabreichte mir mein Vater ein einziges Mal eine Tracht Prügel: Ohne zu fragen, hatte ich mir das nagelneue Fahrrad meiner drei Jahre älteren Schwester »ausgeliehen« – ein Konfirmationsgeschenk der gesamten Familie. Zu meinem Mißgeschick stürzte ich mit dem Rad und verbog dabei Lenker und Vorderrad. Anstatt nun meine Sünde zu beichten, stellte ich das Rad, so als wäre nichts geschehen, wieder in die Waschküche. Beim abendlichen Sängertreffen fragte ein Freund, der zufällig Zeuge meiner Bauchlandung geworden war, meinen ahnungslosen Vater, ob ich den Sturz ohne Blessuren überstanden hätte. So kam die Sache schneller heraus, als ich erwartet hatte. Die paar kräftigen Hiebe, die ich nach seiner Rückkehr aufs Hinterteil erhielt, waren als Strafe dafür gedacht, daß ich zu meiner Missetat nicht mutig gestanden hatte.

Unser Leben änderte sich von einem Tag auf den anderen, als mein Vater 1936 arbeitslos wurde. Er war an Krebs erkrankt, zwei Drittel seines Magens mußten ihm entfernt werden. Zwar überstand er die Operation verhältnismäßig gut, doch an eine Beschäftigung war bis auf weiteres nicht zu denken. Und seine bekannten politischen Überzeugungen, die er trotz des braunen Zeitgeistes nicht verleugnete, dürften auf der Suche nach einer neuen Stellung auch eher hinderlich gewesen sein. 1937 kam er wenigstens als Lagerarbeiter bei Brown, Boveri unter; der Inhalt seiner Lohntüte reichte jedoch vorn und hinten nicht, um auch nur die notwendigsten Ausgaben zu bestreiten. So mußte meine Mutter in der Nachbarschaft putzen gehen, um ihr Haushaltsgeld ein wenig aufzubessern; meine Großmutter verarbeitete Strickwolle, damals ein beliebtes Weihnachtsgeschenk, zu Pullovern und Jacken für mich und meine Schwester.

Vor allem gegen Ende des Monats mußte meine Mutter dennoch häufig anschreiben lassen, etwa bei Dubois in der Hauptstraße, wo sie Kurzwaren und Kleintextilien einkaufte. Ich erinnere mich noch gut, wie jede Woche jemand aus diesem Geschäft mit einem kleinen Büchlein in der Hand bei uns klingelte und das ausstehende Geld kassieren wollte. Wenn meine Mutter nicht zu Hause war, hatte ich den Auftrag, die in einem Gefäß in unserem Küchenschrank zurechtgelegten 50 Pfennige oder eine Mark zu übergeben. Es kam aber auch vor, daß wir das Geld noch nicht beisammenhatten. Dann ging der gute Mann ohne Groll weiter und wartete bis zum nächstenmal. Ich habe diese Begebenheit bis heute nicht vergessen und an das jüdische Geschäft bei uns in Feudenheim, vor allem nach den Pogromen in der sogenannten »Reichskristallnacht« am 9. November 1938, oft denken müssen.

Not macht bekanntlich erfinderisch. Und so lieh sich mein Vater, weil das Geld für aufwendige Weihnachtsgeschenke nicht reichte, in der Adventszeit von einem Bekannten Gußformen für Zinnsoldaten aus und goß für mich in unserer Küche etliche dieser in jenen Jahren unter Jungen meines Alters ganz besonders beliebten Figuren. Zu meiner großen Freude durfte ich ihm dabei zusehen. Mein ganzer Stolz war eine Ritterburg, die er mir in liebevoller Kleinarbeit bastelte. Um so größer war dann der Schock, als mein Vater am 1. September 1939 seinen Gestellungsbefehl erhielt. Er selber war nicht zu Hause, als der Brief eintraf. Ich sehe meine Mutter noch heute, wie sie die Aufforderung, in den Krieg zu ziehen, in Händen hielt. Als eine sensible und eher ängstliche Frau hatte sie seit längerem mit dem Schlimmsten gerechnet. – Kinder, es gibt Krieg, habe ich sie immer öfter sagen gehört, je ungenierter Hitler seine territorialen Forderungen proklamierte und die Welt mit seiner erpresserischen Annektionspolitik schockierte. Mein Vater versuchte sie in solchen Augenblicken immer wieder zu beruhigen, aber er sollte, wie sich zeigte, am Ende unrecht behalten.

Um mit Hilfe illegaler Rundfunksender ein Bild von der wirklichen Lage zu gewinnen, kauften sich meine Eltern um diese Zeit ihr erstes Radio, einen Volksempfänger. Da wir in unserer Wohnung nur Gasanschluß hatten, lief das Gerät mit Batterie und Akku. Meistens stellten sie es erst an, nachdem meine Schwester und ich zu Bett gegangen waren. Wir sollten beim streng verbotenen »Schwarzhören« nicht dabeisein, um uns nicht in der Schule durch allzu große Redseligkeit der Gefahr von Denunziationen auszusetzen. Ein unbedachtes Wort hätte ja unter Umständen schon gereicht, die Gestapo auf uns aufmerksam werden zu lassen. Bei aller Angst, die die Einberufung meines Vaters bei uns auslöste, war meine Mutter aber um eine Sorge ärmer. – Endlich haben wir wieder ein geregeltes Einkommen, sagte sie zu uns – genau 139 Mark und 50 Pfennig. Manch Heutigem mag ein solches Wort in einem Augenblick wie diesem ein wenig sonderbar erscheinen. Verständlich wird es jedoch, wenn man sich die völlig ungesicherte wirtschaftliche Situation vor Augen hält, mit der meine Eltern damals konfrontiert waren.

Schneller als erwartet begann der Krieg auch, mein Leben zu verändern. Es fing damit an, daß wir uns nachmittags in der Schule zu Löschübungen versammeln mußten. Viele Mitglieder der Berufsfeuerwehr und der Freiwilligen Feuerwehr waren ja eingezogen. Offensichtlich sollten wir bei Luftangriffen, mit denen man, je länger der Krieg anhielt, fast jederzeit rechnen mußte, die Lücke zumindest teilweise schließen. Da mein Vater von jung an freiwilliger Feuerwehrmann gewesen und ich damit, wenn man so will, erblich vorbelastet war, hatte ich mit meinen wenig mehr als zehn Jahren meinen kindlichen Spaß. Ein Teil der Schüler mußte mit dem Wasserschlauch in die oberen Stockwerke laufen, einer stand am Hydranten und führte die von einem Lehrer ausgegebenen Befehle »Wasser marsch!« oder »Wasser halt!« aus.

Ein Bild, das ich bis heute nicht verdrängen kann, ist die brennende Synagoge von Feudenheim am 9. November 1938. Sie stand in unmittelbarer Nähe unserer Schule. Ich erinnere mich deshalb noch so genau an alle Einzelheiten, weil wir in der Unterrichtspause an den Ort des Geschehens abkommandiert wurden. Etwa zehn bis 15 SA-Leute kletterten auf das Dach, rissen Pfannen heraus und warfen sie herunter. Anschließend steckten sie Dachlatten und Dichtungsmaterial in Brand. Innerhalb weniger Minuten stand das Gotteshaus in Flammen. Außer uns Kindern, die das makabre Schauspiel bejubeln mußten, hatten sich nur ein paar Erwachsene als Zuschauer eingefunden. Im Hof der Synagoge waren viele der in Feudenheim lebenden jüdischen Mitbürger von den SA-Leuten zusammengetrieben worden; obwohl zu dieser Zeit gerade erst zehn Jahre alt, sehe ich ihre verängstigten Gesichter noch heute vor mir. Nach der Rückkehr in unseren Klassenraum versuchte uns unser Lehrer zu erklären, warum dieser Brandanschlag im Interesse des deutschen Volkes notwendig gewesen sei.

Was bei uns in Feudenheim geschah, spielte sich an diesem Tag auch in anderen Stadtteilen Mannheims ab. Als wir dann nach dem Ende des Krieges die volle Wahrheit über die Verfolgung und systematische Ermordung der Juden erfuhren, mußte ich oft an einen älteren Mann aus Feudenheim denken, der wie ich jeden Morgen an der Haltestelle »Am Schützenhaus« in die Straßenbahn einstieg. Der Mann trug stets eine dünne, schwarze Aktentasche bei sich, die er gegen seine Brust gepreßt hielt, so daß sie den Judenstern, den er tragen mußte, verdeckte. Nur wenn er seine Fahrkarte dem Schaffner zeigte, wurde sichtbar, was er zu verbergen suchte. Ich fragte mich oft, wohin er wohl gehen würde, nachdem er in der Innenstadt ausgestiegen war. Ich habe ihn nie mit einem anderen Menschen ein Wort wechseln hören. Eines Tages stand er nicht mehr an der Haltestelle. Damals aber habe ich mir dabei noch nicht viel gedacht.

Trotz aller euphorischen Siegesmeldungen, die die Nazi-Propaganda über den Rundfunk verbreitete, blieb uns der tatsächliche Verlauf des Krieges nicht verborgen. Die Luftangriffe der Engländer und Amerikaner nahmen ständig zu. Natürlich wußten die Alliierten um die Bedeutung, die der Raum Mannheim-Ludwigshafen nicht nur als Verkehrsknotenpunkt, sondern auch als wichtiges Zentrum der Rüstungsindustrie für die Kriegführung besaß. Der in Mannheim traditionell starke Motorenbau und das Stammwerk der BASF auf der anderen Rheinseite lagen dabei unter besonders intensivem Bombardement. In Feudenheim, von wo aus eine Flak-Batterie operierte, mußte bald ein zentraler Luftschutzbunker gebaut werden. Die Menschen, die das Glück hatten, hier einen Platz zu finden, rückten jeden Abend mit Sack und Pack zum Übernachten an und gingen am Morgen wieder nach Hause oder direkt zur Arbeit. Da unser Vater an der Front war, durften wir pro Familienmitglied ein Bett fest belegen. Im Keller des Hauses, in dem wir wohnten, mußte für alle Bewohner aber noch zusätzlich ein Luftschutzraum eingerichtet werden. Eine Holzpritsche für jeden wurde gestellt, für Strohsäcke hatten die Mieter selber zu sorgen. Ich habe meine Zweifel, ob die Kellerdecke unseres Hauses tatsächlich der Wucht einer Fliegerbombe standgehalten hätte. Andererseits hatten wir, wenn die Alarmsirenen aufzuheulen begannen, gar nicht mehr genügend Zeit, bis zum Herannahen der Bomberstaffeln den am Ende Feudenheims gelegenen rettenden Bunker zu erreichen.

Da wir im Laufe der Zeit auch während des Tages vor Luftangriffen nicht mehr sicher waren, wurde unsere Klasse im März 1942 nach Bonndorf, einem kleinen Ort in der Nähe von St. Blasien im Schwarzwald, evakuiert. Als Bleibe wurde uns das beschlagnahmte Bahnhofs-Hotel zugewiesen, wo wir in Drei- und Vierbettzimmern schliefen und unseren regulären Unterricht erhielten. Die Bewohner, meist fromme Katholiken, schienen mit den Nazis nicht viel im Sinn zu haben – sehr zum Ärger unserer Aufpasser. Sonntags ließ man uns während der Messe in Dreierreihen vor die Kirche marschieren und so, daß man es drinnen hörte, Parteilieder absingen. Die Menschen haben diese Provokation schweigend ertragen, aber ihr Bedauern hielt sich sicherlich in Grenzen, als wir schon nach einem halben Jahr, mit dem ersten Schnee, nach Mannheim zurückgebracht wurden.

Im Sommer 1943 wurden wir erneut evakuiert. Diesmal ging es mit der Bahn ins Elsaß, nach Allenweiler bei Zabern. Wir hatten keine Ahnung, wo wir unterkommen würden. Wir wurden vom Bahnhof zum Kirchplatz geführt, wo bereits eine größere Anzahl von Bewohnern des Ortes auf uns wartete. Man hatte ihnen ein paar Mark dafür versprochen, daß sie ein Kind bei sich aufnähmen. Da standen wir, Jungen und Mädchen, wie Sklaven und wurden einzeln herausgepickt. Ich kann kaum beschreiben, wie erniedrigend diese Situation auf uns wirkte. Aber ich hatte das Glück, von der Lehrerin unserer Schule auserkoren zu werden; sie habe ich als freundliche Frau in Erinnerung behalten. Daß ich zu ihr kam, hatte für mich zur Folge, daß ich nicht wie viele meiner auf Bauernhöfen untergekommenen Kameraden nach der Schule auf dem Feld helfen mußte. Da meine Lehrerin gleichzeitig in der Kirche die Orgel spielte, mußte ich statt dessen jeden Sonntag während der Messe den Blasebalg treten.

Nach acht Jahren Volksschule beendete ich zu Ostern 1944 im Elsaß meine Schulzeit. Mein Vater im Krieg, meine Mutter und Schwester daheim im zerstörten Mannheim – es waren deprimierende Umstände, unter denen ich mit 15 Jahren in ein ungewisses Leben entlassen wurde. Es war nicht eben viel, was man uns beigebracht hatte in dieser Zeit. Vor allem in den letzten Jahren war ein systematischer Unterricht kaum mehr möglich gewesen, nicht allein durch die zweimalige Evakuierung. Schlimmer noch war es zu Hause: Jeden Moment mußte man damit rechnen, erneut in den Luftschutzbunker zu müssen.

In einer Zeit, in der das Gymnasium mehr und mehr zur Regelschule wird, können sich viele jüngere Menschen gar nicht vorstellen, wie ungleich die Bildungschancen damals sozial verteilt waren. Meine Eltern hätten mich gerne auf die Mittelschule geschickt. Auch mein Lehrer war der Meinung, daß ich es schaffen würde. Der Haken war nur, daß es in Feudenheim keine Mittelschule gab und ich nach Mannheim hätte fahren müssen. Doch mein Vater wußte nicht, wie er das Fahrgeld bezahlen sollte. Also blieb ich auf der Volksschule. So einfach war das. Heute kann man sich nach der Grundschule in einer Abendschule oder auf einem Aufbaugymnasium weiterbilden. Das alles gab es damals noch nicht. Nach vier Jahren teilte sich also unsere Klasse. Etwas traurig sahen wir unsere bessergestellten Kameraden zur Mittelschule gehen. Da ich ein recht guter Schüler war, baten mich die Eltern des einen oder anderen Mittelschülers, doch mal vorbeizukommen und ihren Söhnen beim Rechnen zu helfen. Als Belohnung erhielt ich danach eine Tasse Tee und eine Scheibe Pumpernickel mit Marmelade und durfte im Garten Ball spielen oder mit dem Tretroller eine halbe Stunde hin- und herfahren.

Es schmerzt manchmal, wenn man sieht, wie desinteressiert junge Menschen heute die ihnen gebotenen Bildungschancen ignorieren. Ob sie ahnen, daß sich das Versäumte später kaum noch nachholen läßt? Ist man erst einmal im Beruf, hat man einfach nicht mehr die Zeit und das frische Aufnahmevermögen.

Damals, im Frühjahr 1944 und damit mitten in der Endphase des Krieges, stand ich vor der schwierigen Frage, welchen Beruf ich ergreifen sollte. Eine Berufsberatung gab es nicht, ich selber hatte kaum konkrete Vorstellungen von meiner Zukunft. Während eines Heimaturlaubs sprach mein Vater einen guten Bekannten auf das Thema an. Der war Technischer Angestellter bei Daimler-Benz Mannheim und sagte zu meinem Vater: Schick ihn nicht auf den Bau, sondern laß ihn eine Werkzeugmacherlehre machen, dann kann er später immer noch Ingenieur werden. – Auch meine Eltern fanden, daß dies eine gute Sache sei, und so bewarb ich mich um eine Lehrstelle, ohne eigentlich recht zu wissen, was mich da erwartete. Mein beruflicher Lebensweg ist also im Ursprung weniger das Ergebnis eigener Überlegungen und Entscheidungen als vielmehr zufällig, wie manches in jenen verrückten Zeiten.

Eine Lehrstelle zu bekommen war 1944 nicht ganz einfach. Dazu hatte ich noch das Pech, daß ich bei der Aufnahmeprüfung, zu der alle Bewerber im Werk erscheinen mußten, noch im Elsaß war. So wurde ich nachträglich zu einem Eignungstest zitiert. Diese Prüfung kann man bestenfalls als Farce bezeichnen, aber sie kennzeichnet die damalige politische Situation. Als erstes mußte ich alle drei Strophen des Deutschland-Liedes aufsagen und zusätzlich sagen, wo Etsch und Belt liegen. Eine »Intelligenzfrage« lautete, wieviel Meter ein im Mannheimer Hafen liegendes, zweieinhalb Meter aus dem Wasser herausragendes Schiff herausschaut, wenn der Wasserstand einen Meter steigt. Anschließend mußte ich noch ein paar Rechenaufgaben lösen, und dann war ich Lehrling bei Daimler-Benz.

Gemessen an dem, was Auszubildende heute bekommen, waren unsere »Erziehungsbeihilfen« sehr gering: Von monatlich 25 Mark im ersten Lehrjahr stieg der Betrag bis auf 55 Mark im vierten Jahr der insgesamt dreieinhalbjährigen Lehre. Und die sich häufenden Bombenangriffe machten aus der morgendlichen Fahrt ins Werk ein unwägbares Abenteuer. Waren Oberleitungen zerstört oder die Gleise durch Trümmer blockiert, fiel immer wieder die Straßenbahn aus. So hatte ich von Feudenheim bis zum Werk in Waldhof häufig einen Fußweg von zwei Stunden zurückzulegen.

Noch vier Tage vor dem Einmarsch amerikanischer Truppen in Mannheim erhielt ich die Aufforderung, mich in der Panzerkaserne Friedrichsfeld zu melden. Die Vorstellung, mit 16 Jahren ohne jede militärische Ausbildung an die Front gebracht zu werden, erschien mir wie ein schlechter Scherz. Denn jeder wußte, daß das Ende des Krieges nur noch eine Sache von Tagen, im äußersten Fall von wenigen Wochen sein würde. Die verlogenen Siegesmeldungen und Durchhalteparolen unserer Propaganda glaubte längst niemand mehr. Ich dachte also gar nicht daran, mich für eine Sache, die ohnehin verloren war, noch in letzter Minute verheizen zu lassen. Aber was sollte ich tun? Irgendwo untertauchen? Das war nicht ganz ungefährlich: Wir hatten wiederholt von Deserteuren gehört, die sie geschnappt und in einigen Fällen sogar zwischen Mannheim und Ladenburg zur Abschreckung einfach an einem Baum aufgehängt hatten. Zum Glück hatte ich in Feudenheim eine Tante, die nach Offenburg evakuiert worden war und deren Haus leer stand. Da habe ich mich im Keller versteckt und ungeduldig darauf gewartet, daß der ganze Spuk möglichst schnell vorbei sein würde. Durch eine Luke konnte ich deutlich hören, daß nicht allzu weit entfernt geschossen wurde. Doch obwohl die Deutschen bereits die Rheinbrücke gesprengt und die Verteidiger größtenteils ihre Stellungen aufgegeben hatten, gingen die Amerikaner kein Risiko mehr ein und rückten von der Friesenheimer Insel über Sandhofen zu uns vor. Endlich, am Nachmittag des 26. März, fuhren US-Truppen mit Panzern und Armeelastwagen in die Stadt ein.

Wie recht ich daran getan hatte, mich zu verstecken, sollte ich erst später erfahren. Denn viele meiner Altersgenossen, die wie ich noch kurz vor der Kapitulation einen Stellungsbefehl erhalten hatten, waren in dem allgemeinen Chaos mit dem Zug teilweise direkt in russische Kriegsgefangenschaft gefahren. Als man sie irgendwo zwischen den Fronten herausholte, waren die armen Kerle noch nicht einmal eingekleidet und bewaffnet. Einer meiner Arbeitskumpel kehrte erst nach zweieinhalbjähriger Gefangenschaft aus Sibirien zurück.

Auch wenn die Menschen über das Ende des Krieges erleichtert waren, so löste der Einmarsch der amerikanischen Truppen wenig Begeisterung aus. Die meisten Menschen, die aus ihren Häusern kamen, um den mit großem Getöse herannahenden Konvoi zu sehen, wirkten nicht, als fühlten sie sich »befreit«, nur einige wenige erwiderten eher schüchtern das Winken der GI, die hoch oben auf ihren Panzern saßen. Noch waren Söhne und Väter nicht wieder von der Front zurück. Vielleicht waren sie irgendwo in Kriegsgefangenschaft geraten, vermißt oder gar nicht mehr am Leben. Wer wußte es? Viele mochten sich auch fragen, was die Besatzer aus Deutschland machen würden. Würden sie sich für das Unglück, das die Nazis über die Menschheit gebracht hatten, rächen? Viele bedrückten auch einfach die alltäglichen Sorgen, vor allem die katastrophale Versorgung mit Lebensmitteln.

Ich kann nicht sagen, daß ich mir mit meinen knapp 17 Jahren über die Bedeutung, die der Tag Null für mein weiteres Leben haben sollte, auch nur annähernd im klaren war. Ich denke, daß es den meisten ähnlich ging: Die Menschen waren zunächst einmal froh, überlebt und ein Dach über dem Kopf zu haben. Erst in den Jahren des beginnenden Wirtschaftswunders, als eine neue Jugend ohne materielle Sorgen und mit allen beruflichen Chancen heranwuchs, wurde mir richtig klar, worum man unsere Generation betrogen hatte.

2. Ohrfeigen »beim Benz«

Als Werkzeugmacherlehrling unter KZ-Häftlingen

Am 3. April 1944 hatte ich meine Werkzeugmacherlehre angetreten. Mit dem Eintritt ins Unternehmen war ich gleichzeitig Mitglied der »Motor-HJ« geworden, einer betrieblichen Schwesterorganisation der »Hitler-Jugend«. Sie verfolgte den eindeutigen Zweck, bereits die Lehrlinge im nationalsozialistischen Geist zu indoktrinieren und zu Höchstleistungen für den proklamierten Endsieg anzuspornen. Eine Möglichkeit, sich um den Eintritt in die »Motor-HJ« zu drücken, gab es nicht. Schon während der Aufnahmeprüfung wurde mir unmißverständlich zu verstehen gegeben, daß ich ohne Mitgliedschaft in dieser Organisation keine Lehrstelle erhielte. Da ich wegen meiner verspäteten Rückkehr aus dem Elsaß einzeln geprüft wurde, faßte ich den Mut, meine Vorbehalte gegen eine Mitgliedschaft deutlich zu erkennen zu geben. Glücklicherweise war der Mann, mit dem ich über dieses Thema sprach, alles andere als ein überzeugter Nationalsozialist. Von mir würde schon nichts Unzumutbares erwartet, beruhigte er mich. Er war der Sohn eines unserer Familie gut bekannten Sozialdemokraten aus Feudenheim und stand unter ständiger Beobachtung. Um politisch nicht aufzufallen, spielte er das Spiel zur eigenen Sicherheit mit. Nur ein einziges falsches Wort hätte ihn gefährden können. Gerade in einem Unternehmen wie Daimler-Benz, das in hohem Maße in die Rüstungswirtschaft integriert war, liefen scharenweise Parteibonzen und SS-Größen herum – sogar in unserer Nähe.

In der Lehrwerkstatt hatten wir es außer mit Fachausbildern auch mit politischen Instruktoren zu tun. Bevor wir zu unseren Schrubbfeilen greifen durften, mit denen wir die ersten sechs Wochen eine U-Schiene bearbeiteten, mußten wir uns täglich jeweils zu zehn in Reih und Glied aufstellen. Einer von uns Fünfzehnjährigen machte Meldung, daß die Gruppe vollständig anwesend sei, und leierte die Tageslosung herunter, die an der Wand in großen Buchstaben angebracht worden war. Das waren meist die gebetsmühlenhaft wiederholten Kriegs- und Endsieg-Parolen. Mit einem zakkigen »Heil Hitler« wurden wir schließlich an unsere Arbeit geschickt.

Im Werk Mannheim hatte man schon 1939 die Produktion von Pkw eingestellt und sich ganz auf die Fertigung von Motoren, Gußteilen und vor allem Lastkraftwagen konzentriert. Sonderausrüstungen und Lackierung ließen kaum einen Zweifel aufkommen, wohin die schweren Fahrzeuge gingen. Überraschend für alle Nichteingeweihten mußte Daimler-Benz ab Herbst 1944 den »3 to Opel Blitz« – der übrigens auch nach dem Krieg bis 1948 in Mannheim vom Band lief – nachbauen. Die Anweisung hatte, wie sich später herausstellte, Rüstungsminister Speer persönlich gegen erhebliche Vorbehalte der Werksleitung erteilt.

Zu diesem Zeitpunkt hatte sich der Personalmangel in unserem Werk dramatisch zugespitzt. Immer mehr Arbeiter, die man zur Aufrechterhaltung der kriegswichtigen Produktion zunächst nicht eingezogen hatte, wurden zu den Waffen gerufen, immer mehr Frauen dienstverpflichtet. Für schwere Arbeiten wurden der Werksleitung französische Kriegsgefangene und Zwangsarbeiter, vor allem aus Polen und Rußland, zugewiesen. In der Endphase des Krieges sah sich die Nazi-Führung schließlich gezwungen, arbeitsfähige KZ-Häftlinge in der Rüstungsindustrie einzusetzen. Zu diesem Zweck wurden von der SS junge, kräftige Männer, in der Mehrzahl osteuropäische Juden, selektiert und in Außenlagern in unmittelbarer Nähe ihrer Einsatzorte zusammengepfercht. Die damalige Werksleitung hat nach dem Krieg den Eindruck zu erwecken versucht, als seien ihr diese Arbeitssklaven von der politischen Führung aufgezwungen worden. Für mich bestand jedoch nie ein Zweifel, daß sie diese selbst anforderte, um die auf Hochtouren laufende Produktion nicht ins Stocken geraten zu lassen.

Für die für unser Werk im KZ Natzweiler im Elsaß abkommandierten 1060 Häftlinge wurde in Mannheim im Gebäude Friedrichschule (der heutigen Gustav-Wiederkehr-Schule) das Außenlager Sandhofen eingerichtet. Überlebende Lagerinsassen haben später berichtet, daß die Lebensverhältnisse in Sandhofen noch schlimmer als im Stammlager gewesen seien. Die Häftlinge hausten in nur 16 Räumen, jeder nicht größer als 60 Quadratmeter. Man muß sich einmal vorstellen, daß jedem dieser armen Kerle nur ein Platz von nicht einmal einem Quadratmeter zur Verfügung stand, auf dem er dahinvegetierte. An Flucht war nicht zu denken. Das Lager wurde rund um die Uhr von 40 bis 50 SS-Leuten bewacht.

Es waren jammervolle Gestalten, die da eines Morgens aus Viehwaggons der Reichsbahn kletterten, in denen die Gefangenen vom Lager auf das Werksgelände transportiert wurden. Alle trugen längsgestreifte Sträflingskleidung und

Holzschuhe ohne Strümpfe. Zum Winter hin wickelten sie sich Lumpen um die Füße. Auf ihren kurzgeschorenen Köpfen hatten sie ein rundes Käppi. Unterwegs von der Verladerampe an die einzelnen Stellen des Werkes, an denen sie eingesetzt wurden, entgingen sie den scharfen Blicken ihrer SS-Bewacher nicht einen Augenblick. Schuften mußten sie länger als alle anderen, zwölf Stunden am Tag, sechseinhalb Tage in der Woche. Die Hilfsarbeiter unter ihnen erhielten einen Stundenlohn von vier Mark, Facharbeiter sechs bis acht Mark. Dieses Geld haben die Häftlinge jedoch in Wahrheit nie erhalten. Daimler-Benz überwies das Geld für seine billigen Arbeitssklaven statt dessen an die Lagerverwaltung. Die wiederum konfiszierte den Lohn – mit der zynischen Begründung, daß damit die Ausgaben für Unterkunft und Verpflegung der Verschleppten bestritten werden müßten.

Wie wenig den Sklavenhaltern das Leben dieser Menschen wert war, erlebten wir während der häufigen Fliegerangriffe. Ließen wir bei Bombenalarm alles stehen und liegen und liefen in den werkseigenen Luftschutzbunker, wurden die KZ-Häftlinge in der Montagehalle zusammengetrieben, wo sie bis zur Entwarnung unter scharfer Bewachung bleiben mußten. Selbst in dem in solchen Augenblicken herrschenden Durcheinander hätten sie nicht flüchten können. Auch wenn sie aus dem Werk herausgekommen wären, hätten sie in ihren Sträflingsanzügen keine Chance gehabt, irgendwo unterzutauchen. Ich habe nie gesehen, daß die Gefangenen während der Arbeitszeit eine Mahlzeit bekommen haben. Und nach allem, was ich erlebt habe, zweifle ich daran. Gelegentlich, wenn sie sich nicht beobachtet fühlten, bettelten sie uns gegenüber um etwas Essen. Dazu hatten sie vor allem um die Mittagszeit Gelegenheit, wenn wir Lehrlinge, jeweils zu zweit, die bis auf ein paar Reste geleerten

Essenskübel in die Werksküche zurückschleppten. Von der Lehrwerkstatt im zweiten Stock von Bau 7 kamen wir auf dem Weg zum Hof an der Stanzerei und Spenglerei vorbei. Hier waren in einem Stahllager einige KZ-Häftlinge beschäftigt. Immer wenn die Luft rein war, hielten sie uns selbstgeformte Gefäße entgegen, in die wir nach einem verstohlenen Seitenblick übriggebliebene Kartoffeln und Rübenstücke füllten. Meist ging das gut. Wir waren in unserer kindlichen Naivität froh, für diese armen Teufel etwas Gutes tun zu können. Doch dann passierte es, daß uns ein als besonders scharf bekannter Ausbilder bei unserer »Speisung« beobachtete. Obwohl die Essensreste an die Schweine verfüttert worden wären, wurden wir sofort nach oben zitiert und vor allen Kameraden der Sabotage bezichtigt. Dann hat man uns richtig »den Frack vollgehauen«. Als zusätzliche Strafe wurden wir zu einem Frisör geführt, der uns die Köpfe kahlscheren mußte – bis auf eine Strähne oberhalb der Stirn. So sollten wir schon äußerlich als Übeltäter erkennbar sein und uns vor den Kollegen unseres »Vergehens« schämen. Wie diese menschenverachtende Behandlung auf uns 15- bis 16jährige wirkte, wird sich jeder vorstellen können.

Schließlich mußten wir auch noch bei einem Kerl erscheinen, der sich uns von seiner schlimmsten Seite zeigte. Er hieß Eschenlohr und war als Hauptabteilungsleiter für Teile der Produktion und für die Lehrwerkstatt verantwortlich. Als wir in sein Zimmer im 2. Stock in Bau 2 vorgelassen wurden, räkelte er sich barfuß in seinem Sessel. Seine Socken lagen über der Heizung zum Trocknen; offenbar hatte er sich auf dem Weg ins Büro nasse Füße geholt. Es bereitete ihm eine diebische Freude, uns »Saboteure« noch einmal richtig »zur Minna zu machen«. Weil er bei uns in Feudenheim wohnte, weiß ich, daß seine Villa bei einem Fliegerangriff einen Volltreffer erhalten hatte. Doch war er nicht zu Hause gewesen – leider, wie wir damals bedauerten. Dieser Gedanke war sicherlich nicht besonders christlich. Aber so dachte man damals, als Menschlichkeit und Menschenwürde wenig galten.

Wenn es um Strafen ging, ließen manche Ausbilder ihren sadistischen Neigungen oft hemmungslos freien Lauf. Einer von ihnen quälte uns auf besonders widerwärtige Weise: Sein Büro war von der Lehrwerkstatt durch eine große Glasscheibe abgetrennt. Wollte man etwas von ihm oder wurde man zu ihm zitiert, durfte man nicht etwa eintreten, sondern mußte durch ein kleines Schiebefenster hindurchsprechen. War einem ein Mißgeschick passiert, etwa eine Feile abhanden gekommen oder ein Hammerstiel abgebrochen, tat er auf der anderen Seite des Fensterchens so, als verstehe er einen nicht. Unwillkürlich steckte man seinen Kopf immer weiter durch die Öffnung. Darauf hatte der Kerl nur gewartet. Ehe man sich's versah, griff er nach einem Lineal und klatschte einem damit links und rechts welche um die Ohren. Heute kann sich jeder Auszubildende über eine ungerechte Behandlung beim Betriebsrat beschweren; damals aber gab es diese Möglichkeit nicht. Wäre man nach einem solchen Vorfall zum Vorgesetzten eines solchen »Ausbilders« gelaufen, hätte man sogar noch mit schikanösen Rachehandlungen rechnen müssen.

All dies war jedoch nichts gegen die Torturen, die die KZ-Häftlinge erdulden mußten. Einer hatte einmal einen Achsschenkel verbohrt – so etwas konnte jedem passieren. Oft hatte der Betreffende selbst gar nicht schuld, etwa wenn mit der Vorrichtung etwas nicht gestimmt hatte. Die Mühe, herauszufinden, wo die Ursache des Fehlers lag, machte sich bei diesen Unterprivilegierten jedoch keiner. Ohne jede Möglichkeit der Verteidigung zum »Saboteur« gestempelt, wurde der Unglückliche vor eine als Heizung dienende Blechtonne mit glühendem Koks gezerrt. Dort mußte er zur Strafe stundenlang kniend in höllischer Hitze ausharren. Dies alles spielte sich nicht etwa im Verborgenen ab. An der Stelle, wo der Ofen stand, kamen viele Arbeiter vorbei. Jeder von ihnen konnte mit ansehen, welche Qualen der Gefangene zu durchleiden hatte. Ich habe nie gehört, daß sich gegen diese Mißhandlung jemand öffentlich empört hätte oder gar dagegen eingeschritten wäre. Jeder wußte wohl, welches persönliche Risiko er damit eingehen würde, und zog es daher lieber vor zu schweigen. Dennoch verbreitete sich die Kunde solcher Strafexekutionen im Werk regelmäßig wie ein Lauffeuer, bis in die Lehrwerkstatt. – Die machen in Bau zwölf wieder so etwas, hörten wir in solchen Fällen plötzlich jemanden berichten.

Ein junger polnischer Jude wurde Anfang 1945 sogar zum Tode verurteilt. Auch ihm wurde vorgeworfen, sich der Sabotage schuldig gemacht zu haben. Er war mit der Herstellung von Kurbelwellen beschäftigt. Man warf ihm vor, unverhältnismäßig viel Ausschuß produziert zu haben. Zur Rede gestellt, beteuerte er, für die falschen Abmessungen der von ihm geschliffenen Kurbelwellen nicht verantwortlich zu sein. Vielmehr sei die Maschine, wofür er nichts könne, ungenau eingestellt gewesen. Alle Unschuldsbeteuerungen waren jedoch vergeblich. Am 4. Januar wurde der Gefangene von SS-Leuten im Hof des Außenlagers Sandhofen gehängt. Offenbar aus Gründen der Abschreckung ließen sie die Leiche noch den ganzen Tag über hängen.

Das Lager Sandhofen existierte sieben Monate. Schon im Dezember 1944, nach einem schweren Fliegerangriff, wurde ein Teil der Häftlinge evakuiert. In der ersten März-

Hälfte, also wenige Wochen vor Kriegsende, löste die SS das Lager schließlich ganz auf. Viele der Zwangsarbeiter erlebten das Ende nicht mehr. Sie starben an Unterernährung, Entkräftung oder an Tuberkulose. Von denen, die überlebten, bestanden viele am Schluß nur noch aus Haut und Knochen.

Im April 1945 besetzten amerikanische Soldaten das Werk. Von diesem Augenblick an unterstand alles, was auf dem Fabrikgelände geschah, dem Kommando und der Kontrolle der Besatzungsmacht. Die aus dieser Zeit überlieferten Dokumente belegen, wie sehr man bemüht war, wieder mit der Produktion zu beginnen. In einer Aktennotiz vom 10. Mai 1945, also zwei Tage nach der offiziellen Kapitulation der deutschen Wehrmacht, heißt es: »Mannheim läuft ab nächster Woche mit ca. 20 Wagen pro Tag wieder an. Das Material dürfte für rund 500 Fahrzeuge, d. h. also für eine Monatsproduktion, vorhanden sein.« Auch die Amerikaner waren daran interessiert, daß die Fertigung in Mannheim möglichst schnell wieder in Gang kam.

Schon am 12. Mai beantwortete Carl Werner als Werksleiter einen ausführlichen Fragebogen der US-Behörden über den Zustand der einzelnen Anlagen. Aus seinen Angaben läßt sich ablesen, daß das Werk Mannheim während des Krieges vergleichsweise glimpflich davongekommen war. Jedenfalls hatten Werke wie Gaggenau und Untertürkheim unter dem Bombardement der Alliierten erheblich stärker gelitten. Die mit Hilfe schwerer Stahlkonstruktionen in eingeschossiger Bauweise errichteten Hallen konnten überwiegend in kurzer Zeit instandgesetzt werden. Werner gab der US-Militärverwaltung daher die Zusage, daß die Lkw-Fertigung mit einer Monatsproduktion von 600 bis 1000 Wagen »eingeschränkt sofort« beginnen könne. Demgegenüber müßten in der Gießerei vor der Inbetriebnahme noch einige Kriegsschäden behoben werden. Im Südwerk lasse sich die Großreparatur von Personen- und Lastwagen jederzeit wiederaufnehmen.

Am 18. Juli 1945 setzten die Amerikaner die Werksleitung von ihrer Absicht in Kenntnis, in Mannheim 25 000 Lkw (2 bis 3 to) und 3000 Autobusse für den zivilen Sektor in ihrer Besatzungszone bauen zu lassen. Eine schriftliche Stellungnahme des Werkes zu diesem Programm vermittelt jedoch einen Eindruck von den praktischen Problemen, die es damals zu überwinden galt: »Ein nicht geringer Teil der früheren Arbeitskräfte ist noch nicht wieder zurückgekehrt. Die Leute sind auswärts zerstreut, und wegen der Ernährungslage in der Stadt kommen viele nicht freiwillig zurück. Soweit es sich um Fachkräfte handelt, wäre es zweckmäßig, sie durch ein besonderes Kommando herbeizuholen. Wichtig ist auch die Ernährungslage. Wir haben in Bau 25 eine Notküche eingerichtet, in der eine Mittagssuppe gekocht wird.«

Wir Lehrlinge hatten das Werk nach der Besetzung durch die Amerikaner mehrere Monate lang nicht betreten dürfen. Normale Verhältnisse herrschten aber auch dann noch nicht, als wir wieder hinein konnten. Vieles lag noch im argen. Mehrfach wurden wir zum Klopfen von Backsteinen befohlen, mit denen beschädigte Wände zugeflickt wurden, oder zum Ausbessern von Dächern, auch samstags. Im Herbst begann schließlich die Produktion des seit 1944 in Mannheim nachgebauten »Opel Blitz«. Die Verteilung der Wagen lag ausschließlich in der Hand der Amerikaner. Große Mühe bereitete es, die teilweise unterbrochenen Zulieferverbindungen wiederherzustellen. Ein Einkäufer hat über seine damalige Arbeit berichtet: »Organisieren war für

uns das Leitwort. Mit Rucksack und Lkw unterwegs, über-
nachteten wir mitunter im Kohlenkeller bei Lieferanten
oder auch in verkrümmter Haltung im Fahrerhaus, fuhren
nach Hannover als Bittsteller für Reifen oder nach Völklin-
gen, um Tragfedern zu beschaffen.« Wirklich normal wurden die Verhältnisse im Werk Mannheim erst wieder, als die
Produktion längst auf Hochtouren lief: 1955 räumten die
US-Truppen den noch heute existierenden Hochbunker im
Südwerk, in dem sie – von Militärposten bewacht – ein Ma-
teriallager eingerichtet hatten.

3. Not macht erfinderisch

Ein Neuanfang in schwerer Zeit

Am 17. September 1945 konstituierte sich im Werk Mannheim der Daimler-Benz AG wieder ein Betriebsrat. Während der Nazi-Zeit hatte es bei uns wie überall eine frei gewählte Arbeitnehmervertretung nicht gegeben. In der Wirtschaft herrschte entsprechend der braunen Ideologie das Führerprinzip. Die nach der erzwungenen Auflösung der Gewerkschaften im Mai 1933 als Anhängsel der Hitler-Partei gegründete »Deutsche Arbeitsfront« leugnete alle Interessengegensätze zwischen Arbeitnehmern und Arbeitgebern.

Ein demokratisches Mandat hatte die erste Belegschaftsvertretung nach dem Krieg jedoch ebensowenig: Keines ihrer elf Mitglieder war gewählt worden. Vielmehr hatten sich kommunistische und sozialdemokratische Betriebsangehörige mit dem Ziel zusammengefunden, im Werk eine einigermaßen funktionierende Ordnung wiederherzustellen. Dies war um so dringender, als ein Führungsvakuum entstanden war, denn die alten Werksleiter, allesamt stramme Nazis, waren politisch untragbar geworden oder hatten sich teilweise durch mysteriöse Vorfälle wie drei nie aufgeklärte Morde im Werk diskreditiert. Seine Legitimation erhielt der neue Betriebsrat vielmehr durch die amerikanischen Besatzungsbehörden, ohne die in den ersten Jahren kaum etwas lief. Zwischen den Militärs und den Belegschaftsvertretern entwickelte sich somit automatisch eine enge Zusammenarbeit. Und dies, obwohl der Betriebsrat zu dieser Zeit von Kommunisten beherrscht war! Doch der »Kalte Krieg« hatte noch nicht begonnen, das Verhältnis der beiden Großmächte USA und Sowjetunion war vielmehr von der Waffenbrüderschaft gegen Nazi-Deutschland bestimmt. Außerdem verlangten die drängenden Probleme im Werk praktische und vor allem schnelle Lösungen. Für politische oder gar ideologische Auseinandersetzungen blieb da wenig Zeit.

Auch unter den elf Mitgliedern des Betriebsrates, allesamt KPD- oder SPD-Leute, überwogen trotz aller unterschiedlichen Grundpositionen die Gemeinsamkeiten. Nach den Verfolgungen, die sie unter den Nationalsozialisten erlitten hatten, waren sie zunächst einmal überzeugte Antifaschisten und erst in zweiter Linie Mitglieder verschiedener Parteien. Hinzu kam, daß diese aus der Arbeiterklasse stammenden Männer mit Theorie und Ideologie wenig im Sinn hatten. Ihren Rückhalt in der Belegschaft verdankten sie vielmehr ihrem Eintreten für die existenziellen Interessen der Arbeitnehmer. So wurde denn auch der Altkommunist Friedrich Kunz ohne Gegenstimme bei zwei Enthaltungen zum Vorsitzenden gewählt. Ein ähnlich überzeugendes Wahlergebnis erzielte als sein Stellvertreter der Sozialdemokrat Adam Buchholz.

So wenig der erste Betriebsrat ein Wahlmandat der Belegschaft besaß, so wenig verfügte er auch über verbindlich festgelegte Kompetenzen. Er amtierte mehr oder weniger in einer Grauzone, in der den Arbeitnehmern ein Einfluß zuwuchs, der weit über die Regelung von Fragen der Arbeitsorganisation und Arbeitsplatzgestaltung hinausging. Vor

allem sprachen sie ein entscheidendes Wort bei der Neube-
setzung der technischen und kaufmännischen Führungs-
positionen im Werk mit. Zwischen Sozialdemokraten und
Kommunisten herrschte absolute Einigkeit darüber, daß
nur Leute mit eindeutig weißer Weste auf ihre Posten zurückkehren dürften. Zwar erhielten ins Zwielicht geratene
Vorgesetzte Gelegenheit, sich vor den Arbeitnehmervertretern gegen die ihnen zur Last gelegten Verfehlungen zu verteidigen. Doch hinterließ ihre Rechtfertigung bei den Betriebsräten in aller Regel wenig Eindruck. Die nominelle
Zugehörigkeit zur NSDAP oder einer ihrer Gliederungen
reichte meist aus, um ihren Wunsch nach Wiedereinstellung
abzulehnen. Bereits zwei Tage nach ihrer konstituierenden
Sitzung saßen die elf Betriebsratsmitglieder über einen der
obersten Bonzen zu Gericht. Nach einer Rechtfertigungs-
rede des Betreffenden und einer sich anschließenden Beratung stimmte das Gremium ab: Neun votierten mit »Nein«,
zwei enthielten sich der Stimme.

Obwohl ich zu diesem Zeitpunkt gerade 16 Jahre alt war,
hatte ich das Glück, die Arbeit des ersten Betriebsrates aus
nächster Nähe zu erleben. Bereits am 1. Juli 1945 war ich in
die IG Metall eingetreten und schon bald in die Funktion
eines gewerkschaftlichen Vertrauensmannes in der Lehrwerkstatt gewählt worden. Meine Aufgabe war es vor allem,
die Interessen der Lehrlinge gegenüber dem Betriebsrat zu
vertreten. Durch meine regelmäßigen Kontakte zu diesen
Männern der ersten Stunde erhielt ich Einblick in die vielen
Probleme, mit denen sich der Betriebsrat damals herum-
schlagen mußte. Sie reichten von der Beschaffung von Vor-
material und Rohstoffen über die Abwicklung von Kompensationsgeschäften aller Art bis zur Linderung der katastro-
phalen Ernährungslage der Beschäftigten.

Den breitesten Raum in den handschriftlichen Protokollen jener Zeit nehmen jedoch die erwähnten Beratungen über die Entfernung diskreditierter Führungskräfte ein. Hohe Wellen schlug besonders der Fall des Werksleiters Ernst Decker. An ihn hatte man sich offensichtlich zunächst nicht recht herangetraut. Er war, was den Betriebsräten über einen Dolmetscher signalisiert worden war, vor allem bei dem für unser Werk zuständigen US-Oberst Lindström wohlgelitten. Die Amerikaner hatten es zu würdigen gewußt, daß Decker ihnen die Fabrikanlagen, von den notdürftig reparierten Bombenschäden abgesehen, in ordnungsgemäßem Zustand übergeben hatte. In der Arbeiterschaft wollte man es jedoch nicht länger akzeptieren, daß politisch belastete Leute der zweiten Ebene reihenweise ihre Positionen verloren, der Verantwortliche für viele rätselhafte Vorkommnisse während der Nazi-Zeit dagegen im Amt blieb. – Die Kleinen hängt man, die Großen läßt man laufen, hörte man vielerorts sagen.

Am 3. November 1945 endlich nahm sich der Betriebsrat in einer ganztägigen Sitzung der heiklen Personalangelegenheit an. Hauptanklagepunkt waren vor allem die drei während des Krieges geschehenen Morde. Gegen die Täter sei unter Decker nichts unternommen worden, warf der Kommunist Jakob Mohr dem Werksleiter vor. Sein sozialdemokratischer Kollege Georg Seitz erinnerte daran, daß während der Juden-Pogrome mehrere SS- und SA-Leute ihrem Arbeitsplatz ferngeblieben seien, ohne daß ihnen dafür Lohn abgezogen und eine Rüge erteilt worden sei. Der Vorschlag eines anderen Mitgliedes, den Beschuldigten gar nicht mehr anzuhören, »weil jeder seine Entlastungsbemühungen zur Genüge kennt«, wurde abgelehnt. »Wir haben eine Demokratie und sollen deshalb jeden zu Wort kommen lassen«, heißt es dazu im Protokoll. Decker, der mit den Vorwürfen konfrontiert wurde, berief sich vor allem auf den Einfluß der Gestapo im Werk, die es ihm unmöglich gemacht habe, Übergriffe vor allem gegen ausländische Arbeiter zu unterbinden und zu ahnden. Doch alle Ausflüchte waren vergebens. Der Betriebsrat beharrte auf seinem Standpunkt, und Decker mußte seinen Schreibtisch räumen. Sein Amt übernahm der vor den Russen aus dem Werk Genshagen bei Berlin geflüchtete Mannheimer Robert Holzner.

Bereits am 16. Oktober 1945 hatte der Betriebsrat seine Auffassung bekräftigt, daß »die Entnazifizierung restlos durchgeführt werden sollte. Es soll den Nazis in gehobenen Positionen auch nicht die Weiterbeschäftigung in untergeordneten Positionen zugebilligt werden«, heißt es dazu im Protokoll. Für die Arbeitnehmervertreter gab es triftige Gründe, ihren Standpunkt in dieser Frage noch einmal unmißverständlich klarzumachen. Denn sowohl die amerikanischen Besatzungsoffiziere als auch die Werksleitung stellten sich den Forderungen nach einer restlosen Säuberung des Werkes von politisch belasteten Führungskräften gegenüber zunehmend taub. Für sie hatte die Aufgabe, die Produktion möglichst schnell wieder auf Touren zu bringen, absoluten Vorrang. Der damalige Werksleiter Brinkmann betrieb die Rehabilitierung diskreditierter Mitarbeiter gegenüber den Militärs denn auch vor allem mit dem Argument, daß sie aufgrund ihrer hohen fachlichen Qualifikation nicht zu ersetzen seien.

Wo Ungerechtigkeiten und Mißhandlungen jahrelang gedeckt und vertuscht worden waren, konnte es nicht ausbleiben, daß manch alte Rechnung beglichen wurde. So rügte der Betriebsrat die Wiedereinstellung eines Meisters, der »zwar wohl nicht der Partei angehört habe, doch während der Nazi-Zeit ein unbotmäßiges Verhalten an den Tag gelegt« habe. Konkret wurde ihm vorgeworfen, wegen angeblicher Verfehlungen einen Kollegen angezeigt zu haben. Der Betreffende war deshalb hinter Gitter gewandert. Ein Meister wurde beschuldigt, zwei Russen mißhandelt zu haben, nur weil diese sich während der Arbeitszeit irgendwo im Werk Kartoffeln geröstet hatten. Da er darauf verweisen konnte, sich gegenüber Gefangenen ansonsten untadelig verhalten und sogar einmal mit Ausländern eine Spritztour in die Pfalz unternommen zu haben, verzichtete der Betriebsrat auf einen Rausschmiß und entschied, besagten Meister lediglich zu degradieren und, wie es hieß, als »gewöhnlichen Arbeiter« weiterzubeschäftigen.

In einem anderen Fall hatte ich selber zusammen mit ein paar Kumpeln aus der Lehrwerkstatt den Stein ins Rollen gebracht. Wir waren gerade auf dem Heimweg von der Gewerbeschule, als wir in einem Straßenarbeiter einen unserer übelsten Ausbilder wiedererkannten. Ehemalige Nazis mußten Strafen auf diese Weise abbüßen. Er war bei uns im Betrieb stets in Uniform herumstolziert und hatte uns nach allen Regeln der Kunst schikaniert. Nach dem Zusammenbruch des Regimes war er einer der ersten gewesen, die das Werk verlassen mußten. Wir jungen Kerle hatten immer noch eine Stinkwut auf ihn und haben ihn kräftig verprügelt, bis ein paar ältere Passanten dazwischentraten und uns trennten. Der Vorfall brachte uns auf einen anderen Ausbilder, dem es gelungen war, die Säuberung von untragbar gewordenen Vorgesetzten ungeschoren zu überstehen. Er hatte uns geohrfeigt, nur weil wir den Hitler-Gruß nicht vorschriftsmäßig erwidert oder den HJ-Dienst geschwänzt hatten. Er war auch unter denen gewesen, die uns verprügelt hatten, weil wir den KZ-Gefangenen unser übriggebliebenes

Essen gegeben hatten. Wie immer man heute darüber denken mag – damals waren wir, nach allem was er uns angetan hatte, entschlossen, ihn nicht ungeschoren davonkommen zu lassen. Und so wandten wir uns an den Betriebsrat. Bei einer Gegenüberstellung machte Meister Sieger – so hieß der Mann – »sogar ein leises Eingeständnis«, wie das Protokoll vermerkt. Mit der Versetzung auf einen anderen Posten kam er noch glimpflich davon.

»Organisieren« war das halbe Leben in jenen Tagen, in denen man für die inflationierte Reichsmark nichts, für eine Packung »Lucky Strike« nahezu alles erhielt. Und so hatte der Betriebsrat alle Hände voll zu tun, den Mangel, der an allen Dingen des täglichen Lebens herrschte, zu verwalten. Im Protokoll der 21. Sitzung heißt es: »Diese Woche haben wir noch Strom. Donnerstag, Freitag müssen allerdings Aufräumungsarbeiten gemacht werden. In Zukunft sollen wir nur noch 3 Tage Strom bekommen. Da in Anbetracht der Kälte keine Aufräumungsarbeiten in Frage kommen, wurde der Vorschlag gemacht, die Arbeitszeit auf Sonntag, Montag, Dienstag und Mittwoch zu verlegen. Der Betriebsrat will allerdings, daß die Sonntagsarbeit mit 60% Zuschlag bezahlt wird.« Produziert wurden beim Benz in dieser Zeit nicht nur Autos. Unsere Gießerei erhielt von der amerikanischen Militärbehörde den Auftrag über eine größere Zahl von Heizöfen. Mehrere Mitglieder des Betriebsrates mußten dazu an die Ruhr fahren, um die nötigen Mengen Rohguß zu organisieren.

Einige pfiffige Konstrukteure entwickelten eine Tabakschneidemaschine, die anschließend hier in der Maschinenreparatur und in der Betriebswerkstatt gefertigt wurden. Hinten steckte man die Blätter hinein, vorne kam wie bei einer Häckselmaschine nach ein paar Umdrehungen mit dem Handrad der feingeschnittene Tabak heraus. Da der Tabakanbau im Badischen damals einen ungeheuren Aufschwung erlebte, war die Nachfrage nach den Maschinen groß. Bezahlt wurde mit Ware, größtenteils mit Tabak für die Belegschaft. Viele tauschten den begehrten Stoff gleich gegen Lebensmittelmarken weiter.

Im Rahmen von Kompensationsgeschäften bemühte sich der Betriebsrat, lebensnotwendige Dinge für die Mitarbeiter aufzutreiben. So wurden irgendwann einmal Kartoffeln verteilt, dann wieder Fahrradmäntel und -schläuche, schließlich sogar 300 Fahrräder für diejenigen, die weiter entfernt wohnten und das Werk nicht mit einem öffentlichen Verkehrsmittel erreichen konnten. Im Dezember 1945 wurde im Betriebsrat von 200 Paar Holzschuhen gesprochen, für die großer Bedarf bestand. »Wir wollen auch in diesem Jahre an die Belegschaft Spielzeuge abgeben«, heißt es darüber hinaus im Protokoll, »es sollen nur die Kollegen, die Kinder haben, berücksichtigt werden.«

Mehr als einmal fuhren Belegschaftsvertreter in die britische Zone, um mit Hilfe ihrer Kollegen an der Ruhr Koks für unser Werk zu organisieren. Die Vorräte für unser Heizkraftwerk waren bedenklich zur Neige gegangen. In der kalten Jahreszeit standen unsere Leute oft mit klammen Händen an ihren Arbeitsplätzen, weil mangels Nachschub die Öfen ausgegangen waren. War dann plötzlich wieder einmal eine Lieferung angekommen, steckte sich der eine oder andere heimlich ein paar Hände voll in die Aktentasche, denn zu Hause hatten es die meisten Kollegen nicht besser. Daß von dem begehrten Brennstoff einiges schwarz nach draußen gelangte, veranlaßte die Werksleitung schließlich, vom Betriebsrat die Aufstellung eines Werksschutzes zu fordern.

Er sollte nach Ende jeder Schicht die Beschäftigten beim Passieren der Werkstore unter die Lupe nehmen. Die Betriebsvertretung bestand jedoch auf der Bedingung, daß sich nicht nur die Arbeiter, sondern auch die Angestellten beim Verlassen des Werksgeländes einer Kontrolle unterziehen müßten.

Vor allem jedoch mußte sich der Betriebsrat immer wieder mit der miserablen Ernährungslage beschäftigen. Die auf Lebensmittelmarken erhältlichen Brot-, Fett- und Fleischrationen reichten bei weitem nicht aus. Vor allem die körperlich schwer arbeitenden Kollegen – und das waren wesentlich mehr als heute – litten an chronischer Unterernährung. Der Betriebsrat beantragte beim Mannheimer Wirtschaftsamt deshalb wiederholt die Bewilligung einer größeren Anzahl von Schwerarbeitermarken. Die Köche der Werkskantine standen jeden Tag von neuem vor der schwierigen Aufgabe, aus den kargen Vorräten ein sättigendes und schmackhaftes Mahl zusammenzustellen. Am 8. November 1945 wurde daher erwogen, an die Belegschaft mit dem Wunsch heranzutreten, »Fettmarken, und zwar 10 Gramm pro Kopf und Woche abzugeben, damit ein besseres Gericht hergestellt werden könnte«. Meiner Erinnerung nach ist aus der Sache jedoch nichts geworden. Die Kollegen hatten daheim in ihren Familien selber nicht einmal das Nötigste. Wie hätten sie unter diesen Umständen noch etwas an die Werkskantine abgeben sollen?

Not macht aber bekanntlich erfinderisch. Und so beschloß man, auf dem Werksgelände in Richtung Waldhof, wo die alte Schreinerei stand, eine Schweinemästung aufzuziehen. Zum Glück hatte man ein paar Holzbaracken, die im Krieg errichtet worden waren und jetzt zu Ställen umfunktioniert werden konnten. Unser Küchenchef – er war wirklich nicht zu beneiden – konnte so wenigstens ab und zu ein Stück Fleisch oder ein paar Würste in den Kochtopf zaubern. Mitgliedern des Betriebsrates fiel dabei die undankbare Rolle zu, aufs Land zu fahren und Schweinefutter zu organisieren. Damit noch nicht genug. Ein kleines Areal vor den Baracken verwandelte sich in einen blühenden Gemüsegarten. Irgendwo hatte man auch eine Quelle geortet, über die man 300 Flaschen Wein an Land zu ziehen gehofft hatte. Doch die Lieferung verzögerte sich stets von neuem. So erörterte der Betriebsrat schließlich den Vorschlag, die im Gegenzug zu liefernden Ersatzteile zurückzuhalten, sollten die französischen Militärbehörden in der Pfalz die Weinsendung weiterhin blockieren.

Am 17. Januar 1946 fand die erste Betriebsversammlung im Werk Mannheim nach dem Kriege statt. Die Belegschaft hatte sich nahezu vollzählig eingefunden, um den Lagebericht des Betriebsrates entgegenzunehmen. Die Veranstaltung war weit entfernt von der Art einer Betriebsversammlung, wie wir sie heute kennen, wo im allgemeinen über praxisnahe Fragen wie Beschäftigungssituation, Produktionsplanung oder Sozialleistungen diskutiert wird. Dies konnte auch gar nicht anders sein. Zu stark lastete auf den Kollegen noch der Schrecken des Krieges und des Nazi-Regimes; die Versammlung hatte eher den Charakter einer politischen Kundgebung oder Manifestation. Der kommunistische Betriebsrats-Vorsitzende Kunz appellierte an die auf wichtige Positionen neu berufenen Kollegen, ihre Pflicht zu tun, um auf diese Weise die Behauptung der alten Nazis, daß ohne sie nichts liefe, Lügen zu strafen. Eindringlich forderte er seine Zuhörer auf, sich im Betrieb politisch nicht zu bekämpfen: Wir wollen im Betrieb keine Politik, sondern die

Einheit der Schaffenden. – Mehrere Redner appellierten, sich der Gewerkschaft anzuschließen. Wer dies ablehne, so ein Diskussionsteilnehmer, sei entweder dumm oder ein versteckter Nazi. Ein Vertreter des ADGB (des Allgemeinen Deutschen Gewerkschaftsbunds, des späteren DGB) beendete seine Rede mit den Worten »Nie wieder Krieg!«

Soweit stimmt das vielzitierte Wort vom »roten Mannheim«, als hier, vor allem in den großen metallverarbeitenden Unternehmen, die Belegschaften besonders stark gewerkschaftlich organisiert, die Parolen klassenkämpferischer und politischer als anderswo waren. Auch diese Tradition mag mit ein Grund dafür gewesen sein, daß diese erste Betriebsversammlung nach dem Untergang des »Tausendjährigen Reiches« mehr eine Kampfansage an alle reaktionären Kräfte und eine Rückbesinnung auf die politische Kraft einer geschlossen auftretenden Arbeiterschaft wurde.

4. »Aus dem Zimmer geh i net raus...«

Willi Bleichers Triumph über die Kommunisten

Als Werksleiter oder Direktor nach Mannheim geschickt zu werden galt bei Daimler-Benz lange Zeit als eine Art Strafversetzung. Um in diesem Kommunistenhaufen Boden unter die Füße zu bekommen, müsse man aus besonders hartem Holz geschnitzt sein, hieß es allgemein. Diejenigen, die dieses Schicksal traf, spürten meist schon nach kurzer Zeit, daß sie nicht in einem Raubtierkäfig gelandet waren. Ganz im Gegenteil. Auch wenn wir unsere Positionen stets klar vertraten, so war die Zusammenarbeit in den meisten Fällen gut. Mit Unterstützung der Arbeitnehmervertreter haben die Werksleitungen konzernintern sogar immer wieder Forderungen und Wünsche durchgesetzt, mit denen sie sich, auf sich alleingestellt, sehr schwergetan hätten. Für den einen oder anderen war das »rote Mannheim« sogar Zwischenstation für eine überaus erfolgreiche Karriere.

Selbst in den ersten Nachkriegsjahren, als die Beherrschung unseres Betriebsrates durch die KP das Wort vom »Kommunistenhaufen« noch am ehesten gerechtfertigt hätte, waren wir in Mannheim von chaotischen Verhältnissen weit entfernt. Natürlich hatten kommunistische und sozialdemokratische Funktionäre mit ihrer Forderung nach einer politischen Säuberung von ehemaligen Nazis der

Werksleitung hart zugesetzt. Auf der anderen Seite hatten sie ihre Verbindungen zu den amerikanischen Militärdienststellen wiederholt dazu genutzt, um drohende Demontagen im Werk vereiteln zu helfen. Unter dem Eindruck ihrer gemeinsamen antifaschistischen Vergangenheit blieben politische oder gar ideologische Differenzen zunächst völlig im Hintergrund. Der Wiederaufbau des Werkes und die vielen alltäglichen Probleme – von der Ernährung der Mitarbeiter bis zum Schuttschippen am Samstagvormittag – hatten absoluten Vorrang. Die Belegschaft hätte ihnen kaum immer wieder ihr Vertrauen geschenkt, wären sie mit purer Agitation auf Stimmenfang gegangen.

In den anderen großen metallverarbeitenden Betrieben Mannheims lagen die Verhältnisse grundsätzlich kaum anders. Auch bei den Motoren-Werken Mannheim, heute ein Teil der Klöckner-Humboldt-Deutz AG, wurde der Betriebsrat bis 1959 von einem Kommunisten geführt. Bei BBC, traditionell eher sozialdemokratisch ausgerichtet, repräsentierte dennoch viele Jahre ebenso ein KP-Mann die Belegschaft. Als aber Walter Ulbricht am 13. August 1961 die Mauer bauen ließ, spannten aufgebrachte Arbeiter einen Stacheldraht um die Drehmaschine ihres Betriebsratsvorsitzenden. Er hatte das schändliche Bauwerk des SED-Regimes zuvor zu rechtfertigen versucht. Wenig später verlor er sein Amt.

Insgesamt gesehen waren die meisten kommunistischen Betriebsfunktionäre gute Vertreter von Arbeiternehmerinteressen. Besonders stark war ihre Position in den örtlichen Gewerkschaftsgremien. Bevollmächtigter der Ortsverwaltung Mannheim der IG Metall war noch bis 1961 ein aus den Motoren-Werken hervorgegangener kommunistischer Funktionär. Weder die Bezirksleitung noch die Zentrale in

Frankfurt stießen sich daran. Für den Vorstand unter seinem damaligen Vorsitzenden Otto Brenner war es unerheblich, welches Parteibuch ein hauptamtlicher Funktionär hatte. Hauptsache, er war ein guter Funktionär. Aber auch die Vertreter vor Ort waren daran interessiert, keine unnötigen politischen Spannungen entstehen zu lassen. Statt ihr eigenes Süppchen zu kochen, hielten sie sich bei allem, was sie taten, loyal an die Linie des Vorstandes.

Mit dem Kommunisten Ludwig Hurm hatte auch unser Werk seit 1949 einen Betriebsfunktionär an der Spitze des Betriebsrates, der in der Belegschaft ein hohes Ansehen genoß. Bis 1949 war er Akkordarbeiter gewesen und wurde zunächst Obmann der Vertrauensleute. Er war keiner von jenen verbohrten und verbiesterten Ideologen, die sich als bedingungsloses Werkzeug ihrer Partei verstanden. Zwischen ihm und der Nachfolgeorganisation der KPD (sie war ja 1956 verboten worden) kam es später sogar zum offenen Bruch. Noch weniger Probleme als mit der Mannheimer Werkleitung hatte er mit dem Daimler-Benz-Vorstand, dem er seit 1955 als Mitglied des Aufsichtsrates gegenübersaß. Selbst Hanns Martin Schleyer, seit 1959 Personalvorstand, fand über ihn nur lobende Worte, und eine ähnlich hohe Wertschätzung brachte Hurm Schleyer entgegen. Dabei hätte man sich zwei Männer mit einer unterschiedlicheren Vergangenheit und Weltanschauung kaum vorstellen können.

Obwohl ich noch sehr jung war und mit den Kommunisten nie viel im Sinn gehabt hatte, spürte ich, daß Hurm meine Arbeit mit Wohlwollen verfolgte. Als Vertrauensmann in der Werkzeugmacherei, in der ich nach Abschluß meiner Lehre seit Anfang 1948 beschäftigt war, hatte ich Gelegenheit, auf allen Feldern innerbetrieblicher Gewerkschaftstätigkeit Erfahrungen zu sammeln. Dabei war mir schon frühzeitig klargeworden, daß ich es ohne eine gründliche Ausbildung in allen Fragen der Betriebsverfassung und des Tarifwesens, um nur diese beiden wichtigen Gebiete zu nennen, nicht weit bringen würde. Auf Lehrgängen an der DGB-Schule in Bad Münster am Stein und den Fortbildungsstätten der IG Metall in Lohr am Main und Dortmund eignete ich mir daher das nötige Grundwissen in Fragen der Wirtschaftspolitik sowie des Lohn- und Akkordwesens an.

1956 bewarb ich mich zum erstenmal um einen Sitz im Betriebsrat. Mir war von Anfang an klar, daß dies alles andere als ein Spaziergang werden würde. Zwar konnte ich auf die Unterstützung meiner Kollegen in der Werkzeugmacherei vertrauen. Doch mit ihren 350 bis 400 Beschäftigten war dieser Bereich innerhalb der Gesamtbelegschaft des Werkes von über 7000 Mitarbeitern eine relativ kleine Abteilung. Die meisten wußten zu dieser Zeit mit meinem Namen noch wenig anzufangen. Dies bestätigte dann auch das Wahlergebnis: Die Stimmen, die ich unter den über hundert Kandidaten auf der Einheitsliste der IG Metall auf mich vereinigte, langten bei weitem nicht zu einem der ersten 21 Plätze, die zum Einzug in den Betriebsrat erforderlich waren. Da jedoch damals noch jedes Jahr gewählt wurde, konnte ich bereits 1957 einen neuen Anlauf wagen. Und diesmal klappte es. Ich erzielte zwar noch kein Traumergebnis, aber das konnte ich gegen die alte Garde kampferprobter Kollegen auch nicht erwarten. Ich mußte vielmehr froh sein, daß ich es mit meinen knapp 28 Jahren überhaupt schon geschafft hatte.

Zu dem Zeitpunkt, zu dem ich in den Betriebsrat gewählt wurde, war von der Eintracht der ersten Nachkriegsjahre nicht mehr allzuviel zu spüren. Zwischen Sozialdemokraten und Kommunisten zeigten sich zunehmende Differenzen und Rivalitäten. Dies hatte im wesentlichen zwei Gründe: Zum einen traten bei den Kommunisten mehr und mehr Männer in den Vordergrund, die sich mehr als die ältere Funktionärsgeneration von äußeren politischen Einflüssen leiten ließen. Zum anderen spürten die Kommunisten instinktiv, daß sie zugunsten ihrer SPD-Kollegen in der Belegschaft an Anziehungskraft verloren. Dies mußte über kurz oder lang den Verlust ihrer angestammten Machtpositionen bedeuten – nicht nur im Betriebsrat. Die dominierende Rolle, die sie hier spielten, hatten sie entschlossen dazu genutzt, um auch den Vorsitz wichtiger Fachausschüsse, wie etwa den für Lohn- und Akkordfragen sowie den Sozialausschuß, mit Leuten ihres Vertrauens zu besetzen. Auch den Verpflegungsbetrieb leitete zur damaligen Zeit ein Kommunist.

Durch die Ereignisse am 17. Juni 1953 in Ost-Berlin und anderen Städten der DDR hatten die Kommunisten, wie in fast allen Betrieben, auch bei uns einen schweren Schlag erlitten. Daß sowjetische Panzer gegen demonstrierende Arbeiter aufzogen, versetzte sie in schwere Argumentationsnot. Die Lage war für sie besonders prekär, nachdem sich ihre sozialdemokratischen Kollegen spontan dem allgemeinen Protest gegen das brutale Vorgehen der Roten Armee angeschlossen hatten. Daß sie sich nicht mehr ausschließlich den Interessen der Mitarbeiter verpflichtet fühlten, sondern sich in ihren Aktivitäten immer stärker nach drüben orientierten, zeigte sich besonders kraß bei der Einführung der 45-Stundenwoche im Jahre 1956. Die Frage war, wie die verringerte Arbeitszeit auf die Woche verteilt werden sollte. Schon in einem frühen Stadium wurde ein deutliches Interesse der Belegschaft erkennbar, von Montag bis Freitag täglich neun Stunden zu arbeiten und sich auf diese Weise einen freien Samstag zu sichern. Auch ich sah in der Erreichung dieses Ziels einen großen sozialen Fortschritt. Nicht umsonst hatten gerade auch die Gewerkschaften mit dem Slogan »Samstag gehört Vati mir« jahrelang für ein familienfreundliches verlängertes Wochenende gekämpft. Dagegen drängten die kommunistischen Betriebsfunktionäre plötzlich darauf, weiterhin zumindest jeden zweiten Samstag zu arbeiten. Das Motiv lag auf der Hand. Da man in der DDR damals noch durchgehend sechs Tage in der Woche arbeitete, wollte man den Abstand nicht allzu groß werden lassen. Die Werksleitung führte schließlich eine Abstimmung aller Werksangehörigen herbei, bei der sich eine große Mehrheit für die Fünftagewoche aussprach.

Um ihre nach dem Bau der Mauer verstärkt brockelnden Machtbastionen zu halten, schreckten die Kommunisten nicht einmal vor durchsichtigen Tricks zurück. So organisierten sie für Kinder von Mitarbeitern kostenlose Urlaubsreisen in Ferienlager der DDR oder anderer osteuropäischer Länder. Da viele Eltern zu dieser Zeit finanziell noch nicht in der Lage waren, ihren Kindern einen solchen Aufenthalt zu bieten, war das Interesse verständlicherweise groß. Wie viele der betreffenden Kollegen bei den Wahlen zum Betriebsrat aus Dank kommunistischen Bewerbern ihre Stimme gegeben haben, weiß ich nicht; der eine oder andere sicherlich schon. Im Werk selbst suchten sich die Kommunisten auch während der Friedenspflicht durch wiederholten Aufruf zu kürzeren Arbeitsniederlegungen zu profilieren. Treffpunkt war stets die große Uhr, die noch heute am

Bau 2 direkt gegenüber dem Gebäude der Werksleitung hängt. Meist ging es um irgendwelche Lappalien. Oft hatten die Kollegen auch gar keine Ahnung, aus welchem Anlaß sie zusammengerufen wurden. Den Kommunisten ging es allein darum, den Betrieb zu stören, um damit Mitarbeitern und Öffentlichkeit das angebliche Versagen des Kapitalismus vor Augen zu führen.

Natürlich erregte die Zunahme solcher Kurzstreiks mehr und mehr das Mißfallen der Werksleitung. Eines Tages wurde Ludwig Hurm zum Technischen Direktor unserer Gießerei, Reinhard Reichert, gebeten. Von ihm wußte man, daß seine Sympathien bei der CDU lagen. Hurm muß wohl geahnt haben, daß es nicht um eine alltägliche Bagatelle ging, denn er bat mich, ihn zu begleiten. Obwohl ich der SPD angehörte, besaß ich bei ihm inzwischen eine Vertrauensstellung, die unter anderem darin zum Ausdruck kam, daß er mich 1958 in die für das künftige Entlohnungssystem wichtige Kommission für die analytische Arbeitsbewertung der Daimler-Benz AG delegiert hatte. Reichert eröffnete uns mit brutaler Offenheit, daß er das Treiben des Kommunistenhaufens satt sei und alles daransetzen werde, auf die künftige Zusammensetzung des Betriebsrates selbst unmittelbaren Einfluß zu nehmen. Natürlich mußten wir diese Anmaßung schärfstens zurückweisen. Sinngemäß erklärten wir, wenn er uns den Krieg erklären wolle, dann könne er dies tun, wir würden nicht kneifen.

Allerdings wußten wir, daß durchaus Möglichkeiten bestanden, Zwietracht im Arbeitnehmerlager zu säen. Zu den Betriebsratswahlen im April 1959 meldete nämlich erstmalig eine Liste des Christlichen Metallarbeiterverbandes (CMV) ihre Kandidatur an. Bis dahin hatte es nur die gemeinsame Liste der IG Metall gegeben, auf der Mitglieder dieser Gewerkschaft unabhängig von ihrer parteipolitischen Ausrichtung kandidiert hatten. Gewählt war, wer einen der für die Sitzverteilung in Frage kommenden Plätze erreicht hatte. Für uns bestand keinerlei Zweifel, daß die Werksleitung die CDU-nahe Liste mehr oder weniger offen unterstützen würde – aus denselben Gründen, aus denen ich sie entschieden ablehnte: Mit der Spaltung der Belegschaft werde nicht nur die Zusammenarbeit gestört; sie gebe dem Management auch die Möglichkeit, nach dem Motto »Teile und herrsche« beide Gruppen gegeneinander auszuspielen und auf diese Weise die eigene Stellung zu stärken, kritisierte ich in einer Betriebsversammlung die CMV-Leute. Die wiederum hatten nichts Besseres zu tun, als vor den Werkstoren Flugblätter zu verteilen, auf denen ich als »Lucifer« verhöhnt wurde. Immerhin gelang es der neuen Gruppierung, von den auf die gewerblichen Arbeitnehmer entfallenden 20 Sitze zwei zu erringen.

Ich habe, nachdem ich Betriebsratsvorsitzender geworden war, alles darangesetzt, diese Fraktion wieder auszuschalten – mit Erfolg. Vor der Wahl 1967 verabredete ich mit den »Christlichen« die Rückkehr zu einer einzigen Liste, auf der ihre Bewerber jeden zehnten Platz erhalten sollten. Offenbar überschätzten sie ihre Popularität jedoch gewaltig; jedenfalls wurde keiner ihrer Kandidaten gewählt. Sie haben sich, was zu erwarten gewesen war, von dieser Niederlage nie wieder erholt. Seitdem hat es im Werk Mannheim immer nur die Liste der IG Metall gegeben.

Zuvor hatte die neue Gruppierung jedoch für einigen Wirbel gesorgt. So ging sie 1959 vor das Arbeitsgericht, um mehr Betriebsversammlungen zu erzwingen. Der recht eigensinnige Hurm hatte statt der vorgeschriebenen vier jährlichen Versammlungen nur eine einzige einberufen. Das hat der

Belegschaft nicht mehr geschmeckt, und so stieß die Offensive des Christlichen Metallarbeiterverbandes durchaus auf Sympathie. Hinzu kam, daß auch der Betriebsrat nicht mehr so oft wie früher zusammenkam, so daß es sogar unter den kommunistischen Mitgliedern selbst zu Spannungen kam.

Wie sehr es innerhalb dieser Gruppe gärte, zeigte sich, als Ludwig Hurm 1963 starb und die Wahl eines Nachfolgers anstand. Die zehn Kommunisten, nach wie vor die stärkste »Fraktion«, waren nicht in der Lage, sich auf einen von allen unterstützten Kandidaten zu einigen. Hoffnungen machte sich vor allem Josef Jäger, ein aus Hessen stammender Exponent der jüngeren kommunistischen Funktionärsgarde. Bei aller notwendigen Schärfe der Auseinandersetzung schoß er jedoch oft übers Ziel hinaus und stieß deshalb vor allem bei altgedienten KP-Leuten auf große Vorbehalte. So war es nicht überraschend, daß sich die IG-Metall-Mitglieder des Betriebsrats am Ende auf eine Übergangslösung verständigten: Neuer Vorsitzender wurde für ein Jahr der schon 63 Jahre alte Jakob Hinkel, von Beruf Gießereiarbeiter, auch er Kommunist.

Der Kampf um die dominierende Stellung zwischen Kommunisten und Sozialdemokraten war damit jedoch nur für kurze Zeit unterbrochen. Die kommunistische Gruppierung, der im politischen Leben der Bundesrepublik der Abstieg zur Bedeutungslosigkeit drohte, klammerte sich mit aller Kraft an die Macht, die ihr in der Belegschaft und in der Ortsverwaltung noch geblieben war. Auf der anderen Seite spürte die sozialdemokratische Betriebsgruppe immer stärkeren Rückenwind. Die Stimmung in der Belegschaft schlug eindeutig zu unseren Gunsten um. Von meinen Parteifreunden wurde ich daher schon 1963 massiv gedrängt, 1964 für den Vorsitz zu kandidieren. Dieser Wunsch entsprach insofern einer gewissen Logik, als ich schon bei der Aufstellung der Vorschlagsliste der IG Metall für die Betriebsratswahl 1963 in der Vertrauensleute-Versammlung nach Hinkel die meisten Stimmen erhalten hatte. Das Vertrauen der Belegschaft hatte ich mir vor allem auch als Kassierer der Gewerkschaftsbeiträge erworben. In den fünfziger Jahren wurde dieses Geld ja noch nicht wie heute vom Lohn einbehalten und durch das Unternehmen zentral an die IG Metall abgeführt. Am wöchentlichen Zahltag machten statt dessen an die 600 Vertrauensleute mit einem Kästchen die Runde durch alle Abteilungen, um die Gewerkschaftsmarken an den Mann zu bringen. Ich hatte 1958 unter anderem die Aufgabe übernommen, die einkassierten Beiträge entgegenzunehmen und sie mit der Mannheimer Ortsverwaltung der IG Metall abzurechnen.

Auch außerhalb des Werkes war ich in Gewerkschaftskreisen kein ganz Unbekannter mehr. So hatte ich im Verwaltungsbereich Mannheim an den Wochenenden regelmäßig Arbeitskreise für Lohn- und Akkordfragen geleitet. Daneben gehörte ich der Kommission des Gesamtbetriebsrates an, die für alle Werke der Daimler-Benz AG mit der Konzernspitze Richtbeispiele für die Umsetzung der analytischen Arbeitsbewertung in das Lohn- und Akkordsystem zu erstellen hatte.

Nach der kurzen Amtsperiode Hinkels arbeitete vor allem dessen Parteifreund Jäger auf die Nachfolge als Betriebsratsvorsitzender hin. Er und seine Genossen wußten nur allzu gut, was für sie auf dem Spiel stand. Würden die Kommunisten bei dieser Wahl ihre seit Kriegsende stets von neuem verteidigte Führungsrolle an einen Sozialdemokraten verlieren, würden sie kein Bein mehr auf den Boden bekommen. Doch auch wenn die KP-Leute nach wie vor die stärkste Gruppierung darstellten, so verfügten sie doch nur über neun der auf den gewerblichen Bereich entfallenden 21 Sitze. Hinzu kam, wie gesagt, daß Jäger wegen seiner oft sehr radikalen Ansichten unter seinen Gesinnungsfreunden nicht unumstritten war.

Als die Kommunisten merkten, daß sie für einen eigenen Kandidaten keine Mehrheit finden und die Mitglieder der SPD-Betriebsgruppe einen eigenen Bewerber ins Rennen schicken würden, favorisierten sie als das »kleinere Übel« plötzlich den über die IG-Metall-Liste gewählten CDU-Mann Kurt Wawrzik. Nicht nur bei meinen politischen Freunden löste dieses Techtelmechtel ungläubiges Kopfschütteln aus. Auch für viele alte Kommunisten, mit denen wir Jahre hindurch einträchtig für Arbeitnehmerinteressen gestritten hatten, war ein Bündnis mit der CDU gegen die SPD kaum vorstellbar. Einige von ihnen versicherten mir: Bevor wir einen Schwarzen wählen, unterstützen wir dich. – Auf meine Entgegnung, daß ich dies nicht glauben könne, antworteten sie: Das werden wir dir zeigen!

So wurde die Situation, je näher der Tag der Wahl rückte, immer verworrener. Alle Konstellationen schienen möglich, eine Einigung unter den über die IG-Metall-Liste gewählten Kollegen rechtzeitig vor der Abstimmung wurde jedoch immer unwahrscheinlicher. In der Bezirksleitung wuchs die Sorge, daß die Dinge bei uns aus dem Ruder laufen würden.

Am 18. Juni 1964 kam deshalb Willi Bleicher zu einem Vorgespräch nach Mannheim. Wie kaum ein anderer Arbeiterführer war er schon zu Lebzeiten zu einer legendären Figur geworden. Nur wenige wußten, daß der »Metaller«

Bleicher in Wahrheit eine Bäckerlehre absolviert und seine Karriere in der Gewerkschaft der Nahrungs- und Genußmittelarbeiter begonnen hatte. Als junger Mann überzeugter Kommunist, hatte er sich erst fünf Jahre nach seiner Entlassung aus dem Konzentrationslager Buchenwald 1950 von der Kommunistischen Partei losgesagt und sich der SPD angeschlossen.

Obwohl er grantig und unberechenbar sein konnte und die südwestdeutsche IG Metall autoritär wie ein »Bezirksfürst« führte, verehrten die meisten Funktionäre den leidenschaftlichen Kämpfer als ihr großes Vorbild. Sein Foto, das in meinem Büro hing, hat mich später immer wieder an den Tag erinnert, an dem er nach Mannheim kam, um den zerstrittenen Betriebsrat zur Räson zu bringen.

Die Sitzung begann schon morgens um neun. Nur in einem ganz persönlichen »Notfall« durfte ein Teilnehmer den Betriebsratsraum verlassen. Bleicher wußte sehr genau, was er verhindern mußte: Der Kommunist kann nicht und der Schwarze darf nicht Betriebsratsvorsitzender werden. Mit der ihm eigenen Direktheit erklärte er: »Aus dem Zimmer geh i net raus, bis der Lucy Vorsitzender ischt!« Die Diskussion zog sich fast über den ganzen Tag hin. Erst gegen Abend kam es zur Abstimmung. Den Sieger sollten dann in der für den nächsten Morgen angesetzten eigentlichen Wahl alle Mitglieder geschlossen unterstützen. Die vier Kommunisten, die nicht den CDU-Kandidaten, sondern mich wählen wollten, hatten sich bewußt so gesetzt, daß ich mich überzeugen konnte, daß sie auf dem Stimmzettel ihr Kreuz an der richtigen Stelle machten. Mit ihrer Hilfe gewann ich die Wahl mit einer Stimme Vorsprung. Ich will nicht verschweigen, daß ich meine eigene Stimme mit in die Waagschale geworfen hatte. Auch in anderen Fällen habe ich immer nach dem Grundsatz gehandelt, daß man sich nicht seiner Stimme enthalten sollte, wenn man sich selbst für eine Aufgabe für geeignet hält und andere davon überzeugt hat.

Nach der Probeabstimmung war die Wahl am nächsten Tag nicht mehr als eine Formsache. Ich erhielt 17 Stimmen, sechs Kollegen enthielten sich, Nein-Stimmen gab es nicht. Das Amt, in das ich gewählt wurde, habe ich dann 25 Jahre lang ausgeübt. Bei keiner Wiederwahl gab es Gegenstimmen, noch gar einen Gegenkandidaten. Trotz meines eindeutigen Wahlergebnisses war ich nicht so blauäugig zu glauben, daß mir alle Kollegen des Betriebsrates mit uneingeschränkt positiver Einstellung begegneten. Die offene Rivalität zwischen kommunistisch orientierten und SPD-Kollegen und die Kungelei zwischen Kommunisten und Vertretern der CDU-Mitglieder unter den IG-Metall-Betriebsräten war an keinem spurlos vorübergegangen. Die entstandenen Wunden konnten nicht über Nacht heilen. So mußte ich davon ausgehen, daß einige von denen, die mich bis zuletzt bekämpft hatten, insgeheim nichts sehnlicher wünschten, als mich bei der erstbesten Gelegenheit stolpern zu sehen.

Die ersten Bewährungsproben, vor die ich mich gestellt sah, ließen denn auch nicht lange auf sich warten. Im Ostwerk war gerade die neue Gießerei fertig geworden, die die noch aus der Vorkriegszeit stammende alte Anlage ersetzen sollte. Der Vorstand in Untertürkheim nahm dies zum Anlaß, die Streichung der Gießereizulage zu verlangen. Sie wurde den in diesem Betriebsteil tätigen Kollegen wegen der Schwere ihrer Arbeit gezahlt. Unter den rund 1500 Leuten, die hier beschäftigt waren, hatten die Kommunisten eine besonders starke Anhängerschaft. Ich wußte also, was mir geblüht hätte, wäre ich auf die Forderung des Managements eingegangen. Nur wenige Tage nach meiner Wahl fuhr ich nach Stuttgart, um den Fortbestand der Zulage zu erreichen. Mein Gesprächspartner war Hanns Martin Schleyer. Auch die neue Gießerei, so hielt ich ihm entgegen, sei beileibe kein Sanatorium, sondern verlange den Männern einen besonderen körperlichen Einsatz ab. Wir verhandelten die ganze Nacht hindurch. Als es draußen schon wieder hell zu werden begann, erklärte sich Schleyer bereit, die Zulage so lange weiterzubezahlen, bis die neue Anlage voll eingefahren war. Dann müsse man neu verhandeln. Wenngleich mir damit auch noch kein voller Erfolg geglückt war, so hatte ich doch immerhin einen Einstieg erreicht. Mit einigem Optimismus fuhr ich sofort nach Mannheim zurück und präsentierte den wartenden Betriebsratskollegen mein Verhandlungsergebnis. An einigen Reaktionen merkte ich, daß man mir diesen Teilerfolg nicht gönnte. Ich glaubte meinen Ohren nicht zu trauen, als mich Kurt Wawrzik allen Ernstes fragte, welchen Preis ich für das Entgegenkommen des Vorstandes gezahlt hätte. Ich war empört, daß mir ein Kollege unterstellte, mich auf einen Kuhhandel eingelassen zu haben, und verlangte auf der Stelle eine Entschuldigung. Übrigens gibt es die Gießereizulage noch heute. Sie ist zu einem festen Bestandteil des Tarifvertrages geworden.

Unmittelbar nach meiner Wahl zum 1. Vorsitzenden baten mich der technische Werksleiter Robert Holzner und sein kaufmännischer Kollege Günther Barié zu sich. Mir war sofort klar, daß sie mir nicht nur zu meiner neuen Aufgabe Glück wünschen wollten. Sehr schnell kamen sie denn auch auf ihr eigentliches Anliegen zu sprechen: Ihrer Meinung nach sei es ungerechtfertigt, daß im Werk 15 gewerbliche Mitarbeiter für die Betriebsratstätigkeit freigestellt seien. Laut Betriebsverfassungsgesetz, § 38, dürften es nur fünf sein. Somit hätten wir mehr Freigestellte als die wesentlich größeren Werke Sindelfingen und Untertürkheim. Ich erwiderte ihnen, daß mich die Situation in den anderen Werken nicht interessiere. Die in Mannheim freigestellten Kollegen würden jedenfalls 40 bis 50 Stunden wöchentliche Betriebsratsarbeit nachweisen können. Gleichzeitig verlangten sie, daß der Betriebsrat auf den zu seiner alleinigen Verfügung abgestellten Dienstwagen samt Fahrer verzichten solle. Wenn ich nach Stuttgart müßte, würde ich natürlich gefahren werden. Damit aber noch nicht genug: Es müsse auch Schluß damit sein, daß Mitglieder des Betriebsrates während der Arbeitszeit das Werk verlassen könnten, ohne wie alle anderen beim Werkschutz einen von ihrem Meister unterschriebenen Torpaß vorzeigen zu müssen. Das war der berühmte Tropfen, der bei mir das Faß zum Überlaufen brachte. Meine Kollegen hätten mich sicherlich in der Luft zerrissen, wenn ich ihnen verkündet hätte, daß unser Dienstwagen kassiert worden sei und sie künftig Torpässe präsentieren müßten.

Beide Herren waren sichtlich überrascht, als ich ihnen ungerührt entgegnete, daß für uns auch weiterhin keine Torpässe ausgestellt würden und der Wagen beim Betriebsrat bleibe. Meinen Gesprächspartnern kam es offensichtlich darauf an, den in ihren Augen taktisch günstigen Zeitpunkt des Amtswechsels zu nutzen, um den Betriebsrat in seine Schranken zu weisen. Doch hatten sich die Herren verkalkuliert. Ich war nicht gewillt, mir das Fell über die Ohren ziehen zu lassen. An Barié gewandt, erklärte ich, daß ich über das Thema Dienstwagen überhaupt erst zu diskutieren bereit wäre, wenn er seinen Zweit- und Dritt-Pkw für die Familie und die Jagd zurückgegeben habe. Dann stand ich auf und ging, nicht ohne sie wissen zu lassen, daß sie mich ja noch einmal heraufrufen könnten, falls sie es sich anders überlegen sollten. Beharrten sie auf ihrem Standpunkt, so müßte ich jedoch nicht nur den Betriebsrat, sondern die ganze Belegschaft von ihren Forderungen in Kenntnis setzen. Diese Drohung hatte die erhoffte Wirkung. Noch am selben Tag baten sie mich erneut zu sich. Man wollte mit mir, so erklärten sie, nicht schon am ersten Tag Streit. Es bleibe daher alles beim alten. Man hatte also offensichtlich begriffen, daß man mit mir nicht so einfach Schlitten fahren konnte. So waren die Positionen von vornherein geklärt, was für unsere weitere Zusammenarbeit nur von Vorteil war.

Meine wichtigste Aufgabe nach innen bestand zunächst darin, die durch die persönlichen Rivalitäten entstandenen Risse wieder zu kitten und so die frühere Geschlossenheit der Belegschaftsvertretung wiederherzustellen. Ich bin dabei nach dem Prinzip verfahren, auch diejenigen Kollegen, die zeitweilig meine Gegner gewesen waren, nicht auszugrenzen, sondern im Gegenteil fest in die Arbeit des Betriebsrates einzubinden. Sie hatten auf diese Weise keine Möglichkeit, sich mit radikalen Forderungen von außen gegen den Betriebsrat zu profilieren. Ich habe die Kerle in die Verantwortung geholt, wodurch sie von ganz allein ruhiger wurden. Meinen kommunistischen Widersacher Jäger habe ich später sogar zum Sekretär des Gesamtbetriebsrates für Lohn- und Akkordfragen gemacht. Als ich mit diesem Vorschlag zu meinen Freunden kam, erntete ich zunächst nur ungläubiges Staunen. Ich war jedoch überzeugt, daß er für diese Aufgabe der richtige Mann sei, und er hat mich dann auch nicht enttäuscht. Auch wenn es um die Freistellung von Betriebsratsmitgliedern – ein besonders heiß diskutiertes Thema – ging, achtete ich darauf, daß auch die kommunistischen und die CDU-Kollegen angemessen berücksichtigt wurden. Statt mir für meine Verhandlungen mit der Werksleitung gute Ratschläge und unerfüllbare Wünsche mit auf den Weg geben zu lassen, holte ich mir auch unbequeme Leute in den Betriebsausschuß und nahm sie zu den Gesprächen mit.

Mir ist es auf diese unspektakuläre Weise gelungen, den kommunistischen Einfluß im Laufe der Zeit zurückzudrängen. Eine ganze Reihe ehemaliger KP-Funktionäre stieß später zur SPD. An der Spitze der SPD-Betriebsgruppe steht heute der einstige Vorsitzende der Betriebsgruppe der DKP. Besonders kraß zeigte sich der Rückgang des kommunistischen Einflusses bei der ersten Wahl nach Inkrafttreten des neuen Betriebsverfassungsgesetzes, durch das sich im Werk Mannheim die Zahl der Betriebsratsmitglieder von 25 auf 35 erhöhte. Alle zehn zusätzlichen Mandate entfielen am 3. Mai 1972 auf Sozialdemokraten. Insgesamt gehörten 26 Mitglieder des neuen Betriebsrates der SPD an, fünf der DKP und vier der CDU. Erst 1988 schied der letzte Kommunist aus dem Betriebsrat aus.

5. Ohne Macht läuft gar nichts

Das neue Betriebsverfassungsgesetz – ein großer Schritt nach vorn

Am 19. Januar 1972 trat die von der sozialliberalen Koalition durchgesetzte Novelle des Betriebsverfassungsgesetzes in Kraft. Es bedeutete einen Meilenstein im Kampf um mehr betriebliche Mitbestimmungsrechte der Arbeitnehmer. Gegenüber dem alten, gegen den entschiedenen Widerstand der Gewerkschaften beschlossenen Gesetz von 1952 räumte es den Betriebsräten erstmalig klar umrissene Mitwirkungsrechte bei der Gestaltung von Arbeitsplätzen, Arbeitsabläufen und Arbeitsumgebung ein. Auch bei der Regelung sozialer, personeller und wirtschaftlicher Fragen garantierte die neue Betriebsverfassung den Arbeitnehmern einen sehr viel weiter gehenden Einfluß. Vor allem die Aufwertung des Wirtschaftsausschusses zu einem Organ des Gesamtbetriebsrates mit umfassenderen Vollmachten erlaubte es uns, detaillierte Informationen des Vorstandes zur Gesamtplanung des Konzerns anzufordern und so frühzeitig auf neue Entwicklungen im Unternehmen einzuwirken. Ich kann für mich in Anspruch nehmen, das neue Instrumentarium stets offensiv genutzt zu haben. Wenn ich Mitgliedern der Werksleitung oder des Vorstandes am Verhandlungstisch gegenübersaß, hatte ich den Gesetzestext immer griffbereit in der Tasche. Und wenn die Herren uns erzählten, was sie alles dürften, holte ich meine »Wunderwaffe« heraus und las ihnen vor, wie die Dinge tatsächlich lagen.

Bei der Umsetzung der Novelle in die Praxis kam es dann mit dem Vorstand zu einem lang anhaltenden Konflikt über die Behandlung der leitenden Angestellten. Wie schon in der Vergangenheit, so legte auch das neue Gesetz (in § 5, Absatz 3) fest, daß die Leitenden nicht unter die Vorschriften der betrieblichen Arbeitnehmermitbestimmung fielen. Verständlich, daß die andere Seite das Ziel verfolgte, möglichst vielen Führungskräften diesen Status zuzuerkennen. Daß wir uns unsere gesetzlich verbrieften Rechte auf diese Weise nicht teilweise wieder nehmen lassen wollten, war ebenso klar. Der Streit entzündete sich vor allem an der Frage, wann jemand »im wesentlichen eigenverantwortlich Aufgaben wahrnahm«, die ihm »regelmäßig wegen deren Bedeutung für den Bestand und die Entwicklung des Betriebes im Hinblick auf besondere Erfahrungen und Kenntnisse übertragen werden«. Der Vorstand präsentierte dem Gesamtbetriebsrat eine Aufstellung mit den Namen von etwa 1300 Leuten, bei denen er diese Voraussetzungen als erfüllt ansah. Vor Inkrafttreten des Gesetzes hatten dagegen gerade einmal 400 Mitarbeiter, also weniger als ein Drittel, im ganzen Konzern als »leitend« gegolten – außer den Vorstandsmitgliedern im wesentlichen die Werksleiter und die Direktoren in der Zentrale.

Da am Verhandlungstisch keine Verständigung möglich war, schlug ich dem Gesamtbetriebsrat vor, den Streit gerichtlich klären zu lassen. Da das Bundesarbeitsgericht in der Leitenden-Frage bis dahin eher unserer Linie gefolgt war und die gesetzlichen Kriterien bewußt eng ausgelegt hatte, war ich davon überzeugt, die Taktik des Vorstandes auf diesem Wege durchkreuzen zu können. Mit Unterstützung eines Anwalts der IG Metall brachten wir eine Lawine von über tausend arbeitsrechtlichen Feststellungsverfahren quer durch den ganzen Konzern ins Rollen. Der Vorstand mußte zur Kenntnis nehmen, daß er mit uns nicht so einfach umspringen konnte. Unsere Strategie verfehlte ihre Wirkung nicht. Notgedrungen signalisierte man uns schon bald Bereitschaft, außergerichtlich eine Lösung des Problems zu suchen. Doch dauerte es noch bis Mitte 1977, bis sich beide Seiten in einer Betriebsvereinbarung auf 618 Führungskräfte einigten.

Gerne hätten wir Arbeitnehmer in der Gesetzesnovelle auch bei der Planung neuer Fertigungsstätten, technischer Anlagen und Arbeitsabläufe echte Mitbestimmungsrechte erhalten. Dies war jedoch politisch nicht durchsetzbar gewesen. So blieb es auf diesem für uns zentralen Gebiet nach § 90 bei Unterrichtungs- und Beratungsrechten. Immerhin wurde die Unternehmensleitung aber verpflichtet, uns »rechtzeitig« zu unterrichten und ihre Pläne »im Hinblick auf ihre Auswirkungen auf die Art der Arbeit und die Anforderungen an die Arbeitnehmer« mit uns zu beraten. Ergänzt wurde diese Bestimmung durch die Auflage, daß Arbeitgeber und Betriebsrat dabei »die gesicherten arbeitswissenschaftlichen Erkenntnisse über die menschengerechte Gestaltung der Arbeit berücksichtigen« sollten. Hieraus ergab sich für uns Betriebsräte ein großer Spielraum, neue Einrichtungen in Produktion und Verwaltung weitaus früher und intensiver als bisher im Interesse der Arbeitnehmer zu beeinflussen. § 91 räumte den Betriebsräten für den Fall, daß Arbeitsbedingungen von dieser Norm abwichen, erstmalig das Recht ein, »angemessene Maßnahmen zur Abwendung, Milderung oder zum Ausgleich der Belastung« zu verlangen und im

Notfall die im Betriebsverfassungsgesetz vorgesehene Einigungsstelle anzurufen. Obwohl wir der anderen Seite in dieser Beziehung viel abverlangt haben, sind wir uns letztlich immer einig geworden. In meiner 25jährigen Amtszeit als Mannheimer Betriebsratschef haben wir die Einigungsstelle nicht ein einziges Mal anrufen müssen.

Neu war auch, daß uns Vorstand und Werksleitung »an Hand von Unterlagen rechtzeitig und umfassend« über den Personalbedarf und über die sich hieraus ergebenden personellen Schritte einschließlich der Berufsbildung zu unterrichten hatten. Leider ist § 92 kein Mitbestimmungsparagraph, sondern erlaubt uns nur eine Mitwirkung. Dennoch versetzte er uns in die Lage, die andere Seite zu zwingen, die Karten frühzeitig auf den Tisch zu legen und mit uns über die Personalpolitik zu verhandeln. Wir haben unsererseits in allen Fällen versucht, durch Gegenvorschläge die Vorstellungen des Managements in unserem Sinne zu verändern. Der Vorstand, der bis dahin dies alles nicht gewohnt war, tat sich zunächst sehr schwer, sich auf die veränderte Situation einzustellen.

Als ein wirksamer Hebel unserer betrieblichen Personalpolitik erwies sich auch das in § 96 verbriefte Recht des Betriebsrates auf Mitberatung aller Fragen der Berufsbildung. Vor allem bei Investitionsvorhaben, organisatorischen Umstellungen oder Rationalisierungen, bei denen sich meist veränderte Anforderungsprofile für die betroffenen Mitarbeiter ergaben, brachten wir Weiterbildungsmaßnahmen ins Spiel. Durch die auf diese Weise erreichte Qualifizierung für neue Aufgaben stiegen viele Mitarbeiter in eine höhere Lohngruppe auf. Obwohl das Unternehmen für die betriebliche Weiterbildung viel Geld aufwenden mußte, waren dies lohnende Investitionen. Wie hätte ein im harten internatio-

nalen Wettbewerb stehender Konzern wie Daimler-Benz
auf die rasanten Veränderungen in der Fertigungstechnik
auch anders reagieren können als durch eine permanente
Anpassung der Fähigkeiten seiner Mitarbeiter an die erhöhten beruflichen Anforderungen.

Ein in der Praxis außerordentlich wichtiges Mitbestim-
mungsrecht hat uns der Gesetzgeber bei Einstellungen,
bei Eingruppierungen, Umgruppierungen und Versetzungen
(§ 99) und bei Kündigungen (§ 102) eingeräumt. Der Vorstand der Daimler-Benz AG hat sich über die Möglichkeit
der Betriebsräte, in den Werken und Niederlassungen Kündigungen zu vereiteln, vor allem in der ersten Zeit nach dem
Inkrafttreten des neuen Betriebsverfassungsgesetzes vielfach hinwegzusetzen versucht. So erhielt die Werksleitung in
Mannheim, wenn der Abbau von Arbeitsplätzen anstand,
pauschale Vorgaben für die Verringerung der Belegschaft.
Der Personalchef des Werkes geriet dadurch in eine äußerst
verzwickte Lage. Denn nach dem Gesetz muß er dem Betriebsrat die Gründe für jede einzelne Kündigung mitteilen;
andernfalls ist sie unwirksam. Zudem hat die Arbeitnehmervertretung ein Widerspruchsrecht. Die örtlichen Personal-
chefs waren also gut beraten, das Ihre zu einer gedeihlichen
Zusammenarbeit mit dem Betriebsrat beizutragen.

Besonders nachhaltig zeigt sich dies bei Versetzungen von
Mitarbeitern innerhalb des Unternehmens. Nach dem Gesetz ist der Arbeitgeber verpflichtet, den Betriebsrat schriftlich zu informieren, wenn nur ein einziger Arbeiter bei Mercedes in Mannheim von Bau 3 in Bau 12 versetzt werden
sollte. Er weiß auch, daß der Betriebsrat seine Zustimmung
verweigern und den Fall theoretisch bis zum Arbeitsgericht
»hochschaukeln« kann. Wir haben uns in Mannheim zum
Glück nie in die Lage versetzt gesehen, durch eine Verweige-

rungspolitik aus Prinzip Sand ins Getriebe zu streuen. Dies hätte, das wußte die Werksleitung nur zu gut, fatale Folgen haben können. Stellen wir uns einmal vor, in einem Teil des Werkes fehlten eines Morgens zehn Leute. Bis uns die Personalabteilung gemeldet hätte, wen sie dorthin versetzen wollte, wäre Schichtende und bis dahin nichts passiert. Wir hätten im Extremfall die Produktion empfindlich stören können, wären wir stur nach dem Buchstaben des Betriebsverfassungsgesetzes verfahren. Das wollte natürlich niemand. Wir wollten auf der anderen Seite der Unternehmensführung aber auch nicht einfach etwas schenken. So machte ich den Vorschlag, Versetzungen innerhalb des Werkes bis zu einer Dauer von vier Wochen unbürokratisch zu regeln. Für unser Entgegenkommen in dieser Frage verlangte ich allerdings für Mannheim eine mittel- und langfristige Personalbedarfsplanung unter Mitwirkung des Betriebsrates. Natürlich konnte die Werksleitung von dieser Forderung nicht begeistert sein; sie schluckte jedoch die Kröte, weil sie daran interessiert war, die Produktion nicht ins Stocken geraten zu lassen. Streng genommen entsprach unsere Verständigung nicht ganz dem Gesetz, aber sie war für beide Seiten nur von Vorteil. Um keine juristischen Angriffsflächen zu bieten, sprachen wir in solchen Fällen auch nicht von »Versetzungen«; mußten Mitarbeiter kurzfristig irgendwo einspringen, wurden sie vielmehr nur »ausgeliehen«. Natürlich hatten wir die Zusage, daß der Betreffende für seine vorübergehende Beschäftigung mindestens denselben Lohn wie an seinem Stammplatz erhielt.

Mit unserer Bereitschaft, bei der Lösung praktischer Probleme im Betrieb auch einmal unkonventionelle Wege mitzugehen, haben wir uns immer wieder Mitspracherechte bei Entscheidungen von grundsätzlicher Bedeutung erkämpft.

Insofern gingen die Wirkungen der Reform des Betriebsverfassungsgesetzes weit über die in ihr geregelten Detailfragen
hinaus. Indem sie den Betriebsrat erstmals zu einem echten
Entscheidungspartner aufwertete, zwang sie Arbeitgeber
und Arbeitnehmer zu einer engen Kooperation auf nahezu
allen Gebieten.

Der aus unserer Sicht größte Fortschritt des Gesetzes lag
in der Weiterentwicklung des Wirtschaftsausschusses zu
einem zentralen Mitbestimmungsorgan des Betriebsrates.
War dieses Gremium bis dahin ein paritätisch mit Arbeit-
nehmer- und Arbeitgebervertretern besetzter Ausschuß, so
gehörten ihm fortan ausschließlich durch den Gesamtbetriebsrat aus seiner Mitte gewählte Mitglieder an, bei Daimler-Benz vor allem die Betriebsratschefs der großen Werke,
also Sindelfingen, Untertürkheim, Mannheim, Wörth und
Bremen. Nachdem ich 1972 als Nachfolger von Karl Hauff
an die Spitze des Gesamtbetriebsrates gewählt worden war,
übernahm ich später auch den Vorsitz des neu gebildeten
Wirtschaftsausschusses.

Nach dem Gesetz mußte uns der Vorstand, wie es in § 106,
Absatz 2 heißt, »rechtzeitig und umfassend über die wirtschaftlichen Angelegenheiten des Unternehmens unter Vor-
lage der erforderlichen Unterlagen« informieren und die
sich hieraus ergebenden Auswirkungen auf die Personalplanung darstellen. Was er mit »wirtschaftlichen Angelegenheiten« meinte, hatte der Gesetzgeber klar und unmißverständlich präzisiert. Die Informationspflicht erstreckte sich
nicht nur auf die wirtschaftliche und finanzielle Situation
sowie auf die Produktions- und Absatzlage. Mindestens
ebenso wichtig war für uns, daß uns der Vorstand über sein
Produktions- und Investitionsprogramm, über Rationalisie-
rungsvorhaben, die Einführung neuer Arbeitsmethoden und

die teilweise oder vollständige Stillegung einzelner Betriebe und Betriebsteile rechtzeitig und umfassend ins Bild setzen mußte. Das Management geriet auf diese Weise unter erheblichen Druck. Es konnte sich nicht länger leisten, die Arbeitnehmervertreter mit unausgereiften Plänen abzuspeisen, sondern mußte seine Vorhaben durch hieb- und stichfeste Daten und Fakten absichern.

Wir erhielten durch die frühzeitige Unterrichtung die Möglichkeit, die Pläne des Vorstandes im Interesse der Arbeitnehmer zu verändern. Da diese Änderungen meist mit Mehrkosten verbunden waren, waren Erfolge in aller Regel erst nach harten, zeitaufwendigen Auseinandersetzungen zu erzielen. Im Extremfall konnte es an die zehn Jahre dauern, bis große Projekte wie die Kernfertigung in der Mannheimer Gießerei oder unsere Omnibus-Montage unter Dach und Fach waren.

Man kann darüber streiten, ob der Wirtschaftsausschuß für die Wahrnehmung von Arbeitnehmerinteressen nicht vielleicht wichtiger als der Aufsichtsrat ist, auch wenn letzterer als oberstes Beschluß- und Kontrollorgan auf den ersten Blick mehr Macht besitzt. Doch diese Macht liegt eindeutig auf der Kapitalseite, die trotz der zahlenmäßigen Parität durch den Stichentscheid des aus ihren Reihen stammenden Vorsitzenden stets das bessere Ende für sich hat. Hinzu kommt, daß sich der Aufsichtsrat kaum so intensiv mit den betrieblichen Detailfragen beschäftigen kann, die für die Belegschaft von Bedeutung sind. Man kann von einem Kapitalvertreter, ob nun Banker oder Chef eines anderen Konzerns, nicht verlangen, daß er sich längere Zeit mit einer Kurbelwelle oder einem neuen Motor befaßt. Für uns Arbeitnehmervertreter sind damit aber konkrete Fragen wie die nach der Beschäftigung, der Qualifikation der Mitarbeiter in dem betreffenden Bereich oder der Arbeitsplatzgestaltung verbunden. Solche Aspekte lassen sich nur intern im Wirtschaftsausschuß erörtern, wo jeder weiß, worum es geht.

Der Vorstand erkannte sehr schnell, daß er im neuen Wirtschaftsausschuß nicht mehr seine zweite Garnitur aufmarschieren lassen konnte, die den Arbeitnehmervertretern bis dahin Rede und Antwort gestanden hatte. Die Unterrichtung wurde jetzt zur Chefsache. Zur Behandlung jedes Tagesordnungspunktes erscheint seitdem das verantwortliche Vorstandsmitglied, dazu durchweg der Vorstandsvorsitzende und, da es stets um Personalangelegenheiten geht, in jedem Fall der Arbeitsdirektor. Da ich die Sitzungstermine schon Monate im voraus festgelegt hatte, konnte sich kaum jemand mit anderen Verpflichtungen entschuldigen. Dem Charakter des Wirtschaftsausschusses als Organ des Gesamtbetriebsrates entsprechend, bestimmten wir die jeweilige Tagesordnung und damit automatisch auch, welche Vorstandsmitglieder anwesend zu sein hatten. Es zeigte sich sehr schnell, daß die Herren ein starkes Interesse daran hatten, bei uns kein Informationsdefizit aufkommen zu lassen. Niemand von ihnen wollte das Risiko eingehen, im Aufsichtsrat mit einer Flut unbeantworteter Detailfragen aus dem Wirtschaftsausschuß konfrontiert zu werden und den Zeitplan der Sitzungsregisseure durcheinanderzubringen. Vielmehr sollte in diesem Kreis alles möglichst glatt über die Bühne gehen.

Nach dem Gesetz hätten wir das Recht gehabt, zu den Beratungen des Wirtschaftsausschusses auch externe Fachleute hinzuzuziehen. Das Unternehmen wäre sogar verpflichtet gewesen, die dabei anfallenden Kosten zu überneh-

men. Ich war jedoch davon überzeugt, daß wir die Verhältnisse selbst am besten kennen. Aus diesem Grunde habe ich
auch meine IG-Metall-Kollegen gebeten, zum Wirtschaftsausschuß Abstand zu halten. Alle wichtigen Informationen
erhielten sie ja im Gesamtbetriebsrat, an deren Sitzungen
jeweils ein ständiger Betreuer aus der Frankfurter Vor-
standsverwaltung teilnimmt, und im Aufsichtsrat, in dem
die Organisation mit drei Mitgliedern vertreten ist. Mir kam
es von Anfang an darauf an, zu demonstrieren, daß wir eine
selbständige Politik treiben und nicht etwa in den Verdacht
geraten wollten, einen permanenten Aufpasser nötig zu haben. Auch wenn bei dem einen oder anderen in der IG Metall das Bedürfnis vorhanden gewesen sein mag, intensiver
an der Arbeit des Wirtschaftsausschusses beteiligt zu sein, so
hat man mich nie gedrängt, in dieser Frage eine nachgiebi-
gere Haltung einzunehmen. Man wußte viel zu gut, daß bei
uns nichts anbrannte und daß man uns allein laufen lassen
konnte. Über all die Jahre, in denen ich an der Spitze des
Wirtschaftsausschusses stand, hat die IG Metall denn auch
meinen Kurs vorbehaltlos unterstützt.

Erster Tagesordnungspunkt war immer die wirtschaft-
liche Situation des Konzerns. Deshalb habe ich auch stets den
Vorstandsvorsitzenden hinzugebeten, weil ich aus erster
Hand erfahren wollte, wo das Unternehmen steht. Breiten
Raum nahm dann vor allem die mittelfristige Unternehmensplanung ein, weil sich aus ihr die weitere Personalent-
wicklung ableiten ließ. Allerdings taten sich der damalige
Vorstandsvorsitzende Joachim Zahn und sein Personalchef
Schleyer anfänglich schwer, in diesem Punkt dem Auftrag
des Gesetzes gerecht zu werden. Ihre Vorhaben waren, als
sie im Wirtschaftsausschuß auf den Tisch kamen, schon so
weit gediehen, daß uns eine wirkliche Mitwirkung kaum

mehr möglich schien. Ganz offensichtlich wollte man im Vorstand vollendete Tatsachen schaffen, um uns aus dem eigentlichen Planungsprozeß auch weiterhin herauszuhalten. Für mich war klar, daß wir gegen diese Praxis schweres Geschütz auffahren mußten. Ich machte deshalb dem Vorstand unmißverständlich klar, daß wir uns die Art, wie man mit uns verfuhr, nicht gefallen lassen würden. Wenn man uns nicht für fähig halte, uns mit der Materie auseinanderzusetzen, hätten wir ja die Möglichkeit, zu unserer Unterstützung Experten von außen heranzuziehen. Nach meiner Überzeugung sei jedoch jemand, der einen ordentlichen Beruf gelernt habe, durchaus in der Lage, sich mit Fragen der mittelfristigen Unternehmensplanung zu befassen. Ich jedenfalls hätte mich damit als Werkzeugmacher im Betrieb in meinem bisherigen Leben sehr viel intensiver auseinandergesetzt als manches Vorstandsmitglied, hielt ich Zahn und Schleyer entgegen.

Offenbar sah man schnell ein, daß wir uns nicht die Butter vom Brot nehmen lassen würden. Nach anfänglichen Turbulenzen fanden wir im Wirtschaftsausschuß mit der Zeit zu einer insgesamt sachlichen, konstruktiven Zusammenarbeit. Daß wir durchaus über geeignete Mittel verfügten, um unseren Forderungen Nachdruck zu verleihen, hatte auf seiten des Vorstandes schnell die Folgen eines Konfrontationskurses sichtbar werden lassen. Wir brauchten, wenn wir uns in unseren Beratungs- und Mitwirkungsrechten verletzt fühlten, ja nur zu den Planungen des Managements eigene Alternativen zu entwickeln. Das war für den Vorstand nicht nur unbequem, sondern führte zwangsläufig auch zu erheblichen Zeitverzögerungen. Bevor er nach einer solchen Erfahrung noch einmal das Risiko einging, mit seinen Plänen für eine dringende Investition monatelang auf dem trocknen zu sitzen, bemühte er sich beim nächstenmal, der Arbeitnehmerseite lieber etwas kooperationswilliger gegenüberzutreten. Wäre er jedoch auch dann noch nicht bereit gewesen, den Weg der Vernunft einzuschlagen, hätte ich immer noch die Möglichkeit gehabt, die Belegschaft über die Verstöße gegen das Betriebsverfassungsgesetz zu informieren, mit der sicheren Folge, daß sich die Medien auf das Thema gestürzt hätten.

Davor jedoch hatten die Herren bei Daimler-Benz zu allen Zeiten eine höllische Angst, stand doch das Hochglanz-Image des Konzerns und der Marke »Mercedes« auf dem Spiel. Mein Rat an den Vorstand lautete denn auch: Mitarbeiter, die sich mit ihrem Unternehmen identifizieren, sind Ihre beste Werbung. Wenn Sie die Belegschaft vor den Toren stehen haben, die Ihren Umgang mit dem Betriebsverfassungsgesetz anprangert, dann wird dies seinen Eindruck auf die Käufer Ihrer Autos nicht verfehlen. Sie können mit mir über Sachfragen streiten, dagegen habe ich nichts, aber nicht über Rechte, über die juristisch längst das letzte Wort gesprochen wurde!

Wie intensiv wir unsere Mitwirkungsrechte im Wirtschaftsausschuß genutzt haben, läßt sich am Beispiel des neuen Pkw-Werkes Rastatt darstellen. Daß die bestehende Montagekapazität in Sindelfingen und Bremen zu eng geworden war und aus allen Nähten zu platzen drohte, war allen klar. Auch wir standen dem Gedanken eines dritten Pkw-Werks im Grundsatz positiv gegenüber, als der Vorstand seine Pläne am 30. April 1986 erstmals dem Aufsichtsrat vortrug. Nachdem dieser dem Vorstand einstimmig grünes Licht für die weiteren Arbeiten an diesem Projekt erteilt hatte, setzte ich das Thema »Rastatt« gleich auf die Tagesordnung der nächsten Sitzung des Wirtschaftsausschusses. Dies war der Auftakt für eine sich über mehr als fünf Jahre hinziehende Beschäftigung mit der Planung des neuen Werkes. Die Arbeitnehmervertreter waren an der neuen Pkw-Montage vor allem deshalb so stark interessiert, weil sich hier erstmalig die Chance bot, das seit Taylor nahezu unverändert beibehaltene System von Einzelarbeitsplätzen am Fließband aufzugeben und statt dessen jüngere Erkenntnisse der Gruppenarbeit in die Praxis umzusetzen. Auf unsere Anregung hin wurde im September 1988 eine spezielle Arbeitsgruppe gebildet, in der sich die in der Unternehmensführung am Rastatt-Projekt arbeitenden Experten und Vertreter des Gesamtbetriebsrates gemeinsam Gedanken über eine Verwirklichung dieses Modells machten. Sie studierte dabei auch vor Ort die Erfahrungen anderer Autohersteller, so von Volvo in seinem neuen schwedischen Werk Uddevalla.

Für mich war diese Thematik nicht völlig neu. Bereits Mitte der siebziger Jahre hatten wir im Gesamtbetriebsrat einen Ausschuß damit beauftragt, neue Wege zur Gestaltung der Arbeit aufzuzeigen. Wie in anderen Großbetrieben war auch bei Daimler-Benz der Krankenstand überdurchschnittlich hoch. Aus der analytischen Arbeitsbewertung, mit der ich mich 1960/61 intensiv beschäftigt hatte, wußte ich, daß die Abwesenheitsquote in den Bereichen des Werkes am höchsten war, in denen die Arbeit am anspruchslosesten und eintönigsten war. Wenn man am Tag dreitausendmal das gleiche Stück in die Hand nimmt, fällt es schwer, sich mit seiner Arbeit innerlich zu identifizieren. Deshalb schwebte uns vor, größere Arbeitsumfänge festzulegen, die den einzelnen Mitarbeiter stärker forderten. Die Aussicht auf einen entsprechend höheren Lohn und attraktive Weiterbildungsangebote sollten möglichst viele für die

Idee einer qualifizierten Arbeit gewinnen helfen. Angeregt worden waren wir unter anderem durch einen Besuch im Volvo-Werk Kalmar im Beisein von Entwicklungsingenieuren und Produktionsexperten aus dem Unternehmen. Wegen ihrer aufsehenerregenden Experimente mit Gruppenarbeit war die 1974 in Betrieb genommene Fabrik zu einem Mekka aller fortschrittlichen Automobilbauer geworden. Der Motor, der in Kalmar gebaut wurde, wurde von einzelnen Teams, bestehend aus sechs bis acht Arbeitern, gefertigt. Sie liefen nicht neben dem Fließband her, sondern bewegten sich auf einer mobilen Arbeitsplattform mit dem Motor mit. Schon damals wechselten sich von Zeit zu Zeit einzelne Mitglieder der Arbeitsgruppen ab oder übernahmen Aufgaben erkrankter Kollegen. Was uns besonders beeindruckte, war die Tatsache, daß die Abwesenheitsquote in dem neuen Werk deutlich niedriger als in anderen Fabriken war. Allerdings war der Vorstand von Daimler-Benz seinerzeit noch nicht bereit, im eigenen Unternehmen ähnlich revolutionäre Neuerungen zu erproben.

Erst fast 20 Jahre später, bei der Planung des Werkes in Rastatt, zeigte sich die Unternehmensleitung unseren Vorschlägen gegenüber aufgeschlossener. Die aufsehenerregenden Produktivitätserfolge der Japaner in ihrer Automobilfertigung haben dabei sicherlich das Ihre beigetragen. Wir haben in der neuen Anlage zwar nicht alle unsere Vorstellungen durchsetzen können, aber vor allem bei der Gestaltung moderner Arbeitsabläufe und Arbeitsplätze eine Menge erreicht. Im Regelfall gibt es nun keine Einzelarbeitsplätze am Fließband mehr, sondern nur noch Gruppenarbeit. Erheblich reduziert wurde die anstrengende Überkopfarbeit. Schwenkeinrichtungen machen es möglich, den jeweiligen Arbeitsgang in normaler Körperhaltung aus-

zuführen. Statt eintöniger Handgriffe im Einminutentakt
wurden komplexere Arbeitsvorgänge von drei bis fünf Minuten festgelegt, die dem Mitarbeiter ein höheres Maß an
Qualifikation abfordern, ihm jedoch gleichzeitig mehr Befriedigung verschaffen. Rastatt ist so zu einer Pilotanlage geworden, die auf die älteren Montagewerke ausstrahlen wird.
Wenn dort künftig neue Modelle vom Band rollen, wird man
die in der neuen Fabrik realisierten Fortschritte in der Arbeitsgestaltung wohl kaum ignorieren können.

Für mich war es immer wichtig, die Arbeit im Wirtschaftsausschuß eng mit derjenigen im Gesamtbetriebsrat zu ver-
zahnen. Aus dieser Doppelgleisigkeit ergaben sich für uns
erhebliche Vorteile. Durch aufeinander abgestimmte Vor-
stöße in beiden Gremien gelang es uns beispielsweise, gegen
den zähen Widerstand der Unternehmensspitze den Lohnrahmen-Tarifvertrag II voll umzusetzen. Mit dem Ziel einer
»Humanisierung der Arbeit« war die IG Metall 1973 in
einen harten Arbeitskampf gegangen. Vorsitzender des Me-
tall-Arbeitgeberverbandes in unserem Tarifbezirk war damals Hanns Martin Schleyer. Nach siebentägigem Streik in
den Daimler-Benz-Werken Sindelfingen und Untertürkheim sowie bei Bosch in Stuttgart-Feuerbach erstritten wir
für Akkordarbeiter eine tägliche Erholungszeit von 40 Minuten.

Derselbe Schleyer, der den Tarifvertrag am Verhandlungstisch unterschrieben hatte, weigerte sich als Daimler-
Personalvorstand plötzlich, das vereinbarte Ergebnis im
eigenen Konzern vollständig zu übernehmen. Auf die 40 Minuten, so seine Forderung, müßten 20 Minuten arbeitsbe-
dingte Wartezeit angerechnet werden. Darunter wollte er
diejenige Zeit verstanden wissen, die etwa ein Akkordarbei-

ter – über eine Schicht verteilt – durch Stockungen am Band pausierte. Belegen konnte er diese Ausfallzeit zwar nicht, hoffte jedoch trotzdem, uns mit diesem Trick die ausgehandelte Erholzeit wieder wegnehmen zu können. Zwischen mir und Schleyer kam es darüber zu harten persönlichen Auseinandersetzungen. Ich setzte das Thema gleich auf die Tagesordnung des Wirtschaftsausschusses, wo wir von Schleyer und Vorstandschef Zahn detaillierte Begründungen für die unverständliche Haltung der Unternehmensführung forderten. Insbesondere verlangten wir Auskunft darüber, ob die durch eine vollständige Übernahme des Lohnrahmen-Vertrages II notwendigen Neueinstellungen die Konzernkasse tatsächlich so stark wie behauptet belasten würden. Die uns vom Vorstand im Wirtschaftsausschuß pflichtgemäß vorgelegte Personalplanung war dann für uns wiederum Basis unserer Beratungen im Gesamtbetriebsrat sowie der Verhandlungen, die der aus der Mitte des Gesamtbetriebsrates gewählte Viererausschuß mit der Unternehmensspitze führte. Dank dieser Doppelstrategie gelang es mir, das Argumentationsgebäude der anderen Seite gründlich zu erschüttern und Schleyer schließlich zum Einlenken zu bewegen. In unseren im Tarifgebiet Nordwürttemberg-Nordbaden liegenden Werken Untertürkheim, Sindelfingen, Mannheim und Gaggenau wird seitdem streng genommen nicht mehr 40 Stunden pro Woche, sondern nur noch 36 Stunden und 20 Minuten gearbeitet. Diese Arbeitszeitverkürzung, die übrigens bis heute in keinem anderen Tarifgebiet durchgesetzt werden konnte, hat allerdings niemand an die große Glocke gehängt.

In einem so großen Konzern wie Daimler-Benz mit elf Inlandswerken und 42 Niederlassungen den Gesamtbetriebsrat erfolgreich zu führen setzt viel Informations- und Abstimmungsarbeit voraus. Man darf nicht vergessen, daß der Gesamtbetriebsrat keinesfalls eine Art Oberbetriebsrat ist. Die eigentlichen Kompetenzen liegen, sofern nicht Fragen des Gesamtunternehmens zur Diskussion stehen, zu einem großen Teil bei den Betriebsräten der Werke und Niederlassungen. Wenn ich auf etwas stolz bin, dann auf die Tatsache, daß es mir in den über 17 Jahren, in denen ich den Vorsitz innehatte, stets gelungen ist, einen breiten Konsens herzustellen. In dieser Zeit gab es nicht nur keine einzige Kampfabstimmung, sondern nur einstimmige Beschlüsse.

Allerdings habe ich mich vor wichtigen Entscheidungen oftmals Tage und bisweilen auch einmal eine lange Nacht anhand der Fakten und Argumente damit beschäftigt, welches in einer bestimmten Situation der beste Weg sei. Aus der Hüfte zu schießen war meine Sache nie. Wenn ich meine Kollegen um Unterstützung für meine Linie bat, wußten sie, daß ich mir die Sache gut überlegt hatte. Als Vorsitzender des Betriebsrates Mannheim habe ich großen Wert darauf gelegt, nicht nur die Gremien, sondern auch die Belegschaft umfassend über die Lage des Werkes und allgemein interessierende Fragen des Gesamtunternehmens zu unterrichten. Um allen Mitarbeitern die Möglichkeit zu geben, sich zu informieren, hielt ich die jährlichen vier Versammlungen jeweils zweimal ab – einmal um 8.30 Uhr für die Frühschicht und noch einmal um 15.15 Uhr für die zweite Schicht.

Dabei habe ich stets versucht, den Mitarbeitern ein ungeschminktes Bild der Wirklichkeit zu vermitteln. Es hat keinen Sinn, Zweckoptimismus zu verbreiten, wenn man weiß, daß die Dinge nicht gut laufen und Probleme auf die Belegschaft zukommen könnten. Die Menschen sind durchaus bereit, auch unangenehme Dinge anzuhören. Nichts ist schlimmer als Schönfärberei. Irgendwann rächt es sich, wenn die Leute

dahinterkommen, daß man ihnen keinen reinen Wein einge-
schenkt hat. Wenn man aber erst einmal das Vertrauen der
Mitarbeiter hat, kann man ihnen auch ohne weiteres sagen,
was sich von ihren Forderungen durchsetzen läßt und was
nicht. Eine Belegschaft spürt sehr schnell, ob man es ehrlich
mit ihr meint oder ob man sie nur als Forum für politische
Stimmungsmache mißbrauchen will.

Ebenso wie die Unterrichtung der Belegschaft sah ich es
jedoch auch als meine Aufgabe an, meine Einschätzung bestimmter Sachverhalte der Werksleitung mitzuteilen. Man
wußte dort sehr wohl, daß ich aus meiner Zugehörigkeit zum
Aufsichtsratspräsidium und durch meine regelmäßigen
Kontakte zur Unternehmensspitze manches eher und genauer wußte als sie selbst. Und wenn die Herren einmal
einen Investitionsantrag über Millionenbeträge für das
Werk Mannheim stellen wollten, war es für sie nicht von
Nachteil, mit mir rechtzeitig darüber zu sprechen. So haben
letztlich immer beide Seiten von diesen Informationskontak-
ten profitiert.

Daß ich gleichzeitig Vorsitzender des Betriebsrates
Mannheim, des Gesamtbetriebsrates der Daimler-Benz AG,
des Wirtschaftsausschusses und stellvertretender Aufsichtsratsvorsitzender war, hat bei Außenstehenden mitunter den
Eindruck einer übermäßigen Ämterhäufung und Macht-
konzentration aufkommen lassen. Für mich war Macht nie
Selbstzweck. Ich wußte aber zu allen Zeiten, daß man in
dieser Funktion Macht braucht, wenn man etwas erreichen
will. Ohne sie geht es nicht. Ein Papiertiger ist auf diesem
Posten fehl am Platz. Die Macht, die ich zur Durchsetzung
von Arbeitnehmerforderungen benötigte, war mir allein
durch die Verknüpfung der mir übertragenen Ämter und
durch den engen Schulterschluß mit der IG Metall und

ihren Vertrauensleuten im Betrieb gegeben. Ich habe jedoch auf der anderen Seite des Verhandlungstisches nie Feinde gesehen, sondern Gegner, mit denen man in aller Regel hart in den Clinch gehen mußte. Was wir erreicht haben in all den Jahren, mußten wir uns mit zäher Ausdauer erkämpfen.

Bei all dem war unser Rückgrat immer die solidarische Belegschaft. Der Organisationsgrad lieg in Mannheim bei den gewerblichen Mitarbeitern mit 99 Prozent und mit über 75 Prozent bei den Angestellten bis heute deutlich über dem aller anderen Werke im Konzern. Darin liegt eine ungeheure Stärke. Neuen Mitarbeitern haben wir daher immer klar gesagt, was wir in ihrem eigenen Interesse von ihnen erwarten. Wer hier anfängt, muß ja mit seinem Einstellungsbogen als erstes zum Betriebsratsbüro. Hier wird er, sofern er nicht schon organisiert ist, über die Gewerkschaft aufgeklärt und aufgefordert, Mitglied der IG Metall zu werden. Wir haben uns auch nie gescheut, den Betreffenden notfalls auch zu sagen, daß sie es als Nichtorganisierte in unserer Belegschaft sehr schwer haben würden. Wenn jeder die gleichen Vorteile hat, müssen auch alle am selben Strang ziehen.

6. Einer für alle

Sprecher der Belegschaft – kein Amt für Zauderer

*I*n den elf inländischen Werken und 42 Niederlassungen der Mercedes-Benz AG gab es Ende 1992 insgesamt 247 von der Arbeit freigestellte Betriebsratsmitglieder. Hinzu kamen 23 ausschließlich für die Betriebsratsarbeit eingestellte Bürokräfte. Hinzu kommen sechs Sekretäre und drei Schreibkräfte des Gesamtbetriebsrates. Auf den ersten Blick mag dieser personelle Aufwand sehr hoch erscheinen. Man darf dabei jedoch nicht übersehen, daß diese Kollegen die Interessen von mittlerweile über 200000 Beschäftigten zu vertreten haben. Es gibt im Bereich des betrieblichen Personalwesens nur wenige Dinge, bei denen der Betriebsrat nicht mindestens das Recht hat, informiert oder gehört zu werden. Seit dem Inkrafttreten des neuen Betriebsverfassungsgesetzes im Jahre 1972 hat er darüber hinaus sehr viel weitergehende Mitberatungs- und Mitentscheidungsrechte.

Als ich 1957 zum erstenmal in den Mannheimer Betriebsrat gewählt wurde, waren von den damals 25 Mitgliedern fünf freigestellt. Für Schreibarbeiten stand ihnen eine Sekretärin zur Verfügung. Das war die ganze Mannschaft. Sie war auch noch nicht größer, als ich 1964 Vorsitzender wurde. Heute sind von den inzwischen 35 Mitgliedern 24 freigestellt und ausschließlich in der Betriebsratsarbeit tätig. Darüber, wer freigestellt wird, entscheidet der Betriebsrat. Natürlich habe ich während meiner gesamten Amtszeit diese Entscheidung niemals dem Zufall überlassen. Ich wußte in allen Fällen, wen ich für eine bestimmte Aufgabe gerade brauchte, und habe meinen Kollegen gesagt: *Den* oder *die* möchte ich! Meine Betriebsratskollegen sind meinen Personalwünschen dann auch ausnahmslos gefolgt.

Als ich den Vorsitz im Gesamtbetriebsrat übernahm, fand ich dort eine noch bescheidenere personelle Ausstattung vor als im Werk Mannheim. Das Stuttgarter GBR-Büro bestand lediglich aus einer Schreibkraft! Allerdings bewilligte uns das Unternehmen dann wenigstens die Stelle eines Sekretärs. Der Mann, den uns die Personalabteilung für diese Position vorschlug, gefiel mir auf Anhieb, obwohl er einen für die zu vergebende Position atypischen Berufsweg vorzuweisen hatte. Von Ausbildung Maschinenbauingenieur, war er zur Bundeswehr gegangen und hatte es bis zum Hauptmann gebracht, bevor er den Dienst quittierte. Ein ehemaliger Berufssoldat als GBR-Sekretär – ich spürte, wie meine Kollegen, als ich ihnen meinen Kandidaten Dieter Strauss präsentierte, zunächst schluckten. Auf die eine oder andere Frage, ob dies »politisch« in die Landschaft passe, erwiderte ich, daß ich keinen Politiker, sondern einen Fachmann suche, und dieser sei genau der richtige. Ich habe dann auch viele Jahre lang hervorragend mit ihm zusammengearbeitet.

Meine Wahl zum GBR-Vorsitzenden als Nachfolger des im April 1973 nach einem Herzinfarkt ausgeschiedenen Untertürkheimer Kollegen Karl Hauff bedeutete für manchen so etwas wie einen Kulturschock. Hatten bis dahin ausnahmslos aus dem Pkw-Bereich stammende Schwaben diese Funktion ausgeübt, kam jetzt ein Kurpfälzer aus einem Nutzfahrzeugwerk ins Amt. Doch dies war kein wirkliches

Problem. Ich hatte mich als Stellvertreter Hauffs gründlich auf meine Aufgabe vorbereiten können und war nach dessen Ausscheiden einziger Kandidat. Mein Stellvertreter wurde, wie es das Betriebsverfassungsgesetz vorschreibt, ein Angestellter, Heinz Theuerkauff aus dem Werk Gaggenau. So ergab sich die Situation, daß bei Verhandlungen dem Vorstand auf seiten der Arbeitnehmer zwei aus dem Nutzfahrzeug-Bereich stammende Vertreter gegenübersaßen, die beiden großen Pkw-Werke Untertürkheim und Sindelfingen mit zusammen über 70 000 Beschäftigten dagegen nicht mit einem eigenen Sprecher. Ich habe deshalb bei allen Verhandlungen mit dem Vorstand, in den meisten Fällen mit Hanns Martin Schleyer, die Betriebsrats-Vorsitzenden von Untertürkheim und Sindelfingen, damals Helmut Funk und Fred Scheible, hinzugebeten. Allerdings erkannte ich schnell, daß wir bei der Vielzahl unterschiedlichster Fragen, über die wir uns mit dem Management auseinanderzusetzen hatten, noch immer personell überfordert waren. Ich bat Schleyer deshalb, uns die Position eines zweiten GBR-Sekretärs zu bewilligen. Schleyer lehnte dies zunächst ab, worauf ich ihm sagte: Nehmen Sie bitte zur Kenntnis, daß ich künftig alles ablehnen werde, was ich fachlich nicht beherrsche. Denn ich lasse mich nicht über den Tisch ziehen. – Auf seinen Einwand hin, es sei doch bisher alles ganz gut gegangen, antwortete ich ihm, daß ich jetzt Vorsitzender sei und er sich daran gewöhnen müsse. Entweder stelle er mir ausreichend Personal zur Verfügung oder er müsse davon ausgehen, daß sich am Verhandlungstisch nicht mehr viel bewegen werde. Das war die Sprache, die er verstand. Seine rechte Hand war zu dieser Zeit schon Richard Osswald, der später als Arbeitsdirektor im Vorstand für die Personal- und Sozialpolitik mein Verhandlungspartner werden sollte. Mit ihm habe ich dann die Einrichtung zweier zusätzlicher Sekretärsstellen vereinbart. Der eine war ein erfahrener Refa-Fachmann (ein Zeitwirtschaftler, der Vorgabezeiten am Arbeitsplatz ermittelt), der mir auf dem Gebiet Lohn- und Akkordfragen zuarbeitete, der andere ein Diplom-Kaufmann, der mir auch wirtschaftliche Analysen machte.

Über die Spielregeln unserer Zusammenarbeit ließ ich die neuen Sekretäre nicht im unklaren: Ihr macht mir die Sachvorlagen, die politischen Entscheidungen treffe ich dann selbst mit meinen Kollegen im Gesamtbetriebsrat. Es geht kein Schriftstück heraus, das ich nicht gesehen habe. – Ebenso deutlich sagte ich ihnen, daß ihre Funktion kein Sprungbrett für eine schnelle Karriere sei. Jeder müsse sich darauf einstellen, mindestens sechs Jahre bei mir zu arbeiten. An diese Leitlinie haben sich alle gehalten.

Auch wenn mir jetzt jederzeit abrufbereit der Sachverstand qualifizierter Fachleute zur Verfügung stand, so war ich mit der Arbeitsweise des Gesamtbetriebsrates noch nicht zufrieden. Was mir fehlte, war die Beteiligung erfahrener Kollegen aus den Werken an unseren Beratungen und Entscheidungen. So kam mir der Gedanke, daß jedes GBR-Mitglied eine aus den Experten aus den örtlichen Betriebsräten bestehende Kommission leiten sollte. Damit erreichte ich dreierlei: Zum einen wurden die Vorarbeiten für Entscheidungen des Gesamtbetriebsrates besser, vor allem praxisnäher. Zweitens erfuhr ich auf diese Weise, was in den einzelnen Werken lief. Und schließlich stärkte diese Kommissionsarbeit die Kontakte zwischen den auf einem bestimmten Gebiet tätigen Betriebsratsmitgliedern aus den Werken. Zu den Kommissionssitzungen stellte ich jeweils einen GBR-Sekretär ab, der nicht nur Protokoll führte, sondern später auch die Ergebnisse auswertete. Nach diesem Muster bildete ich 28 Kommissionen, darunter für so zentrale Gebiete wie Lohn- und Akkordfragen, für Angestellte, Berufsbildung und Arbeitsgestaltung, für Organisation und Datenverarbeitung und für soziale Fragen.

Natürlich war der Vorstand von meinen Aktivitäten alles andere als begeistert. Den Herren paßte es nicht, daß ich plötzlich besser als früher wußte, was im Werk Düsseldorf, Wörth oder Kassel passierte. Auch die IG Metall betrachtete die Einbeziehung der örtlichen Betriebsräte in die GBR-Arbeit anfänglich mit einigem Mißtrauen. In gewissem Maße hatte ich dafür sogar Verständnis. Denn in den Ortsverwaltungen der Gewerkschaft hatte man sich daran gewöhnt, mit den Belegschaftsvertretern in den Werken und Niederlassungen eng zusammenzuarbeiten. Jetzt bangten sie um ihren Einfluß, weil sie fürchteten, daß sich der Gesamtbetriebsrat zu einem zentralistischen Super-Organ entwickeln könnte, das sein eigenes Süppchen kocht. Doch diese Angst konnte ich ihnen nehmen.

Nachdem ich den Vorsitz des Gesamtbetriebsrates übernommen hatte, war mir klar, daß ich für meine Betriebsratsarbeit in Mannheim unbedingt Entlastung brauchte. Ich mußte jetzt zwei bis drei Tage die Woche in Stuttgart sein. Manches konnte bis zu meiner Rückkehr liegenbleiben, aber es gab auch Dinge, die keinen Aufschub vertrugen. Ich mußte deshalb einige wenige Kollegen stärker als bisher in die Verantwortung ziehen. Mein besonderes Vertrauen setzte ich dabei in Karl Feuerstein. Sein betrieblicher, gewerkschaftlicher und politischer Weg ist meinem sehr ähnlich. Schon kurze Zeit, nachdem er 1955 bei uns eine Lehre als Feinblechner begonnen hatte, wurde er Jugendvertreter und 1961 in den Betriebsrat gewählt. Neben seinem Engagement im Betrieb übernahm er Funktionen sowohl in der Ortsverwaltung der IG Metall als auch in der Mannheimer SPD, für die er 1971 erstmals in den Gemeinderat einzog. 1979 erhielt er das Angebot, als hauptamtlicher Funktionär in die Dienste der IG Metall zu treten. Als er mich darüber informierte, habe ich alles darangesetzt, ihn zu halten, und ihm zu erkennen gegeben, daß ich ihn als meinen Nachfolger wollte. Ich habe diese frühe Festlegung zehn Jahre vor dem Stabwechsel nicht einen Augenblick bereuen müssen. Wir haben in der Sache oft heftig gestritten, uns jedoch nie auseinandergelebt.

Damals, im Jahre 1972, sagte ich meinen Leuten: Während ich in Stuttgart bin, müßt ihr selber entscheiden, wann etwas so dringend ist, daß ihr ohne mich zur Werksleitung gehen müßt. Aber was ihr nach Hause bringt, muß Hand und Fuß haben. – An den Tagen, an denen ich nicht in Mannheim war, hatte ich nur wenig Möglichkeiten einzugreifen, wenn es in Mannheim »brannte«. Auch mit Rücksicht auf die Kollegen, die zu den Sitzungen des Gesamtbetriebsrates oder Wirtschaftsausschusses von noch weiter her anreisen mußten, legte ich die Termine meist so, daß wir unsere Arbeit an zwei oder drei aufeinanderfolgenden Tagen konzentriert durchziehen konnten. Mein Fahrer holte mich dabei morgens um sieben in Mannheim ab; oft nicht vor Mitternacht war ich wieder zu Hause. Vor allem auf Drängen meiner Frau bin ich später dazu übergegangen, mir die Tortur der täglichen Rückfahrt über die oftmals verstopfte Autobahn zu ersparen und in Stuttgart zu übernachten. Zufällig entdeckte ich in unmittelbarer Nähe der Konzernverwaltung in Untertürkheim ein kleines Familienhotel, das ich, wenn ich am Abend, meist zwischen acht und neun, mit der Arbeit fertig war, zu Fuß erreichen konnte. Dem von seinen Eigentümern, einem mir gegenüber stets äußerst aufmerksamen Ehepaar, geleiteten »Hotel Spar« habe ich an die zwanzig Jahre die Treue gehalten. Und dies, obwohl mir manch einer durch die Blume zu verstehen gab, daß einem Mann in meiner Position doch eine etwas »standesgemäßere« Unterkunft zustünde.

Daß in Mannheim nach der teilweisen Verlagerung meiner Arbeit nach Stuttgart alles wie gewohnt weiterlief, hatte ich nicht allein meinen engeren Mitarbeitern im Werk zu verdanken. Jetzt bewährte sich auch das bei uns verwirklichte System der Aufgabenverteilung. Ich hatte durchgesetzt, daß jedes Mitglied des Betriebsrates persönlich die Betreuung und damit auch die Verantwortung für eine bestimmte Werksabteilung übernimmt. Ich war beispielsweise der zuständige Mann für den Werkzeugbau, einen Betriebsteil mit etwa 600 Beschäftigten, aus dem ich selber hervorgegangen war. Ein anderer Kollege hatte einen Bereich im Omnibusbau, ein dritter etwa die Maschinenreparatur unter sich. In seinem Bereich mußte sich jedes Betriebsratsmitglied praktisch um alle Probleme, von den Vorgabezeiten für die Akkordlöhner bis zur Versorgung der Mitarbeiter mit Sicherheitsschuhen oder notwendige Reparaturen in der Toilette, kümmern. Auf diese Weise ist dafür gesorgt, daß sich kein Betriebsratsmitglied gegenüber einem anderen vor der Belegschaft durch billige Mätzchen profilieren kann. Jeder weiß, daß er sein Können und sein Engagement permanent unter Beweis stellen muß. Denn alle drei Jahre wird neu gewählt. Dann muß er auf die Waage, und möglicherweise wird er für zu leicht befunden.

Neben einer gut organisierten Betriebsratsarbeit ist nichts so wichtig wie ein enger Schulterschluß mit den Vertrauensleuten. Diese sind als Repräsentanten der Gewerkschaft im

Betrieb unverzichtbare Interessenpartner. Dies gilt vor allem für Werke mit großen Belegschaften. Die Betriebsräte wären, auf sich allein gestellt, gar nicht in der Lage, mit ihrer Politik bis an die Basis durchzudringen. Die Vertrauensleute entscheiden darüber hinaus über die Kandidatenliste der IG Metall für die Betriebsratswahlen. Dies hat vor allem Vertreter aus dem Arbeitgeberlager zu dem Vorwurf veranlaßt, die Betriebsräte würden durch die Vertrauensleute gegängelt. Diese Sicht der Dinge verkennt die Realitäten: Obwohl beide für die Interessen der Arbeitnehmer kämpfen, nehmen sie unterschiedliche Funktionen wahr. Betriebsräte sind die gesetzlich legitimierten Träger der betrieblichen Mitbestimmung. Ihre Rechte sind im Betriebsverfassungsgesetz eindeutig festgelegt. Auf der anderen Seite sind die Vertrauensleutekörper in erster Linie Organe gewerkschaftlicher Willensbildung und betriebliche Speerspitze in Tarifauseinandersetzungen. Wir haben in Mannheim immer Wert darauf gelegt, daß der Vorsitz in beiden Organen in getrennten Händen lag. In meiner Amtszeit als Betriebsratsvorsitzender stand mein späterer Nachfolger Karl Feuerstein an der Spitze der Vertrauensleute. Da er gleichzeitig dem Betriebsrat angehörte und dort mein engster Mitarbeiter war, fehlte es nie an einer intensiven Abstimmung in allen wichtigen Fragen. Für mich war der Kreis der Vertrauensleute noch aus einem anderen Grund wichtig. Ich bin hier immer wieder auf engagierte Mitarbeiter gestoßen, die ich für die Betriebsratsarbeit gewinnen konnte.

Über die Rolle der Vertrauensleute gab es lange Zeit immer wieder Streitigkeiten mit den Werksleitungen. Da die Rechte und Pflichten dieser Gruppe gesetzlich nicht geregelt waren, mußte eine praktikable Lösung am Verhandlungstisch gefunden werden. Es gelang uns schließlich auch, einen tragfähigen Kompromiß zu vereinbaren. Ging es um rein betriebliche Fragen, konnten die Vertrauensleute während der Arbeitszeit zu Sitzungen im Werk zusammenkommen. Standen dagegen gewerkschaftliche oder tarifpolitische Themen auf der Tagesordnung, mußten die Zusammenkünfte nach Feierabend stattfinden. Wir verfielen daher auf den naheliegenden Ausweg, externe Themen unter dem Tagesordnungspunkt »Verschiedenes« zu verstecken. Die Werksleitungen machten in solchen Fällen meist gute Miene zum bösen Spiel. Wirklich kritisch wurde es jedoch, wenn sich die Vertrauensleute unmittelbar vor Tarifauseinandersetzungen versammelten. Dann blieb das Management in aller Regel hart, gestattete uns jedoch, die auf den Feierabend verlegten Sitzungen im Speisesaal der Gießerei abzuhalten.

Wichtig sind die Vertrauensleute aber nicht nur für die Kommunikation von oben nach unten. In meiner Position war ich darauf angewiesen, zu erfahren, was unten lief oder nicht richtig lief, und diese Informationen gelangten oft über die Vertrauensleute zu mir. Da jeweils 20 Mitarbeiter einen Vertrauensmann wählen, ist dieses Informationsnetz sehr engmaschig. Viele Verhandlungen, die ich im Laufe der Jahre mit der Werksleitung führte, gingen auf Beschwerden aus diesem Kreis zurück. Da es jedes Betriebsratsmitglied in seiner Abteilung mit durchweg 30 bis 40 Vertrauensleuten zu tun hat, muß es immer damit rechnen, daß die ihm kräftig »Pfeffer geben«, wenn es nicht richtig spurt. Ich gestehe ganz offen, daß mir diese Art der Kontrolle von unten immer höchst willkommen war.

Daß ich bei den Betriebsratswahlen in Mannheim als Spitzenkandidat der IG-Metall-Liste bis zuletzt regelmäßig mehr als 85 Prozent der Stimmen erhielt, war für mich der

Beweis, daß mein Verhältnis zur Basis stimmte. Die Menschen haben mit diesem Votum unsere Praxis honoriert, stets Klartext zu reden und keine halsbrecherische Gratwanderung zu vollführen. Schon meine Eltern haben mir den Rat mit auf den Lebensweg gegeben, den Menschen stets offen und ehrlich gegenüberzutreten und nicht mit gespaltener Zunge zu reden. Meine Kollegen haben mich in bestimmten Situationen gefragt: Meinst du, daß du das wirklich so sagen kannst? Die werden dir das verübeln. – Ich habe daraufhin immer gesagt: Die können mir das gar nicht verübeln, weil sie ganz genau wissen, daß die Dinge so und nicht anders sind. – Natürlich haben die Leute nicht Beifall geklatscht, wenn ich in einer Belegschaftsversammlung »in die Bütt« gegangen bin und ihnen gesagt habe, daß etwas nicht zu machen sei. Aber die Belegschaft nahm mir ab: Wenn der das so sagt, ist die Sache tatsächlich zur Zeit nicht durchsetzbar.

Vor solchen Situationen stand ich wiederholt, vor allem wenn es um die vom Vorstand betriebene Verlagerung einzelner Produktionen aus Mannheim in andere Werke von Daimler-Benz ging. So verlangte das Management 1970, die Vorderachsen-Produktion nach Kassel zu verlegen. Ein Jahr später ging es darum, die Gelenkwellenfertigung auf das Werk Harburg zu konzentrieren. Solange unsere Beschäftigungssituation in Ordnung war und die von der Verlagerung betroffenen 50 oder 100 Mitarbeiter an anderer Stelle des Werkes einen neuen Arbeitsplatz zu mindestens denselben Bedingungen erhielten, habe ich der Belegschaft solche Einschnitte zumuten können. Ich konnte meine Position auch schon deshalb mit Überzeugung vertreten, weil wir in schwierigen Zeiten selbst immer wieder versuchten, von anderen Standorten des Konzerns zusätzliche Beschäftigung nach Mannheim zu holen.

Daß man die Mitarbeiter dazu bewegen kann, sogar von liebgewonnenen Gewohnheiten Abschied zu nehmen, zeigte sich 1979 in einer vergleichsweise harmlosen Angelegenheit. Schon lange mißfiel mir der unangemessen hohe Aufwand, mit dem Werksangehörige ihr Betriebsjubiläum im Werk feierten. Nicht selten ging das gesamte Jubiläumsgeld, das die Firma aus diesem Anlaß verdienten Mitarbeitern zahlte, für diese Gelage drauf. Nachdem ein Werksangehöriger unter Alkoholeinfluß auf der Heimfahrt dann sogar einmal einen Verkehrsunfall mit Todesfolge verursacht hatte, riß mir der Geduldsfaden. Ich bot der Werksleitung ein gemeinsames Vorgehen gegen diesen Unsinn an: In der nächsten Belegschaftsversammlung werde ich erklären, daß bis hinauf in die Führungsetage künftig am Arbeitsplatz nicht mehr gefeiert wird. Statt dessen holen Sie jeden Kollegen, der 25 oder 40 Jahre im Betrieb ist, mit seiner Frau zu einem kleinen feierlichen Essen im Werk ab und fahren ihn anschließend wieder nach Hause. Von seinem Jubiläumsgeld soll er lieber seiner Frau etwas Schönes kaufen oder seine Kinder neu einkleiden. – Die Reaktion der Werksleitung war so, wie ich sie erwartet hatte: Das schaffen Sie nicht! – Ich antwortete: Das werde ich Ihnen zeigen. Sie müssen nur mitziehen. – Selbst meine eigenen Betriebsratsmitglieder, die ich über mein Vorhaben informierte, zuckten sichtbar zusammen. Und dann bin ich vor die Belegschaft getreten und habe den Leuten gesagt: Ihr seid ja eure eigenen Gefangenen, ab sofort läuft hier nichts mehr. Nehmt das Geld und schafft lieber etwas für eure Familie oder euren Haushalt an! – Am Ende erhielt ich sogar noch vereinzelten Beifall, und schon wenig später waren alle dankbar, daß die Last, ein großes Fest ausrichten zu müssen, von ihnen genommen war.

Wer an herausragender Stelle die Interessen der Mitarbeiter eines im Blickfeld der Öffentlichkeit stehenden Konzerns wie Daimler-Benz vertritt und an den wichtigsten Entscheidungen mitwirkt, wird schon mal gefragt, wo er eigentlich steht, wer er ist. Ich habe mich stets bemüht, unter meinen Kollegen als Erster unter Gleichen zu erscheinen. Doch wäre man gegen sich und andere nicht ganz ehrlich, würde man leugnen, daß man durch die Häufung von Ämtern und Aufgaben eine herausgehobene Position einnimmt. In einem bestimmten Sinne war auch ich ein »Manager«. Allein alle meine Funktionen unter einen Hut zu bringen, vor allem jedoch Entscheidungsabläufe unter sachlichen und taktischen Gesichtspunkten optimal zu steuern, bedeutete eine Managementaufgabe. Nicht zu vergessen, daß ich mich zumindest im Aufsichtsrat und Wirtschaftsausschuß mit denselben Themen zu befassen hatte wie der Vorstand. Wie sie, so mußte auch ich die Interessen des Unternehmens und der Belegschaft in Übereinstimmung bringen. Denn bei allem, was ich für die Mitarbeiter forderte, war mir immer klar, daß man die Kuh, die man melken will, nicht gleichzeitig schlachten kann.

Durch die Einrichtung von Kommissionen war es mir im Gesamtbetriebsrat möglich, einen Großteil der Kleinarbeit zu delegieren, so daß ich selber meist schon entscheidungsreife Ergebnisse auf den Tisch bekam. Es blieben jedoch jährlich 10 bis 15 GBR-Sitzungen, dazu in aller Regel mindestens vier Aufsichtsratssitzungen und ebenso viele Arbeitnehmervorbesprechungen, vier Wirtschaftsausschuß-Sitzungen, ebenfalls mit einer gleichen Anzahl von Vorbesprechungen, etwa 50 Verhandlungen mit Mitgliedern des Vorstandes. Dazu kamen noch monatlich mindestens zwei Betriebsratssitzungen in Mannheim, in jedem Quartal eine

Betriebsversammlung sowie die jährliche Betriebsrätetagung für alle freigestellten Betriebsratsmitglieder der elf Werke und 42 Niederlassungen. In dieser durch das Betriebsverfassungsgesetz vorgeschriebenen Versammlung gibt der GBR-Vorsitzende einen Bericht zur Lage mit anschließender Diskussion, bevor der Vorstand die Situation des Konzerns aus seiner Sicht darstellt.

Unter Berücksichtigung meiner gewerkschaftlichen und politischen Aufgaben hatte die Arbeitswoche für mich sieben Tage. Die zahlreichen Termine im Unternehmen ließen mir für meine Tätigkeit in der Ortsverwaltung der IG Metall und in der SPD eigentlich nur das Wochenende. Die letzten freien Stunden gingen dann noch für die Vorbereitungen der in der folgenden Woche anstehenden Gemeinderatssitzungen oder wichtiger Sitzungen und Verhandlungen drauf. Für meine Familie bedeutete dies ein großes Opfer. Ich habe das Glück gehabt, daß meine Frau für meine Beanspruchung sehr viel Verständnis aufbrachte. Soviel ich im Unternehmen kämpfen mußte, zu Hause brauchte ich es nie. Die Erziehung unserer Kinder hat unter diesen Umständen meine Frau weitgehend allein übernommen. Heilig war mir allerdings unser Jahresurlaub. Außer in wirklich dringenden Fällen, in denen mich der Vorstand in einer wichtigen Angelegenheit informieren mußte, durfte mein Büro die Telefonnummer, unter der ich an unserem Ferienort erreichbar war, nicht weitergeben.

Natürlich hätte ich mit den zunehmenden Aufgaben bei Daimler-Benz meine Arbeit in der IG-Metall und der SPD einschränken oder mein Ratsmandat niederlegen können. Dies war für mich jedoch zu keinem Zeitpunkt ein Thema. Ich habe meine Mitwirkung in der Gewerkschaft und der Sozialdemokratischen Partei immer als notwendige Ergänzung meiner Tätigkeit in den Mitbestimmungsgremien im Unternehmen verstanden. Es gibt nichts Schlimmeres, als im wahrsten Sinne des Wortes »betriebsblind« zu werden. Umgekehrt braucht auch eine an den Sorgen und Bedürfnissen der Menschen ausgerichtete Gewerkschaftspolitik nicht nur akademisch ausgebildete Theoretiker, sondern auch die Erfahrungen mit der Arbeitswelt vertrauter Praktiker. Dasselbe gilt für die SPD. Nicht ohne Grund ist in letzter Zeit zunehmend die Klage zu hören, daß in der großen deutschen Arbeitnehmerpartei echte Arbeiter in den Gremien und Fraktionen immer weniger anzutreffen sind, dafür um so mehr Angehörige des öffentlichen Dienstes.

Ich bin gelegentlich gefragt worden, inwieweit man sich persönlich anpaßt, wenn man in seiner Position als Repräsentant der Arbeitnehmer ständig mit den »Großen der Wirtschaft« zu tun hat. Wird man selber ein Teil des »Establishments«, wenn man mit Bankiers und Industriellen am Aufsichtsratstisch sitzt und mit Konzernmanagern über die intimsten Fragen der Geschäftspolitik verhandelt, wenn man mehr Insiderwissen hat als viele Manager bis hinauf in die höheren Führungsetagen? Ich will nicht leugnen, daß man in einer solchen Rolle immer vor der Gefahr steht, »eingebunden«, vereinnahmt zu werden. Man wird auch besonders aufmerksam behandelt, manchmal sogar hofiert, in der Erwartung, daß man die Arbeitnehmerseite gegenüber den Wünschen des Managements oder der Kapitalseite damit freundlich stimmt. Ich glaube für mich in Anspruch nehmen zu können, daß ich nie vergessen habe, woher ich komme und zu wem ich gehöre. Das hat mich nicht daran gehindert, mich der Art und Weise anzupassen, in der man wichtige Fragen des Unternehmens behandelt und mitentscheidet. Wenn mir die Herren des Managements und des

Aufsichtsrates, von seltenen Ausnahmen abgesehen, eigentlich immer korrekt begegnet sind, so galt dies außer meinem Amt sicherlich auch meiner Kenntnis des Unternehmens bis in seine entferntesten Winkel. Jedes Vorstandsmitglied wußte, daß ich an Personen und Sachfragen unvoreingenommen heranging und mich ausschließlich von Argumenten überzeugen ließ.

Der Vorstand hat denn auch nie den Versuch gemacht, meine Kollegen und mich durch gezielte Aufmerksamkeiten, etwa Geschenke und andere Vergünstigungen, für sich einzunehmen. Bei Daimler-Benz erhalten die Mitglieder des Aufsichtsrates seit jeher zum Jahreswechsel ein paar Flaschen Wein. Damit hat es sich. Die Belegschaften würden es im übrigen sehr schnell merken, wenn ihre Interessenvertreter ihnen gegenüber den Vorstand durch die Mangel drehten, an anderer Stelle dagegen eine andere Sprache sprächen. Allerdings habe ich mich immer bemüht, auch bei noch so schwerwiegenden Meinungsverschiedenheiten meine Kritik nicht polemisch vorzutragen. Das hat mich jedoch nicht daran gehindert, auch öffentlich einzelne Vorstandsmitglieder frontal anzugreifen, ohne diese jedoch persönlich zu verletzen.

Böswillige haben gelegentlich behauptet, Betriebsratsmitglieder verdienten sich durch allerlei finanzielle Extras eine goldene Nase. Soweit es Daimler-Benz betrifft, entspricht dies nicht der Wahrheit. Um solchen Vorwürfen sofort entgegentreten zu können, bin ich stets für eine besonders große Selbstdisziplin in allen finanziellen Dingen eingetreten. Sitzungsgelder oder andere Zuwendungen hat es bei uns nie gegeben. Die jährliche Aufsichtsratstantieme (sie betrug für mich als stellvertretender Vorsitzender in meinem letzten Amtsjahr 88606 Mark) habe ich wie die übrigen der

IG Metall angehörenden Arbeitnehmervertreter entsprechend den Beschlüssen unserer Gewerkschaft bis auf den
zulässigen Betrag von 9000 Mark an die DGB-nahe Hans-
Böckler-Stiftung abgeführt. Vor Inkrafttreten dieser Regelung war es bei uns langjährige Praxis, die Tantiemen der
Arbeitnehmervertreter in einen Topf zu werfen und daraus
die Ausgaben für soziale Vorhaben zu bestreiten. In Mannheim beispielsweise ermöglichten wir mit diesem Geld den
Kindern einkommensschwacher Mitarbeiter Erholungsrei-
sen nach Österreich. Wir haben diese Aktionen noch bis
1987 durchgeführt – wegen des Abführungsbeschlusses unserer Gewerkschaft zuletzt mit einer Sondergenehmigung
des IG-Metall-Vorstandes. Inzwischen ermöglicht es der ge-
stiegene Wohlstand allen Familien, ihre Kinder mit einer
der zahlreichen privaten oder öffentlichen Einrichtungen in
die Ferien fahren zu lassen.

Bei der Entlohnung der freigestellten Betriebsratsmitglieder habe ich mich streng an die im Betriebsverfassungsgesetz (§ 37) getroffene Regelung gehalten. Danach darf ein
Freigestellter nicht weniger erhalten als »vergleichbare Arbeitnehmer mit betriebsüblicher beruflicher Entwicklung«.
Über die Einstufung der betreffenden Kollegen mußte ich
mich nach jeder Betriebsratswahl mit dem Vorstand ver-
ständigen. Für mich selbst hielt ich das Gehalt eines Haupt-
gruppenleiters für angemessen. Einige Kollegen meinten,
ich hätte meine weitere berufliche Entwicklung als Grup-
penführer im Werkzeugbau (in dieser Position war ich 1961
freigestellt worden) zu zurückhaltend eingeschätzt und mittlerweile zumindest die Stellung eines Hauptabteilungslei-
ters erreicht. Auch meine Gesprächspartner im Vorstand
legten mir mehr als einmal nahe, mich aufgrund meiner Stellung höher einzugruppieren. Ich habe das immer abgelehnt,

schon um keine falschen Zeichen zu setzen. Als ich 1989 aus dem Unternehmen ausschied, betrug mein monatliches Einkommen genau 9650 Mark, was für mein Geschäft sicherlich nicht zuviel war. Ein Journalist, der mich für einen Bericht über mich interviewte und dem ich meine Bezüge nannte, lächelte etwas ungläubig. Als im Werk Mannheim noch mehrere rivalisierende politische Gruppen um die Gunst der Belegschaft warben, haben einige Scharfmacher vor Betriebsratswahlen versucht, aus dieser Sache Kapital zu schlagen. Auf Flugblättern und in Versammlungen behaupteten sie, wir würden uns als Arbeitnehmervertreter dumm und dusselig verdienen, ohne für diesen Vorwurf den geringsten Beweis zu erbringen. Ich konnte in allen Fällen auf Mark und Pfennig genau belegen, daß es sich dabei um reine Erfindungen handelte.

Oppositionelle Strömungen, gleich welcher Couleur, haben nach dem Verschwinden der »Christlichen« aus dem Betriebsrat in Mannheim niemals wieder eine Chance gehabt. Das war nicht in allen Werken des Konzerns so. In Untertürkheim kam es Anfang der siebziger Jahre nach dem Auftreten der sogenannten »Plakatgruppe« unter dem späteren »Grünen«-Abgeordneten Willy Hoss zu jahrelangen Richtungskämpfen innerhalb der IG Metall. Diese linke Gruppierung warf dem Betriebsrat vor, die Interessen der Arbeitnehmer zu verraten und sich statt dessen als Handlanger des Kapitals herzugeben. Auf Flugblättern prangerten sie die in ihren Augen zu lasche Politik der IG-Metall-Vertreter gegen die Apartheid-Politik in Südafrika und – lange vor der umstrittenen MBB-Übernahme durch Daimler-Benz – die Rolle des Unternehmens im Rüstungsgeschäft an. Da die »Gruppe Hoss« im Gesamtbetriebsrat nicht vertreten war, sondern zwischen 1972 und 1989 lediglich im Untertürkheimer Betriebsrat, hatte ich keine Möglichkeit, sie politisch frontal anzugehen. Ihre Vertreter erlebte ich lediglich in der jährlichen Betriebsräteversammlung. Diese Veranstaltung wäre für sie eigentlich der ideale Ort gewesen, um sich mit dem Vorstand auseinanderzusetzen. Aber gerade hier kniffen sie meist. Statt dessen verbreiteten sie ihre Parolen da, wo ihnen diejenigen, denen ihre Attacken galten, nicht direkt entgegentreten konnten. Ich fand dieses Verhalten äußerst schäbig. 1972 wurde die »Plakatgruppe« wegen gewerkschaftsschädigenden Verhaltens aus der IG Metall ausgeschlossen. Wegen dieses Schrittes kam es zu einem langen, bis zum Bundesgerichtshof geführten Prozeß, der 1985 mit einem Sieg der IG Metall endete. Später wurden die Mitglieder der Gruppe allerdings wieder in die Gewerkschaft aufgenommen.

Trotz aller zeitlichen Beanspruchung, die mit meinen Aufgaben verbunden war, habe ich immer großen Wert darauf gelegt, für jeden Mitarbeiter, der mich zu sprechen wünschte, erreichbar zu sein. Wenn ich in Mannheim war, blieb die Tür zu meinem Büro im Betriebsratsgebäude die ganze Zeit über geöffnet. Irgendwann tauchte einmal der Gedanke auf, für den Publikumsverkehr feste Sprechstunden festzulegen. Ich habe dies stets abgelehnt. Ein Kollege, der morgens um neun ein dienstliches oder familiäres Problem hatte, von dem er glaubte, daß ich ihm helfen könnte, sollte nicht bis nachmittags um drei warten müssen. Natürlich konnte ich nicht verhindern, daß die Leute manchmal etwas warten mußten, weil gerade schon jemand bei mir saß oder sogar mehr als einer von ihnen an die Reihe kam. Aber das hat die Mitarbeiter nicht weiter gestört. Auch sonst habe ich jede Gelegenheit genutzt, um mit möglichst vielen Arbeitskollegen wenigstens ein kurzes Schwätzchen zu halten. Wenn ich mittags im Betrieb zum Essen ging, habe ich mich wie all die anderen in die Schlange gestellt und mich mit meinem Tablett an irgendeinen Tisch dazugesetzt, um mich mit den Leuten zwanglos über die Dinge zu unterhalten, die gerade anlagen. Insofern habe ich den persönlichen Kontakt zur Belegschaft nie verloren. Mir hat die Gewißheit, so viele Jahre nach dem Ausscheiden aus meinem erlernten Beruf als Werkzeugmacher auch heute noch die Sprache der einfachen Arbeiter zu verstehen, seine Sorgen und Nöte zu kennen, in meiner Arbeit immer viel Sicherheit gegeben.

7. Gegner, keine Feinde

Strategien und Taktiken
an der Tariffront

Man hat sich daran gewöhnt, auf das Tarifgebiet Nordwürttemberg-Nordbaden zu blicken, wenn die alljährlichen Lohnrunden in der metallverarbeitenden Industrie in ihre heiße Phase gehen. In diesem hochkonzentrierten Industriegebiet mit der Region Mittlerer Neckar und dem Ballungsraum Mannheim als Schwerpunkte wurden immer wieder stellvertretend für die übrigen Tarifbezirke harte und langanhaltende Arbeitskämpfe ausgefochten und vielfach Pilotabschlüsse auch für andere Branchen ausgehandelt.

Daß dieses Tarifgebiet so etwas wie eine Speerspitze der IG Metall geworden ist, hat mehrere – sachliche und personelle – Gründe. Hier haben nicht allein viele Firmen der Metallindustrie ihren Sitz, sondern einige der größten und wirtschaftlich gesündesten, an der Spitze Daimler-Benz und Bosch. Da im Nahbereich der Automobilwerke obendrein zahlreiche Zulieferbetriebe zu Hause sind, bot sich dieser Raum auch aus strategisch-taktischen Überlegungen als bevorzugtes Kampfgebiet an. Die Übernahme der hier erzielten Abschlüsse durch die Verhandlungspartner in den übrigen Tarifbezirken war meist reine Formsache.

Daß Nordwürttemberg-Nordbaden stets eine Pionierrolle spielte, hatte jedoch nicht allein damit zu tun, daß die Arbeitgeber hier besonders gut zu »packen« waren. Dies allein hätte sicherlich noch nicht genügt. Hinzu kam, daß die IG Metall im Südwesten der Republik über eine besonders starke und inzwischen kampferprobte Mitgliederschaft verfügte. Ohne das sichere Rückgrat der solidarischen und disziplinierten Belegschaften vor allem in den Großbetrieben hätten die Bezirksleiter der IG Metall kaum immer wieder mit Forderungen in die Offensive gehen können, die anderenorts nicht durchsetzbar erschienen.

Bleibende Maßstäbe für seine Nachfolger setzte dabei zweifellos Willi Bleicher, der das Amt des Bezirksleiters von 1959 bis 1972 innehatte. Seine impulsive, bisweilen unberechenbare Art haben ihn manchen, die ihn nicht näher kannten, als Draufgänger erscheinen lassen. Aber bei aller Courage, die ihm eigen war, verlor er nie die Risiken eines schlecht vorbereiteten oder von vornherein aussichtslosen Arbeitskampfes aus den Augen.

Bleichers Schockerlebnis war der 1954 von den bayerischen Metallern geführte Lohnstreik. Der Ausstand war nicht nur organisatorisch ein Fiasko. Durch Auseinandersetzungen mit der Polizei und Streikbrechern verlor die Gewerkschaft obendrein viel öffentlichen Kredit. Ein nach drei Streikwochen in einem Schiedsverfahren erzielter miserabler Abschluß machte die Niederlage perfekt. Bleicher, damals noch Ortsbevollmächtigter der IG Metall in Göppingen, hat später immer wieder beschwörend gefordert, daß sich bayerische Verhältnisse in Nordwürttemberg-Nordbaden nicht wiederholen dürften. Andernfalls würde die Arbeiterbewegung in ihrer Handlungsfähigkeit in Frage gestellt. Seinen Funktionären predigte er deshalb unaufhörlich, »Fußarbeit« zu leisten, das heißt, die Mitglieder in den Betrieben auf die Ziele der Organisation einzuschwören. Wenn er es für notwendig hielt, ging er selber in die Werke und Ortsverwaltungen, um zu informieren und zu motivieren.

Daß Bleicher ein charismatischer Arbeiterführer war, hing natürlich auch mit seiner politischen Vergangenheit als KP-Aktivist und Buchenwald-Überlebender zusammen. Vor allem aber verfügte er über die seltene Gabe, einfache Menschen, besonders aber die Jugend in seinen Bann zu ziehen. Daß mit Eugen Loderer eines seiner »Ziehkinder« im Jahre 1972 als Nachfolger des verstorbenen Otto Brenner an die Spitze der IG Metall gewählt wurde und mit Franz Steinkühler sein engster Mitarbeiter nach ihm das Amt des Bezirksleiters übernahm, war sicherlich kein Zufall. Dank seiner Förderung und Fürsprache stiegen eine Reihe weiterer Funktionäre in höchste Gewerkschafts-Positionen auf.

Willi Bleicher verfügte über ein großes Geschick, die »Basis« emotional auf eine Tarifauseinandersetzung vorzubereiten. Wenn er vor der Großen Tarifkommission der IG Metall seine Forderung begründete, sprach er nicht nur über Prozentpunkte; Lohnrunden waren für ihn vielmehr politisch-gesellschaftliche Ereignisse. Er vergaß beispielsweise nie, auf die Niederlagen und Rückschläge der Arbeiterbewegung am Beginn seiner Gewerkschaftskarriere hinzuweisen, den Nachholbedarf der Arbeitnehmer gegenüber dem Kapital herauszustellen und an die kräftigen Gewinnsteigerungen bei Daimler-Benz und anderen Konzernen zu erinnern. Mochte er sich mit seinem tarifpolitischen Widerpart Hanns Martin Schleyer unter vier Augen auch menschlich gut verstehen – wenn er vor seine Metaller trat, um sie in Kampfbereitschaft zu versetzen, ließ er sich die Gelegenheit schwerlich entgehen, einige rhetorische Breitseiten gegen den »Scharfmacher Nummer eins« abzufeuern. Hatte er die großen Linien der beginnenden Tarifrunde abgesteckt, schickte er für die Details Loderer und in späteren Jahren seinen Tarifexperten Steinkühler »in die Bütt«.

In den Lohnverhandlungen der Metallindustrie Nordwürttemberg-Nordbadens spielt der Gesamtbetriebsratsvorsitzende von Daimler-Benz automatisch eine besondere Rolle. Das hängt ganz einfach damit zusammen, daß man an die 100000 organisierte Mitarbeiter in einen Arbeitskampf schicken und die Streikaktionen dank einer disziplinierten Belegschaft nach Bedarf steuern kann. In der Tarifstrategie der IG Metall nahm der Konzern daher auch stets eine Schlüsselstellung ein. Ein Unternehmen, das vor allem im Pkw-Bereich fast ständig bis an die Obergrenze seiner Kapazitäten ausgelastet war und seine Kunden mit langen Lieferfristen vertröstete, traf ein drohender Produktionsausfall besonders hart. Bleicher und seine Nachfolger wußten, daß sie ohne Daimler-Benz keinen erfolgreichen Arbeitskampf führen konnten. So waren sie daran interessiert, schon lange vor Beginn der heißen Phase die Stimmungslage in unseren Werken kennenzulernen.

Ihr Interesse richtete sich dabei nicht nur auf die Höhe der erwarteten Einkommensverbesserung, sondern mehr noch auf die Struktur der Forderung, mit der man in die Tarifrunde gehen wollte. War man bereit, für die Verringerung der wöchentlichen Arbeitszeit zu kämpfen und dafür beim Lohn kürzerzutreten? Würden die Mitglieder für eine »Humanisierung der Arbeit« notfalls streiken?

In der Öffentlichkeit begegnet man bisweilen der Vorstellung, tarifpolitische Forderungen seien das Ergebnis einsamer Beschlüsse von Gewerkschaftsvorständen. Was in den zentralen »Befehlsbunkern« ausgeheckt werde, müßten die regionalen Truppenkommandeure ohne Wenn und Aber umzusetzen versuchen. Wer so denkt, verkennt die Realitäten. Eine Gewerkschaft ist keine Armee, die auf Befehl von oben wie ein Mann marschiert, am wenigsten eine Organisation von der Größe der IG Metall mit rund 3,3 Millionen Mitgliedern. Da eine Tarifauseinandersetzung erfolgreich nur dann zu führen ist, wenn hinter der Forderung kampfbereite Belegschaften stehen, wäre der Ausschluß der regionalen und lokalen Funktionäre und Betriebsräte von der internen Meinungsbildung ein unter Umständen nicht wiedergutzumachender Fehler.

So beginnt dann meist schon Monate vor dem Auslaufen des alten Tarifvertrages in den Betrieben und Ortsverwaltungen die Diskussion darüber, was diesmal »drin« sein könnte und an welcher Stelle man in der bevorstehenden Tarifrunde den Schwerpunkt legen sollte. Will man mit einer reinen Prozentforderung in die Verhandlungen gehen? Will man mit der Hauptforderung Nebenforderungen verbinden – etwa eine Absicherung des Weihnachtsgeldes, höhere Ausbildungsvergütungen oder zusätzliche Einkommensverbesserungen für die unteren Lohngruppen? Diskutiert wird darüber meist auf der Grundlage einer Richtlinie des IG-Metall-Vorstandes. Da diese Richtlinie mit den »Bezirksfürsten« vorher abgestimmt ist, bildet sie den Rahmen für die Entscheidungen in den Gremien der Ortsverwaltung und schließlich in der Großen Tarifkommission des Bezirks.

Die Große Tarifkommission ist alles andere als ein Harmonieverein. Solange ich zurückdenken kann, wurde in diesem Kreis immer heftig gestritten. Dabei entzündete sich der Streit weniger an der Höhe der Lohnforderung. Jeder wußte ja, daß mit der Forderung noch nicht über das Ergebnis entschieden war. Voneinander abweichende Vorstellungen existierten dagegen fast jedesmal über die Struktur der Forderung. Vor allem solche Ortsverwaltungen der IG Metall, in deren Betrieben die Mitglieder überwiegend den unteren Lohngruppen angehörten, favorisierten aus verständlichen Gründen Festbeträge. Bezogen auf ihre niedrigeren Einkommen wirkte sich ein einheitlicher Sockelbetrag prozentual höher aus als auf die Einkünfte höherqualifizierter Mitarbeiter.

Die Lohnstruktur in den Werken der Daimler-Benz AG war demgegenüber völlig anders. Mit Hilfe der analytischen Arbeitsbewertung hatten wir es 1962 erreicht, daß über eine Festlegung größerer Arbeitsinhalte viele Kollegen in höhere Lohngruppen aufsteigen konnten. In unseren Belegschaften gehörten deshalb vergleichsweise wenige Mitarbeiter einer der unteren Lohngruppen an; der weitaus größte Teil zählte zu den Gruppen 6 bis 12. Wenn also die IG Metall bei ihren Tarifforderungen die unteren Lohngruppen durch Festbetrags-Regelungen besonders berücksichtigen wollte, stand dies im Gegensatz zu unseren Interessen. Denn wir profitierten am meisten von reinen Prozentforderungen.

Außer unseren Interessen entsprach eine solche Politik auch meinem Gefühl für Gerechtigkeit. Ich war nie ein Verfechter von Soziallöhnen. Wer eine besonders qualifizierte Arbeit tat, sollte dafür auch in den Genuß von Lohnerhöhungen kommen, die sich an seinem Einkommen orientierten. Über diesen Prinzipienstreit fanden wir zu einem für das Tarifgebiet Nordwürttemberg-Nordbaden typischen Formelkompromiß: Der auf der Grundlage der Lohngruppe 6 ausgehandelte Prozentsatz wurde oberhalb dieser Grenze prozentual vom Einkommen der jeweiligen Lohngruppe errechnet. In den unteren Gruppen wird die in Prozent vom Lohn der Gruppe 6 ermittelte Erhöhung durchgehend als Festbetrag ausgezahlt.

Daß mehr über die Struktur der Lohnforderung als über Prozente gestritten wurde, heißt nicht, daß es in der Großen Tarifkommission über die Höhe zu keinerlei Meinungsverschiedenheiten gekommen wäre. Vor allem linke Gruppierungen innerhalb der IG Metall, wie die »Plakatgruppe«, die »Gruppe Internationale Marxisten« und in den sechziger und siebziger Jahren der »Kommunistische Bund Westdeutschland«, warfen der Bezirksleitung und der hinter ihr stehenden Mehrheit in der Großen Tarifkommission mit boshafter Hartnäckigkeit vor, für die Mitglieder nicht genügend herausgeholt zu haben. Ihre Motive waren dabei leicht zu durchschauen. Mit ihren überzogenen Forderungen hofften sich diese Gruppen in den Belegschaften die Resonanz zu verschaffen, die ihnen mit anderen Mitteln versagt geblieben war. Ich habe, da ich die wirtschaftlichen Verhältnisse bei Daimler-Benz und die Stimmungslage in den Betrieben sehr genau kannte, in solchen Situationen immer zur Mäßigung geraten. Daß unser Wort Gewicht hatte, ergab sich allein daraus, daß wir im Falle eines Arbeitskampfes die Hauptarbeit leisten mußten. Sowohl Bleicher als auch seine Nachfolger warnten wiederholt davor, die Kollegen in den Betrieben durch unerfüllbare Forderungen gegen die Wand fahren zu lassen.

Als Gesamtbetriebsrats-Vorsitzender des größten metallverarbeitenden Unternehmens im Tarifbezirk gehörte ich zur sogenannten »kleinen« Verhandlungskommission. Ihr gehörten daneben der IG-Metall-Bezirksleiter, sein Tarifexperte und mein Amtskollege von Bosch an. Den Auftakt jeder Lohnrunde bestritt jedoch die auf jeder Seite mit 30 bis 40 Mitgliedern besetzte Große Verhandlungskommission. Vor den Teilnehmern läuft jedesmal dasselbe Ritual ab. Als erster begründet der Leiter der Wirtschaftsabteilung beim

IG-Metall-Vorstand anhand gesamtökonomischer und branchenspezifischer Daten, daß die gewerkschaftlichen Forderungen ohne weiteres verkraftbar seien. Dann jammert sein Kollege von der Arbeitgeberseite, wie ernst die Lage sei und wie sehr die von der IG Metall verlangten Lohnerhöhungen die Unternehmen überforderten. Neue Argumente kommen kaum auf den Tisch, wenn sich – zunehmend gelangweilt – die Verhandlungskommissionen in gleicher Besetzung ein zweites und drittes Mal treffen. Spätestens beim viertenmal erkennen die letzten, daß man in einem Kreis von 80 Leuten nicht verhandeln kann.

Für etwas Medienspektakel sorgen allein die Abordnungen aus den Betrieben, die mit ihren Transparenten beim Eintreffen der Arbeitgeber Spalier stehen oder zur Übergabe einer Resolution in den Saal marschieren. Anfänglich reagierten die Arbeitgeber auf diese Aktionen etwas verbiestert. Inzwischen lassen sie das vor laufenden Fernsehkameras stattfindende Theater klaglos über sich ergehen. Zu einem Eklat kam es allerdings etwa, als demonstrierende Arbeiter in der Fellbacher Stadthalle einmal einen Sarg in den Verhandlungsraum trugen, um gegen den befürchteten Anschlag auf die Tarifautonomie zu protestieren. Die Arbeitgeber verließen daraufhin schimpfend den Saal. Nach einer halben Stunde holten wir sie dann wieder zurück. Meist sind solche Auftritte nach wenigen Minuten zu Ende, und die Arbeit kann beginnen.

Wirklich zur Sache geht es eigentlich erst zwischen den Kleinen Verhandlungskommissionen. Nur in diesem Kreis läßt sich ausloten, wo der Punkt für einen tragfähigen Kompromiß liegen könnte. Vieles hängt dabei von den Spitzenleuten auf beiden Seiten ab. Ich habe im Laufe meiner Amtszeit vier Bezirksleiter als Verhandlungsführer der IG Metall

Die Eltern Babette und Ludwig Lucy, die Schwester Elisabeth und Herbert Lucy (Juli 1931).

Die Eltern (Pfingsten 1941).

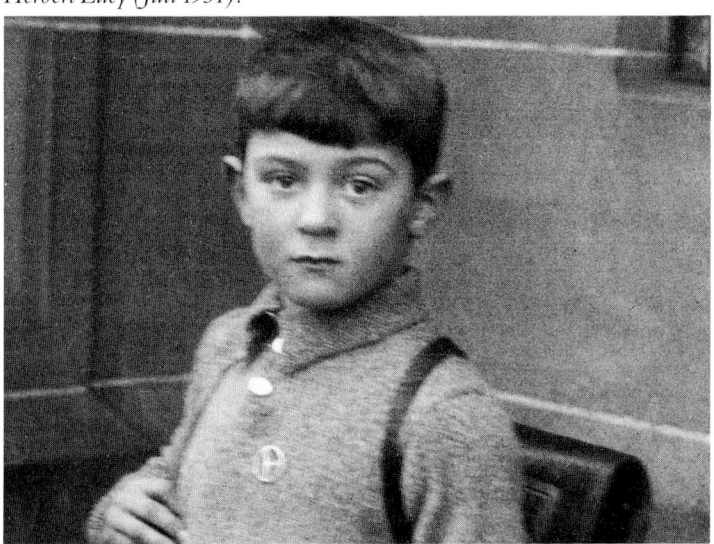

Herbert Lucy als Schulanfänger (Volksschule Mannheim-Feudenheim, September 1936).

Beim Schweißen (1951).

Mit Kollegen in der Mittagspause (30 Minuten) beim Schachspiel (Lucy 2. von links).

Mit Willy Brandt und Carlo Schmid vor den Toren des Daimler-Benz-Werks Mannheim (vor der Bundestagswahl 1965).

Herbert Lucy und seine Frau Gertrud im Werk Mannheim bei der Feier seiner 25-jährigen Betriebszugehörigkeit (1969).

*Mit Edzard Reuter bei einem Blick
in die Tagespresse
(Werk Mannheim, Dezember 1975).*

*Mit Helmut Schmidt bei der Betriebs-
versammlung im Werk Mannheim
(Dezember 1975).*

*Mit Joachim Zahn und Helmuth Schmidt
(Werk Mannheim, Dezember 1975).*

Bei einem Arbeitsgespräch im Werk Mannheim im Dezember 1975 (links Helmut Schmidt, Vorstandsmitglied Ulrich Raue, rechts Vorstandsmitglied Heinz Schmid, Vorstandsvorsitzender Joachim Zahn, Herbert Lucy, Vorstandsmitglied Edzard Reuter, Technischer Werksleiter Walter Göttert).

Beim Gewerkschaftstag der IG Metall 1977 in Düsseldorf. Rechts Eugen Loderer.

Bei einer Demonstration (Anlaß: Streik und Aussperrung) auf dem Paradeplatz in Mannheim (1978)

Im Gespräch mit Willi Bleicher (November 1978).

Sitzung des Gesamtbetriebsrates (Stuttgart, Mai 1981).

Warnstreik im Mai 1984. Herbert Lucy informiert am Tor 1 des Mannheimer Werks über die Tarifforderung.

April 1987: Erneut Warnstreik auf dem Mannheimer Werksgelände.

Jahreshauptversammlung der Daimler-Benz AG (Juli 1985).

20. 11. 1989: Bei der Verabschiedung im Werk Mannheim mit Frau Gertrud Lucy.

erlebt und ebenso viele Vorsitzende der baden-württembergischen Metallindustriellen. Zwischen allen herrschte in
diesen Marathonrunden, in denen gestritten, gepokert und
gefeilscht wurde, ein anderes Verhältnis. Als ich 1971 zum
erstenmal unserer Viererkommission angehörte, führte auf
unserer Seite Willi Bleicher die Verhandlungen, sein Kon-
trahent war Hanns Martin Schleyer. Für mich als Neuling
war es faszinierend, die beiden von ihrer politischen Vergangenheit so grundverschiedenen Männer als tarifpolitische
Gegenspieler zu erleben.

Bleicher war ein gewiefter Taktiker, aber der Gerechtigkeit
halber muß man hinzufügen, daß ihm Schleyer in dieser Beziehung in nichts nachstand. Ich habe jedoch nie erlebt, daß
der einstige Kommunist Bleicher und der frühere SS-Mann
Schleyer sich ihre Herkunft vorgehalten hätten oder auch
nur einer von beiden darauf angespielt hätte. Dieses Thema
war tabu. Das bedeutet keinesfalls, daß die beiden mit Samt-
handschuhen miteinander umgegangen wären. Ganz im Gegenteil: Vor allem Bleicher verschonte, impulsiv wie er war,
sein Gegenüber nicht mit lauten, gelegentlich auch mit persönlichen Attacken. Es war ganz und gar nicht ungewöhnlich, daß er in einer heftigen Auseinandersetzung plötzlich
aufstand und losbrüllte: Was bilden Sie sich eigentlich ein,
so mit der Arbeiterklasse umzugehen! – Für ihn war die
Arbeitnehmerschaft nicht nur eine wirtschaftliche Gruppe,
für die er finanziell möglichst viel herauszuholen versuchte,
sondern das tragende Fundament eines demokratischen
Staates. Mitglieder der Arbeitgeber-Kommission, die Bleicher zum erstenmal so in Rage erlebten, waren von dem
Ton, der hier zeitweise herrschte, einigermaßen erschrok-
ken. Schleyer war als Routinier in diesen Augenblicken

sichtlich bemüht, die Dinge nicht weiter eskalieren zu lassen und sich nicht von seiner Verhandlungslinie abbringen zu lassen.

Wie sehr sich Bleicher persönlich provozieren lassen konnte, erlebte ich bei einer anderen Gelegenheit. In einer innerbetrieblichen Sache hatten wir eine Besprechung mit dem Vorstand. Nachdem wir uns mit unserer Forderung weitgehend durchgesetzt hatten, zischelte Nutzfahrzeug-Vorstand Ulrich Raue, alles andere als ein Freund der Arbeitnehmer, verärgert: Da spürt man die Macht des Apparates! – Bleicher empfand dies als Beleidigung. Zorn-entbrannt ging er auf Raue zu und hätte ihn am Kragen gepackt, wenn mein Kollege Ernst Schäfer und ich nicht dazwischengegangen wären. Gleichzeitig bemühte sich Schleyer, die beiden Streithähne zu einem versöhnlichen Ende ihrer Auseinandersetzung zu bewegen.

Franz Steinkühler, Bleichers Nachfolger als Bezirksleiter, war zwar mindestens ein ebenso harter Verhandler wie sein Förderer, hatte sich aber immer eisern unter Kontrolle. Selbst wenn er am Verhandlungstisch einmal laut wurde, schien mir dies wohlkalkuliert. Da er unter Bleicher als Tarifexperte bei vielen Lohnrunden dabeigewesen war, kannte er sein Metier wie kein zweiter und verfolgte seine Politik konsequent und schnörkellos. Selbst in den heißen Schluß-phasen wirkte er unterkühlt, manchmal geradezu eiskalt. Häufiger als früher erhielten unter seiner Führung auch die anderen Mitglieder unserer Kommission Gelegenheit, zu bestimmten Detailfragen Stellung zu nehmen. Bleicher hatte das Zepter nur selten einmal aus der Hand gegeben. Wenn wir unter uns waren, konnten wir über alles mit ihm reden, auch streiten. Auge in Auge mit den Arbeitgebern wollte er dagegen allein das Wort führen. Wahrscheinlich fürchtete er, daß es ihm der Gegner als Schwäche auslegen würde, wenn ihn andere unterstützten. Als Steinkühler einmal mitten in einer Verhandlung einen vorher nicht abgestimmten Kompromißvorschlag machte, der uns in der Sache nach meinem Eindruck weitergebracht hätte, pfiff ihn der sichtlich verärgerte Bleicher ziemlich brüsk zurück. Noch sei er Bezirksleiter und führe die Verhandlungen, wies er seinen späteren Nachfolger vor versammelter Mannschaft zurecht.

Auf der anderen Seite des Tisches nahm nach Schleyers Ermordung 1977 mit Heinz Dürr ein Mann auf dem Stuhl des Arbeitgeber-Unterhändlers Platz, der sich vor allem der Herkunft nach von seinem Vorgänger unterschied. Anstelle des Konzernmanagers trat jetzt ein Mittelständler. Obwohl die kleinen und mittleren Metallindustriellen unseres Tarifgebietes ihrem Verband immer wieder vorwarfen, zu nachgiebig zu verhandeln und sich allein an der Belastbarkeit so finanzstarker Unternehmen wie Daimler-Benz zu orientieren, sind wir mit Dürr über die Jahre gesehen nicht schlecht gefahren. Er bevorzugte einen lockeren, manchmal hemdsärmeligen Verhandlungsstil und scheute sich nicht, in verfahrenen Situationen Kompromisse auf seine Kappe zu nehmen und gegen Widerstände im eigenen Lager zu verteidigen. Ganz anders Dürrs Nachfolger Hans-Peter Stihl. Auch er repräsentierte ein mittelständisches Unternehmen. Doch agierte er äußerst vorsichtig, stimmte sich nach meinen Beobachtungen häufiger mit seinen Verbandskollegen ab und konnte sich mit großem Ernst in Details festbeißen. Obwohl er nicht so einfach bereit war, über seinen Schatten zu springen, wie es Dürr gelegentlich getan hatte, haben wir auch mit Stihl eine Reihe nicht schlechter Tarifabschlüsse vereinbart. So hart die Verhandlungen mit Schleyer, Dürr und Stihl bisweilen auch waren und so sehr in den nächtlichen Marathonsitzungen manch einem auch einmal der Gaul durchging, so wenig sind in diesen Augenblicken aus Gegnern in der Sache persönliche Feinde geworden.

Daimler-Benz spielte nicht nur in der Tarifstrategie der IG Metall eine Schlüsselrolle. Auch bei den Arbeitgebern lief ohne das mit Abstand größte Unternehmen der Region nichts. Den Mittelständlern Dürr und Stihl saßen wie selbstverständlich Schleyers Nachfolger zur Seite, erst Richard Osswald, später Manfred Gentz. Für mich, der über die wirtschaftliche Situation unserer Betriebe ebenso im Bilde war wie beide Herren, ergab sich eine merkwürdige Situation. Um unsere Forderungen abzublocken, mußten sie die Lage des Konzerns über Gebühr in den schwärzesten Farben darstellen. Natürlich wußten sie dabei, daß ich ihre Darstellung nicht unwidersprochen hinnehmen würde. Anhand der mir aus dem Aufsichtsrat und Wirtschaftsausschuß zugänglichen Zahlen konnte ich ihnen entgegenhalten, daß der Vorstand weitaus erfolgreicher gearbeitet hatte, als er uns glauben machen wollte.

Als Mitglied der Kleinen Verhandlungskommission und der Großen Tarifkommission der IG Metall kam es mir besonders darauf an, beispielhafte Erfolge, die wir bei Daimler-Benz für die Mitarbeiter erstritten hatten, tarifvertraglich zu verankern. Der für die Arbeitgeber am Verhandlungstisch sitzende Personalvorstand befand sich in solchen Fällen in einer verzwickten Lage. Da er aus der Ablehnungsfront seines Verbandes nicht ohne weiteres ausscheren konnte, mußte er als unzumutbar ablehnen, was er im eigenen Hause akzeptiert hatte. So forderten wir 1973 in den Verhandlungen über einen neuen Manteltarifvertrag eine

Verdienstabsicherung für ältere Beschäftigte. Die Arbeitgeber mit Schleyer an der Spitze lehnten diese Forderung entschieden ab. Nun hatten wir intern mit Schleyer im Februar
1972 die Richtlinie »Lohnausgleich bei Minderleistungsfähigkeit« vereinbart. Danach kamen Mitarbeiter, die wegen
einer unverschuldeten Beeinträchtigung ihrer Gesundheit
auf einen schlechter bezahlten Arbeitsplatz versetzt wurden,
unter bestimmten Voraussetzungen (ab 50. Lebensjahr und
zehn Jahre Mindestzugehörigkeit zum Betrieb) in den Genuß einer 95prozentigen Lohnabsicherung. Nach ergebnislosen Verhandlungen zog sich Schleyer im Stuttgarter »Hotel Zeppelin« auf sein Zimmer zurück. In internen Beratungen unserer Kommission verständigten wir uns darauf, an
diesem Punkt hart zu bleiben. Es war schon drei Uhr nachts,
als ich Schleyer, der bereits schlief, telefonisch weckte und
ihm klarzumachen versuchte, daß er uns nicht verweigern
könne, was er uns bei Daimler-Benz längst zugestanden
hätte. Am nächsten Morgen wurde weiterverhandelt. Deutlich spürten wir jetzt die Bereitschaft, uns entgegenzukommen. Zu scheitern drohte das Ganze jedoch an der Frage,
von welchem Alter ab die Lohnabsicherung greifen sollte.
Bereits 50jährige in die Regelung einzubeziehen, lehnte der
Vorstand ab. Am Ende einigten wir uns auf einen Kompromiß: Mitarbeiter mit eingeschränkter Leistungsfähigkeit
sollten erst ab dem 55. Lebensjahr finanziell abgesichert
werden – jedoch bereits nach einjähriger Betriebszugehörigkeit und mit hundert Prozent ihres bisherigen Einkommens.

Zum festen Ritual einer Tarifverhandlung gehört die entscheidende Nacht, nach deren Ende die übermüdeten und
erschöpften Verhandlungsführer vor die Mikrofone und
Fernsehkameras der geduldig wartenden Journalisten treten. Ich habe von Leuten, die solche Szenen am Bildschirm

Jahr für Jahr verfolgen, oft die Frage gehört: Muß das eigentlich so ablaufen? Kann man nicht auch ohne dieses medienwirksame Spektakel zu einem für beide Seiten vertretbaren Verhandlungsergebnis kommen? Zieht man das Gefeilsche gar bewußt in die Länge, um der eigenen Basis vor Augen zu führen, wie hartnäckig man um ihre Interessen gerungen hat? – Ich will gar nicht verhehlen, daß daran etwas Wahres ist. Natürlich macht es sehr viel mehr Eindruck, wenn die Teilnehmer übernächtigt aus der Manege kommen, als wenn sie ihr Ergebnis pünktlich zum Büroschluß präsentierten.

In der Realität laufen die Dinge jedoch meist anders. Man hat sich vorgenommen, bis 20 Uhr zu verhandeln. Dann plötzlich beginnen sich die Positionen unerwartet aufeinander zu zu bewegen. Alle spüren: Wenn wir jetzt weitermachen, könnten wir noch an diesem Abend durchkommen. Jetzt den Faden nur nicht reißen lassen! 20 Uhr ist längst vorüber, der Zeiger geht auf elf, auf zwölf, man geht noch einmal in die wartenden ⸱Hintergrundgremien. Die sagen: Versucht es noch mal! – Dann probiert man's um ein Uhr ein weiteres Mal, und so kommen dann Nachtsitzungen zustande. Würde man jetzt unterbrechen, um am nächsten Morgen weiterzuverhandeln, könnte das Erreichte leicht wieder zerredet und in Frage gestellt werden. Vor allem die Vertreter der mittelständischen Arbeitgeber würden versuchen, draufzusatteln und nachzubessern. Also den Gegner jetzt nur nicht aus seiner Verantwortung entlassen! Irgendwann werden die Helden dann müde. Und da jeder weiß, daß Belegschaften und Öffentlichkeit auf ein Ergebnis warten und ein nächtliches Scheitern der Verhandlungen zu einer Verhärtung der Fronten führen könnte, marschiert man durch und schafft mit der Verkündung des erreichten

Tarifabschlusses vor den Kameras des Fernsehens vollendete Tatsachen.

Wenn wir in einer Lohnrunde eine Einkommenserhöhung von x Prozent aushandeln, dann bedeutet dies bis heute bei Daimler-Benz in Mark und Pfennig mehr als in den weitaus meisten Unternehmen des Tarifgebietes. Das liegt daran, daß der Effektiv-Verdienst bei uns um annähernd 25 Prozent über dem Tarifniveau liegt. Dieser Vorsprung geht vor allem auf zwei Betriebsvereinbarungen in den sechziger und siebziger Jahren zurück. Mit Hilfe der bereits erwähnten analytischen Arbeitsbewertung kamen viele Mitarbeiter in den Genuß einer außertariflichen Lohnerhöhung, die teilweise über zwei Mark die Stunde ausmachte. Höhergruppierungen ergaben sich nicht allein durch die Bildung größerer Arbeitsumfänge, die beispielsweise in der Mannheimer Motorenproduktion über die Zusammenfassung von mehreren Fließband-Stationen zu Taktzeiten von 20 bis 30 Minuten führten. Auch Kollegen, die an besonders lauten und durch Gase und Dämpfe belasteten Arbeitsplätzen tätig sind, wurden durch diese Betriebsvereinbarung besser eingestuft. Ähnlich wie die analytische Arbeitsbewertung wirkte sich Anfang 1978 die Einführung eines neuartigen Zeiterfassungs-Systems für Akkordarbeiter anstelle der traditionellen Refa-Methode aus. Um sein »MTM«-System zu installieren, brauchte der Vorstand die Zustimmung des Gesamtbetriebsrates. Wir erklärten uns bereit, über die mit dem Ziel einer exakteren Lohngestaltung und Lohnbemessung angestrebten Umstellung eine Betriebsvereinbarung abzuschließen. Durch höhere Ausgangswerte für den Akkordlohn gelang es uns bei dieser Gelegenheit noch einmal, für einen großen Teil unserer Belegschaft außerplanmäßige Einkommensverbesserungen herauszuholen. Da die auf diese Weise

erreichten Effektivlöhne die Bemessungsbasis für die jährlichen Lohnerhöhungen sind, hat sich bei Daimler-Benz das
Einkommensniveau absolut immer weiter vom Tarif entfernt.

Daß dies dem Vorstand auf Dauer nicht gefallen würde,
war abzusehen. 1988 forderte denn auch Edzard Reuter erstmals öffentlich, die prozentualen Einkommenserhöhungen
nicht mehr an den Effektivlöhnen, sondern am Tarif zu
orientieren. Im Aufsichtsrat wiederholte er wenig später
diese Forderung. Ich bat Reuter daraufhin um ein persön-
liches Gespräch und erklärte ihm in aller Deutlichkeit:
Wenn Sie sich auf dieses Terrain begeben, bekommen Sie
garantiert große Probleme mit der Belegschaft einschließlich unserer Organisation. Denn wir haben eine Betriebsvereinbarung, die Lohnstrukturen und Lohnhöhe verbindlich
festlegt. Wenn Sie die kündigen wollen, dann kündigen Sie
die Einkommen von 220 000 Leuten. Überlegen Sie sich gut,
ob Sie sich eine Konfrontation zwischen Gesamtbetriebsrat
und Vorstand in der Öffentlichkeit leisten können. Wenn Sie
die bisherige Regelung jedoch kündigen, dann müssen wir
darüber verhandeln. Solange jedoch kein neues Ergebnis auf
dem Tisch liegt, gilt die bestehende Vereinbarung weiter.
Wann dann ein Ergebnis auf den Tisch kommt, das bestimmen aber wir, nicht Sie! – Reuter verstand – und hat dieses
heiße Eisen meines Wissens seitdem nicht wieder angefaßt.

8. »Hier wird gestreikt!«

Speerspitze im kampferprobten Südwesten

Am Montag, dem 29. April 1963, traten im Tarifgebiet Nordwürttemberg-Nordbaden in 72 Betrieben mit Beginn der Frühschicht insgesamt 104 000 Metallarbeiter in den Streik. Es war bei uns der erste große Arbeitskampf nach dem Krieg. Ich war zu diesem Zeitpunkt seit zwei Jahren freigestelltes Betriebsratsmitglied, gehörte der Ortsverwaltung Mannheim der IG Metall und damit gleichzeitig auch der Großen Tarifkommission an. Bevor die Belegschaften die Arbeit niederlegten, hatte es zwischen Willi Bleicher und seinen Kollegen im Frankfurter IG-Metall-Vorstand Differenzen über die gewerkschaftliche Marschroute in dieser Lohnrunde gegeben. Otto Brenner war erkennbar darum bemüht, bis zuletzt die Chancen einer Lösung des Konflikts am Verhandlungstisch durch Spitzengespräche mit den Metall-Arbeitgebern zu nutzen. Doch einer zentralen Einigung standen unüberbrückbare Ausgangspositionen im Wege. Während die IG Metall Einkommensverbesserungen von acht Prozent forderte, plädierten die Unternehmer, allen voran Hanns Martin Schleyer, für eine »Nullrunde«. Bleicher war deshalb auch fest davon überzeugt, daß ein Arbeitskampf unvermeidbar sei. Er war jedoch keinesfalls ein unüberlegt handelnder Draufgänger. Dazu stand ihm das bayerische Streikdesaster von 1954 noch allzu deutlich vor Augen.

Unsere Organisation hatte, um ihre Streikkasse zu schonen, anfänglich geplant, in Nordwürttemberg-Nordbaden nur 30 000 Mitglieder in einen Schwerpunktstreik zu rufen. Mannheimer Betriebe waren dabei ausgeklammert. Im Werk stieß dieser Plan auf Unverständnis und Ablehnung. Wir hatten eine gut organisierte Belegschaft, die kämpfen wollte. Gegenüber der Ortsverwaltung drängten wir daher massiv darauf, in den Streik einbezogen zu werden. Die Bezirksleitung änderte daraufhin ihr Konzept. Bei einem Treffen von 847 Gewerkschaftsfunktionären aus der Organisation und den Betrieben legten wir am 8. April im Mannheimer »Rosengarten« unseren Aufmarschplan fest. Um die Belegschaften im Streikgebiet zu mobilisieren, trommelte die Bezirksleitung ihre Mitglieder zu 45 Kundgebungen zusammen. In Mannheim versammelten sich am 10. April auf dem Alten Meßplatz 35 000 Metaller zu einer Protestkundgebung gegen die Verweigerungspolitik der Arbeitgeber. Hauptredner war der damalige DGB-Landesvorsitzende Eugen Loderer.

Um Zusammenstöße mit der Polizei, wie sie in Bayern vorgekommen waren, zu vermeiden, machte Bleicher dem damaligen baden-württembergischen Ministerpräsidenten Kiesinger den Vorschlag, die Ordnungskräfte aus dem Spiel zu lassen. In diesem Falle würde sich die IG Metall dafür verbürgen, daß der Arbeitskampf diszipliniert verlaufen werde. Der Streikaufruf wurde überall befolgt. Doch die Reaktion der Gegenseite ließ nicht lange auf sich warten: Bereits am ersten Streiktag beschlossen die Arbeitgeber mit Beginn am 30. April, 24 Uhr, eine »Abwehr-Aussperrung«. Betroffen waren über 40 Großbetriebe im Tarifgebiet, darunter die Daimler-Benz-Werke Untertürkheim, Sindelfingen, Mannheim und Gaggenau mit zusammen über 44 000 Arbeitern. Insgesamt standen in Nordwürttemberg-Nordbaden und in Südwürttemberg-Hohenzollern zusammen fast 250 000 Ausgesperrte vor verschlossenen Werkstoren. Überall herrschte Wut und bei vielen Verzweiflung. Da es die erste Aussperrung nach dem Krieg war, glaubten manche, ihnen sei gekündigt worden. Wir hatten Mühe, ihnen klarzumachen, daß sie vielleicht schon in wenigen Tagen wieder an ihrem Arbeitsplatz stehen würden.

Die Aussperrung und ihr unverhältnismäßiges Ausmaß haben zu einer großen Verhärtung des Arbeitskampfes beigetragen. Ich bin sicher, daß Schleyer einer der Hauptverantwortlichen für diese Aktion war. Er verfolgte damit den politischen Zweck, die Gewerkschaften zurückzudrängen. Dennoch haben wir uns nicht provozieren lassen. Niemand hat versucht, über Zäune zu klettern und das Werk zu besetzen. Wir Funktionäre standen vor den Toren, haben in Diskussionen die Aussperrung verurteilt, aber den Leuten gesagt: Freunde, geht zu eurer Familie, hier läuft nichts! – Irgendwelche Handgreiflichkeiten hat es auch in diesen heißen Tagen nicht gegeben. Aber es brauchte einige Zeit, um nach dem Tarifabschluß am 7. Mai wieder zu einem normalen Verhältnis zwischen Gesamtbetriebsrat und Vorstand zu kommen. Allzu tief waren die Wunden. Schon das Verhandlungsergebnis von fünf Prozent war in der emotional stark aufgeheizten Belegschaft außerordentlich kritisch aufgenommen worden. Eine starke Minderheit war der Meinung, man hätte weiterkämpfen sollen. Die Delegierten der Ortsverwaltung Mannheim stimmten denn auch in der Großen Tarifkommission gegen den Kompromiß, allerdings ohne Erfolg.

Für mich, den 33jährigen Betriebsfunktionär ohne persönliche Streikerfahrung, war der Arbeitskampf von 1963
ein Ereignis, das mein politisches Bewußtsein außerordentlich stark beeinflußt hat. Das hing weniger damit zusammen, daß es der erste Ausstand war, in dem ich mich in
vorderster Linie zu bewähren hatte. Vielmehr war es die
Härte, mit der diese Auseinandersetzung geführt wurde,
und hierbei vor allem das deprimierende Erlebnis der Aussperrung. Ich konnte es einfach nicht begreifen, wie man bewährte Mitarbeiter, die das Unternehmen nach dem Krieg
aufgebaut hatten, darunter Ältere, Kranke und Schwan-
gere, einfach vor verschlossenen Toren stehenließ, ohne sich
auch nur im geringsten Gedanken darüber zu machen, wie
sie materiell mit ihrem Leben fertig werden würden. Denn
niemand dieser Ausgesperrten erhielt ja von der IG Metall
auch nur einen Pfennig. Es empörte mich, daß diese Menschen bei längerer Dauer des Arbeitskampfes gezwungen
sein könnten, zum Sozialamt zu gehen und Sozialhilfe zu
beantragen. Mich hat dieses unwürdige Schauspiel bis heute
nicht losgelassen.

In der Lohnrunde 1967 brach Schleyer einen, wie ich
fand, nicht nur überflüssigen, sondern auch höchst unsinni-
gen Streit mit den Arbeitnehmern vom Zaun. Zu unserer
großen Überraschung verfügte er, daß die Urabstimmung
nicht mehr, wie bisher, im Speisesaal oder in einem Raum
des Werkes durchgeführt werden dürfe. Die Urabstimmung,
so seine Argumentation, sei eine rein gewerkschaftliche
Maßnahme und müsse deshalb an einen Ort außerhalb des
Werksgeländes verlegt werden. Daimler-Benz, fügte er
hinzu, habe weder außertarifliche Leistungen noch soziale
Leistungen gekürzt, so daß es für eine Befragung innerhalb
des Unternehmens nicht den geringsten Grund gäbe.

Ich fuhr sofort zu Schleyer, um ihm klarzumachen, daß, falls er auf seinem Standpunkt beharren sollte, dies unabsehbare Folgen für das künftige Verhältnis zwischen Betriebsräten und Vorstand haben werde. Das Verbot, die Urabstimmung im Werk durchzuführen, sei eine Diskriminierung der Belegschaft, die wir nicht hinnehmen würden. Am Ende unseres Gesprächs machte ich ihm unmißverständlich klar: Wenn wir aus dem Betrieb heraus müssen, lasse ich jede Abteilung einzeln abstimmen. Was dies für die Produktion bedeutet, wissen Sie so gut wie ich. Und wir werden uns Zeit lassen, also überlegen Sie sich gut, was Sie tun! – Ich merkte, daß diese Sprache auf Schleyer Eindruck machte. Wir haben uns dann auf einen Ausweg verständigt, der es dem Vorstand unter Mühen erlaubte, das Gesicht zu wahren, dafür aber mit erheblichen Kosten verbunden war: Statt unsere Abstimmungsurnen in einem Gebäude aufzustellen, wurden bei uns in Mannheim fabrikneue Omnibusse durch Ausbau der Sitze in mobile Abstimmungslokale verwandelt und innerhalb des Werksgeländes nahe der Tore aufgestellt. Wer seine Stimme abgeben wollte, stieg vorne ein, ließ sich an einem Tisch registrieren und verließ, nachdem er seinen Zettel in die Urne geworfen hatte, den Bus wieder durch die Hintertür. Einen »Renommierbus« für den Vorstand stellten wir anstandshalber vor dem Haupteingang auf. Die Fernsehleute, die die Urabstimmung filmten, haben sich köstlich darüber amüsiert, daß dieser Bus immer leer war. Übrigens stimmen wir bis heute in den Bussen ab. Kuriositäten haben oft ein langes Leben.

Das Jahr 1971 bescherte uns einen heißen Tarif-Herbst. Willi Bleicher führte seinen letzten Arbeitskampf. Mit fast drei Wochen war er ungewöhnlich lang. Nach der gerade überwundenen Rezession, in der die Arbeiter ihre Forderungen notgedrungen hatten zurückstecken müssen, waren die Erwartungen jetzt um so größer. Von der seit zwei Jahren amtierenden Bundesregierung unter Willy Brandt hofften sie dafür mehr moralische Rückendeckung als von einem CDU-Kanzler. Die IG Metall verlangte elf Prozent mehr Lohn. Vier Tage nach dem Beginn des Streiks antworteten die Arbeitgeber erneut mit Aussperrung. Obendrein legten sie innerhalb des Tarifgebietes, dann aber auch außerhalb in den Werken Wörth, Bremen, Hamburg-Harburg und Berlin, die Produktion still. Begründung: Durch die streikbedingte Störung der Liefer- und Abnahmemöglichkeiten seien auch die vom Arbeitskampf nicht unmittelbar betroffenen, jedoch in einen engen Verbund integrierten Werke praktisch lahmgelegt. Diese »kalte Aussperrung«, wie wir diese Arbeitsunterbrechung nannten, hatte weitreichende soziale und rechtliche Konsequenzen. In einer Anweisung an seine Außenstellen verfügte der Präsident der Bundesanstalt für Arbeit, Josef Stingl, für die außerhalb des Streikgebietes vom Arbeitskampf betroffenen Arbeiter keine Leistungen zu zahlen. Ansonsten würde die Anstalt ihre Neutralitätspflicht verletzen. Stingls Verwaltungsrat hob den Erlaß jedoch schon nach wenigen Tagen wieder auf und entschied, daß mittelbar Betroffenen außerhalb Nordwürttemberg-Nordbadens Kurzarbeitergeld zu zahlen sei. Der nach zähen Verhandlungen erzielte Tarifkompromiß führte am Ende zu einer Anhebung der Löhne und Gehälter zum 1. 1. 1972 um 7,5 Prozent.

Seit Beginn der siebziger Jahre kam es während der Tarifverhandlungen bei uns immer wieder zu kurzfristigen Arbeitsunterbrechungen. Soweit dies noch während der Friedenspflicht der Fall war, haben die Arbeitsgeber die in ihren Augen »wilden Streiks« als unrechtmäßig kritisiert. Wir dagegen haben diese meist kurzfristig organisierten Versammlungen der Belegschaft als Gelegenheit der Mitarbeiter dargestellt, sich über die Situation zu informieren. Natürlich haben diese Arbeitsniederlegungen Wirkung gezeigt, und dies war ja auch unsere Absicht. So etwas läßt sich allerdings nur mit einer äußerst disziplinierten Belegschaft machen, die sich sagen läßt, wie weit sie gehen kann. Das war nicht überall so, auch bei Daimler-Benz nicht. Im Werk Sindelfingen kam es vor, daß die Kollegen, die anders als in Mannheim außerhalb des Werkes auf einem nahegelegenen Bushalteplatz zusammenkamen, anschließend gleich in die Waschräume und von dort direkt nach Hause gingen. An den Fließbändern rührte sich nichts mehr. Das Werk geriet mit mehreren hundert Pkw in Rückstand. So etwas tat weh. Ich habe derartiges bei uns nie erlebt. Wenn ich über das Mikrofon zu meinen Leuten sprach, sagte ich ihnen nach 30 Minuten: Ihr seid jetzt informiert, ihr wißt, daß ich euch jetzt wieder an eure Arbeit schicken muß! – Innerhalb kurzer Zeit war der Platz wie leergefegt. Dies geht nur, wenn man eine gut funktionierende Vertrauensleute-Organisation hat. Die Werksleitung hat all dies nicht akzeptiert, aber letztlich doch toleriert. Was hätte sie sonst auch tun sollen? In der aufgeheizten Atmosphäre von Tarifauseinandersetzungen hätten die Mitarbeiter im Falle einer Konfrontation einfach »die Brocken hingeschmissen« und wären nach Hause gegangen.

Waren die bisherigen Tarifrunden ausnahmslos Lohnrunden gewesen, so hatte der Arbeitskampf, der 1973 wiederum in Nordwürttemberg-Nordbaden geführt wurde, eine völlig neue Qualität. Denn worum es im Lohnrahmen-Tarifvertrag II ging, war eine »Humanisierung der Arbeit«. Dieser

Begriff ist in der Öffentlichkeit vielfach mißverstanden worden. Er sollte nicht den Eindruck erwecken, als sei die Arbeit, wie sie in der metallverarbeitenden Industrie üblich ist, durchweg inhuman. Wohl aber meinten wir, daß unter dem fortgesetzten Rationalisierungsdruck in der arbeitsteiligen Produktion gewisse Arbeitsgänge die Mitarbeiter in einem unvertretbaren Maß ermüden oder gar gesundheitlich belasten. Uns schien der Augenblick, diesmal etwas jenseits von Mark und Pfennig zu tun, deshalb als günstig, weil wir in den vorausgegangenen Tarifrunden nicht unbeträchtliche Einkommensverbesserungen hatten durchsetzen können. Die Initiative, in die Tarifrunde des Jahres 1973 mit einer völlig anderen Zielsetzung zu gehen, war eindeutig von der IG Metall unseres Tarifgebiets und hier speziell vom neuen Bezirksleiter Franz Steinkühler ausgegangen. Beim Vorstand unserer Organisation löste unser Kampfziel nicht überall helle Begeisterung aus, und auch die Funktionäre anderer Tarifbezirke standen unserer Politik teilweise verständnislos oder zumindest skeptisch gegenüber. Die größte Überzeugungsarbeit mußten wir jedoch in den Belegschaften selbst leisten. Denn immerhin verlangten wir von unseren Leuten, für etwas zu streiken, was für sie noch gar nicht konkret faßbar war, wofür sie sich, wie man so schön sagt, »nichts kaufen« konnten.

Andererseits mußten sich die Zweifler fragen lassen, wann man überhaupt an die Arbeitsplätze heranwollte, wenn nicht jetzt, nachdem uns das neue Betriebsverfassungsgesetz weitgehende Mitbestimmungsrechte eingeräumt hatte. Im Mittelpunkt unserer Kritik standen die vor allem in der Fließbandarbeit stark verbreiteten kurzen Taktzeiten von vielfach nur zehn bis zwanzig Sekunden. Die Ausführung ein und desselben Handgriffs unter einem extremen Zeitdruck führte dazu, daß die Menschen gesundheitlich regelrecht verschlissen wurden. Wir forderten deshalb, neue Arbeitsplätze nur noch mit Taktzeiten von mindestens 1,5 Minuten einzurichten. Außerdem verlangten wir für Akkordarbeiter zur körperlichen Regeneration regelmäßige Erholungspausen.

Nach einem nur viertägigen Schwerpunktstreik in den Werken Untertürkheim und Sindelfingen sowie bei Bosch in Stuttgart-Feuerbach einigten sich IG Metall und Arbeitgeber auf einen Kompromiß, der unseren Vorstellungen sehr weit entgegenkam. Neben einer Verlängerung der Taktzeiten für Fließbandarbeiter erreichten wir vor allem die Einführung einer bezahlten Erholungspause von 40 Minuten pro Schicht für alle Leistungslöhner. Wann pausiert werden sollte, konnten die Betriebe durch eine Öffnungsklausel individuell entscheiden. Uns schien eine Aufteilung in eine fünfminütige Unterbrechung je Stunde empfehlenswert. Die Unternehmensleitung machte den kuriosen Vorschlag, die Schicht einfach auf sieben Stunden und 20 Minuten zu verkürzen, also die Leute 40 Minuten früher nach Hause gehen zu lassen, was dem Sinn einer Erholungspause kaum entsprochen hätte. Schließlich einigten wir uns auf vier Pausen von je zehn Minuten – eine Regelung, die sich bis heute bestens bewährt hat.

Weitaus mehr Kopfzerbrechen bereitete uns die Aufgabe, entsprechend den vereinbarten Mindesttaktzeiten an der Einrichtung neuer Arbeitsplätze mit entsprechend größeren Arbeitsinhalten mitzuwirken. Bei der Planung der 400er Motorenbaureihe mußten wir feststellen, daß ein Teil der Belegschaft gar nicht daran interessiert war, mehr Arbeitsgänge als bisher auszuführen. Diese Mitarbeiter waren einfach an ihren bisherigen Rhythmus gewöhnt. Selbst unser

Argument, daß sie sich auf diese Weise sehr viel besser mit ihrer Arbeit identifizieren und in vielen Fällen sogar mehr verdienen könnten, überzeugte sie nicht. So kamen wir nicht umhin, bei der Umrüstung von bestimmten Fertigungslinien einzelnen Mitarbeitern einen anderen, ihrer gewohnten Tätigkeit entsprechenden Arbeitsplatz anzubieten.

Der »Humanisierungs«-Vertrag ist in keinem anderen Tarifgebiet übernommen worden. Das hat zu der grotesken Situation geführt, daß ein Arbeiter, der von Mannheim ins Werk Wörth wechselt, für dasselbe Geld täglich 40 Minuten länger im Einsatz ist. Kritiker haben behauptet, daß der Humanisierungsabschluß den Beschäftigten in Wahrheit nichts gebracht habe. Zum Beweis dieser These wurde auch bei Daimler-Benz darauf hingewiesen, daß der Krankenstand in den außerhalb des Tarifgebietes Nordwürttemberg-Nordbaden gelegenen Werken keinesfalls höher sei als etwa in Mannheim oder Sindelfingen. Ich bezweifle, daß man die Folgen einer menschengerechteren Gestaltung von Arbeitsplätzen und Arbeitsabläufen in dieser Weise »messen« kann. Die Abnutzung der Arbeitskraft unter dem Druck einer monotonen, den Körper einseitig belastenden Tätigkeit vollzieht sich schleichend. Ich habe in meiner Praxis deprimierende Beispiele dafür erlebt, wie Mitarbeiter, die in einer solchen Tretmühle malochen mußten, mit 50 oder 55 Jahren völlig ausgebrannt waren.

Daß bei den jährlichen Tarifrunden stets die südwestdeutschen Metaller den Vorreiter spielten, war in der Organisation durchaus nicht unumstritten. In anderen Bezirken, wie Rheinland-Pfalz, Hessen oder im Nordverbund hörte man immer wieder die Frage: Warum eigentlich immer ihr? Warum niemals wir? Auch wir wollen einmal unsere

Kampfbereitschaft unter Beweis stellen! – Nun hatte, wie schon erläutert, der Vorstand vor allem gute taktische Gründe, uns in den Kampf zu schicken. Wir empfanden dies keineswegs als Last. Im Gegenteil: Unsere Belegschaften erfüllte es mit Stolz, dazu beitragen zu können, daß Ergebnisse erzielt werden konnten, die später für allgemeinverbindlich erklärt wurden. Im übrigen kommt demjenigen, der hier erst einmal vorwegmarschiert, auch weiterhin eine Führungsrolle zu. Wer eine Tarifforderung durchgesetzt hat, macht sich meist als erster Gedanken darüber, wo man das nächste Mal neue Pflöcke einschlagen könnte. Wir haben uns deshalb immer sehr früh angeboten, stellvertretend für die übrigen Bezirke den Kampf zu führen.

Dabei gehörte es zur Strategie der IG Metall, immer wieder Überraschungsmomente in ihr Streikkonzept einzubauen. Ein besonderes Beispiel für gewerkschaftliche Flexibilität war die Tarifrunde 1978, die erst mit einem äußerst hart geführten, dreiwöchigen Streik abgeschlossen wurde. Unsere Forderung lautete: Acht Prozent mehr Lohn und Gehalt sowie eine finanzielle Absicherung gegen Abgruppierungen. Zur Verblüffung der Arbeitgeber konzentrierte die IG Metall den Streik diesmal ausschließlich auf das Gebiet Stuttgart, Esslingen, Sindelfingen und Böblingen. Hier rief sie zum 15. März insgesamt 80000 Beschäftigte in den Arbeitskampf. Bei Daimler-Benz waren damit zunächst nur die Werke Untertürkheim und Sindelfingen sowie die Zentrale betroffen. Erstmalig wurden diesmal auch die Angestellten in den Arbeitskampf mit einbezogen. Im Werk Mannheim waren viele enttäuscht, sich mit der Zuschauerrolle begnügen zu müssen. Warum bezahle man Gewerkschaftsbeiträge, wenn man nicht kämpfen dürfe, fragte man sich. Der Frust nahm noch zu, als der Vorstand die

Arbeiter der Werke Mannheim und Gaggenau aussperrte. Die Antwort der IG Metall ließ nicht lange auf sich warten: Jetzt wurden in Mannheim die Angestellten in den Streik gerufen. Der hohe Organisationsgrad von 75 Prozent in diesem Bereich garantierte, daß der Aufruf weitgehend befolgt wurde. Es dauerte einige Zeit, bis die Wunden dieses langen Arbeitskampfes verheilt waren.

Für die Streiks im Werk Mannheim entwickelte sich so etwas wie ein festes Ritual. Den Auftakt bildete jedesmal ein Gespräch mit der örtlichen Polizei. Ich erläuterte dabei den Beamten unseren Organisationsplan und den Einsatz der Streikposten an den Werkstoren. Während der über 25 Jahre, in denen ich Vorsitzender des Mannheimer Betriebsrates war, haben wir selbst in den heißesten Phasen des Arbeitskampfes nicht das geringste Problem mit der Polizei gehabt. Ein fester Bestandteil unserer Streikvorbereitung war daneben eine ausführliche Unterrichtung der lokalen Pressevertreter über unsere Kampfziele und die Organisation des Streiks. Ich kann sagen, daß die Zeitungen denn auch immer ausführlich und nie einseitig über unsere Aktionen berichtet haben.

Seit ich als Vorsitzender des Gesamtbetriebsrates der Kleinen Verhandlungskommission der IG Metall angehörte, konnte ich mich um das örtliche Streikgeschehen nur noch wenig kümmern. Nur gelegentlich konnte ich den Verhandlungsort, meist Stuttgart oder Ludwigsburg, einmal verlassen, um mich vor Ort in Mannheim über die Streiksituation zu unterrichten. Die zentrale Streikleitung lag hier seit 1973 in den Händen meines Kollegen Feuerstein. Alles war bestens organisiert. Jeden Morgen wurde ein von der Bezirksleitung der IG Metall herausgegebenes Informationsblatt an die rund 20 Streiklokale in Mannheim und Umgebung ver-

teilt. Unsere Streiklokale, die regelmäßig mit zwei Betriebsratsmitgliedern und einigen Vertrauensleuten besetzt waren, hatten wir bis Viernheim, Worms und Weinheim eingerichtet, um den Kollegen die zum Bezug des Streikgeldes
erforderliche tägliche Registrierung zu erleichtern. Meist
hatten wir unsere Außenposten in Nebenzimmern von Gast-
wirtschaften eingerichtet, in Lampertsheim veranlaßte uns
die hohe Zahl von über 600 Mitarbeitern, unser Quartier in
der städtischen »Spargelhalle« aufzuschlagen. Zentrales
Streiklokal ist bis heute die Gaststätte »Zum Freischütz« direkt gegenüber Tor 1. Ich bin, wenn ich es nur irgendwie
einrichten konnte, zwischen den Tarifverhandlungen und
internen Beratungen immer wieder in einige unserer Streiklokale gefahren, um mir ein Bild von der Stimmungslage vor
Ort zu machen. Es ist doch etwas anderes, sich mit den Menschen, die jeden Morgen zum Stempeln kommen, über ihre
Sicht der Dinge zu unterhalten, als wenn man solche Gespräche allein im Kreise einiger Funktionäre führt. Mit der
Zeit gewinnt man ein ziemlich feines Gespür dafür, was die
Menschen wirklich denken und erwarten. Ich habe bei diesen Gelegenheiten immer wieder feststellen können, daß nur
ganz wenige, in aller Regel aus politischen Motiven, wirklich
verrückt auf einen Arbeitskampf sind. Weitaus die meisten
sehen das Ziel in einem vernünftigen Kompromiß. Ich habe
immer wieder auch die Worte gehört: Wenn es denn sein
muß, sind wir bereit, auch noch eine Woche länger durchzu-
halten.

Eine finanzielle Notlage braucht dabei kaum jemand zu
befürchten, vor allem wenn er seinen gewerkschaftlichen
Mitgliedsbeitrag ordentlich abgeführt hat. Auch in dieser
Beziehung haben wir in Mannheim immer eine Spitzenstel-
lung eingenommen. Das entsprach dem allgemeinen Gefühl

für Solidarität. Wer entsprechend den satzungsmäßigen Bestimmungen der IG Metall ein Prozent von seinem Bruttolohn geklebt hat, erhält rund 8o Prozent seines Einkommens als Streikgeld. Damit lassen sich ein paar Streikwochen in aller Regel ohne größere Probleme überbrücken. Diese finanzielle Sicherheit ist die Voraussetzung, daß auch in emotional aufgeladenen Arbeitskämpfen in unserer Belegschaft im allgemeinen relative Ruhe herrscht. Dies zeigte sich besonders deutlich in den Urabstimmungen, bei denen uns die Mitglieder immer wieder mit großer Mehrheit gefolgt sind.

Ähnlich wie 1978 verfolgte auch der 1984 um den Einstieg in die 35-Stunden-Woche geführte Arbeitskampf das Ziel, mit möglichst geringem Aufwand unseren Forderungen den nötigen Nachdruck zu verleihen. Statt die großen Automobilwerke zu bestreiken, entschloß sich die IG Metall, Schlüsselbetriebe der Zulieferindustrie wie Bosch, Mahle und Kolbenschmidt lahmzulegen und damit innerhalb kurzer Zeit die Produktion bei deren Abnehmern zum Stillstand zu bringen. Aus demselben Grund wurde diesmal unser Werk in Kassel in den Streik mit einbezogen, von dessen Versorgung mit Achsen die süddeutschen Nutzfahrzeugwerke abhängig waren.

Mir bereiteten diese Schwerpunktstreiks große Probleme. Wenn dadurch große Teile der deutschen Automobilindustrie zum Erliegen kommen würden, wäre eine »kalte« Aussperrung die unausbleibliche Folge. In diesem Falle hätten die betroffenen Mitarbeiter von ihrer Gewerkschaft keinerlei Streikunterstützung erhalten. Das wußten die Leute natürlich, und so forderten sie über die Vertrauensleute massiv, ebenfalls in den Arbeitskampf einbezogen zu werden. Obwohl es meinem Verständnis von Solidarität entsprach, mich an demokratisch getroffene Entscheidungen der Organisation zu halten, mußte ich für die Haltung der Mitglieder Verständnis aufbringen. Als abzusehen war, daß die Belegschaft nicht länger stillhalten würde, sind wir dann gegen den Willen der Bezirksleitung mit in den Arbeitskampf gezogen. Unter dem Schlichter Georg Leber erzielten beide Seiten schließlich ein Verhandlungsergebnis, mit dem wir sehr zufrieden sein konnten. Die Tariflöhne und -gehälter wurden um 3,3 Prozent erhöht, das Arbeitszeittabu der Arbeitgeber mit der 38,5-Stunden-Woche gebrochen.

Es ist behauptet worden, dieser harte Arbeitskampf um den Einstieg in die 35-Stunden-Woche sei unter den Mitgliedern nicht populär gewesen. Statt aus innerer Überzeugung seien sie dem Aufruf der IG Metall, die Arbeit niederzulegen, nur aus Solidarität gefolgt. Richtig ist daran, daß viele Mitarbeiter befürchteten, daß mit einer Verkürzung der Arbeitszeit ein verstärkter Leistungsdruck durch erhöhte Rationalisierungen auf sie zukommen werde. Demgegenüber, so meinten sie, würden zehn oder 15 Minuten tägliche Arbeitszeit weniger während der ersten Stufe auf dem Weg zur 35-Stunden-Woche wirkungslos verpuffen. Im Widerspruch zu den Vorstellungen der IG Metall wollten unsere Belegschaften den Arbeitszeitkompromiß deshalb von Anfang an in Form von Freischichten umsetzen. Die Organisation fühlte sich dabei etwas im Stich gelassen. Bei dieser Art der Umsetzung, so ihr Argument, hätten wir gleich mehr Urlaub fordern können und nicht die Verkürzung der wöchentlichen Arbeitszeit auf 35 Stunden. Dennoch blieb es bei der Regelung über Freischichten. Die jährlich 16 Freischichttage wurden so gelegt, daß die Mitarbeiter mehrmals im Jahr in den Genuß eines verlängerten Wochenendes kommen. Für mich ist klar, daß wir bei weiterer Arbeitszeitver-

kürzung neue Modelle entwickeln müssen, statt den Weg
über einen zweiten Urlaub weiterzugehen. Denn ohne eine
zusätzliche Personalreserve würde eine ungestörte Produktion kaum noch gesichert sein.

Der Arbeitskampf um die 35-Stunden-Woche war der letzte
Streik, an dem ich aktiv beteiligt war. Für mich bestand all
die Jahre die besondere Situation, daß ich als Mitglied der
kleinen Verhandlungskommission den jeweiligen Personal-
vorständen von Daimler-Benz gegenübersaß, mit denen ich
als Gesamtbetriebsrats-Vorsitzender nahezu permanent zu
tun hatte. Beide mußten deshalb bemüht sein, daß wir auch
nach den härtesten Tarifrunden möglichst schnell wieder zu
einem sachlichen Dialog zurückfanden.

Daß bei allen Gegensätzen das Menschliche nicht auf der
Strecke blieb, zeigt eine kleine Begebenheit in der Tarifrunde 1984. Wir hatten zwischen den Kleinen Verhandlungskommissionen in Sindelfingen zwei Tage lang bis tief in
die Nacht hart gerungen, aber noch kein Ergebnis erzielt.
Als wir uns gegen zwei oder drei Uhr trennten, fragte mich
Richard Osswald: Was werden Sie jetzt tun? – Er wußte,
daß ich am nächsten Morgen bei Daimler-Benz an einer
Aufsichtsratssitzung in Untertürkheim teilzunehmen hatte.
Ich hätte mich natürlich noch in der Nacht nach Mannheim
fahren lassen können, dort aber gerade noch soviel Zeit ge-
habt, vor der Rückfahrt nach Stuttgart das Hemd zu wech-
seln. Also beschloß ich, mich im Büro des Gesamtbetriebs-
rats-Vorsitzenden zwei, drei Stunden aufs Ohr zu legen. –
Das machen wir anders, sagte Osswald daraufhin, schicken
Sie Ihren Fahrer nach Hause, Sie kommen mit mir, meine
Frau wird das Zimmer unseres Sohnes für Sie herrichten. –
So habe ich dann im Hause meines tarifpolitischen Gegen-

spielers, mit dem ich zuvor erbittert gestritten hatte, übernachtet, und am nächsten Morgen sind wir dann gemeinsam in die Aufsichtsratssitzung gefahren. Anschließend saßen wir uns dann wieder als Gegner am Verhandlungstisch gegenüber.

Die wichtigsten Voraussetzungen für ein menschlich gutes Verhältnis trotz unterschiedlicher Interessen und Standpunkte sind nach meinen Erfahrungen Offenheit, Geradlinigkeit und die Bereitschaft zu einem fairen Kompromiß. Wer nicht gleichzeitig an morgen und übermorgen denkt, sondern sein Gegenüber besiegen will, taugt für dieses Geschäft nicht. Ich habe auch Hanns Martin Schleyer, von dem mich politisch sehr viel trennte, meinen menschlichen Respekt nie versagt. Als stellvertretender Aufsichtsratsvorsitzender habe ich nach seiner Entführung 1977 in dem kleinen Kreis, der sich fieberhaft um seine Freilassung bemühte, alle erdenklichen Versuche bis hin zu hohen Lösegeldzahlungen mit unterstützt. Sein Tod ist auch der Belegschaft sehr nahegegangen. Als ich zwölf Jahre später in Mannheim feierlich aus meinem Amt verabschiedet wurde, war unter den Gästen auch Frau Waltrude Schleyer.

9. Sorgen ums Werk

Über allem stand die Sicherung der Arbeitsplätze

Von den elf inländischen Automobilwerken der Daimler-Benz AG war keines so oft von einem massiven Verlust an Arbeitsplätzen bedroht wie Mannheim. Die Sorge um die Erhaltung der industriellen Basis zog sich wie ein roter Faden durch meine Amtszeit. Während wir um unsere Existenz bangten, platzten andere Werke aus allen Nähten, allen voran Sindelfingen und Untertürkheim, deren Kapazitätsausweitung mit der zunehmenden Nachfrage nach Mercedes-Pkw zeitweise kaum noch Schritt hielt. Auch den neuen Werken Wörth und Bremen waren Sorgen, wie sie uns immer wieder plagten, fremd.

Kein anderer Standort des Unternehmens kann wohl auf eine so stolze Tradition verweisen wie Mannheim. Hier wurde Automobilgeschichte geschrieben: Karl Benz baute hier das erste von einem Benzinmotor angetriebene und voll betriebsfähige Auto der Welt. Am 3. Juli 1886 fuhr er damit auf der Ringstraße erstmals vor den Augen der Öffentlichkeit. 1908 zog seine Firma »Benz & Cie., Rheinische Gasmotorenfabrik Mannheim« mit der Produktion in die neuen Fabrikhallen im Stadtteil Waldhof/Luzenberg. Aus dem 4000 Quadratmeter großen Areal wurde nach und nach ein Werksgelände von 900 000 Quadratmetern, auf dem mehr als 14000 Beschäftigte ihrer Arbeit nachgehen. Heute steht das nach Sindelfingen und Untertürkheim seiner Belegschaft nach drittgrößte Werk auf drei Fundamenten: der Gießerei, der Fertigung von Nutzfahrzeug-Dieselmotoren und dem Omnibusbau. Behaupten mußte sich das Werk in einem schwierigen Umfeld. Anders als Stuttgart, das als Mittelpunkt der wirtschaftlich blühenden Region Mittlerer Neckar eine äußerst gesunde Beschäftigungsstruktur aufwies, mußte Mannheim schon in den sechziger und siebziger Jahren mit einem starken Arbeitsplatzabbau in der metallverarbeitenden Industrie fertig werden.

So standen die Zeichen alles andere als gut, als wir 1966 unseren Bereich Nutzfahrzeugmontage komplett an das neu auf der grünen Wiese errichtete Werk Wörth gegenüber von Karlsruhe auf dem linken Rheinufer abgeben mußten. Es vereinigte die bisherige Fertigung in Mannheim und Gaggenau in einer nach den modernsten Erkenntnissen geplanten und noch erweiterungsfähigen Anlage. Ich war noch nicht zwei Jahre Betriebsratsvorsitzender, als wir vor der schier ausweglosen Aufgabe standen, den teilweisen Verlust unserer wirtschaftlichen Basis ohne schlimmste Konsequenzen für die Belegschaft zu verkraften. Die Folgen wären vielleicht noch erträglich gewesen, wenn wir uns mitten in einem Boom befunden hätten. Aber zu allem Unglück hatte die bis dahin schwerste Rezession der Nachkriegszeit eingesetzt. Wir appellierten daher eindringlich an den Vorstand, den Produktionsanlauf in Wörth solange zu stoppen, bis konjunkturell das Ärgste überstanden sei. Doch stießen wir mit dieser Forderung auf taube Ohren. Man wollte die Verlagerung durchziehen, koste es, was es wolle. Vor allem das für die Nutzfahrzeug-Produktion zuständige Vorstandsmitglied Raue war auf sozialpolitische Argumente nicht ansprechbar. Er war ein eiskalter Typ, mit dem ich wegen seiner mangelnden Aufgeschlossenheit für die legitimen Interessen der Arbeitnehmer immer wieder heftige Auseinandersetzungen hatte.

Waren im Werk Mannheim Anfang 1966 noch 9674 Mitarbeiter beschäftigt gewesen, so ging diese Zahl durch Kündigungen und Nichtbesetzung vakanter Stellen im Jahresverlauf bereits um mehr als tausend zurück. Am 17. November 1966 verlangte der Vorstand von uns, Betriebsferien – wir sprachen von »Zwangsurlaub« – zwischen Weihnachten und Neujahr zuzustimmen. Andernfalls müßten wir kurzfristig mit 1200 bis 1500 Entlassungen rechnen. Was hätten wir anderes tun können, als auf diesem Weg zu versuchen, zumindest das Schlimmste abzuwenden? Doch weder die Betriebsruhe zwischen den Feiertagen noch anschließende Kurzarbeit konnten die angekündigten Massenentlassungen verhindern. Nachdem schon im ersten Quartal 1966 Hunderte von Leuten ihren Arbeitsplatz verloren hatten, teilte uns die Werksleitung am 14. April die Kündigung weiterer 800 Mitarbeiter bis Ende Mai mit.

Unter Hinweis auf die Mitbestimmungsrechte des Betriebsrates bei personellen Einzelentscheidungen erhielten wir lange Listen mit den Namen zur Entlassung vorgesehener Kollegen. Vermerkt waren jeweils Eintrittsdatum und Familienstand. Ich weiß nicht, ob sich im Management jemand ernsthaft vorstellen konnte, welcher Druck damit auf uns lastete. Zwar konnten wir, wenn uns eine Kündigung als sozial nicht gerechtfertigt erschien, den Betreffenden von der Liste streichen, mußten dafür jedoch einen anderen bestimmen. Die es letztlich traf, standen am anderen Tag bei uns auf der Matte, nicht vor den Chefbüros des Vorstandes. Es hat unter denjenigen Kollegen, die dieses menschen-

unwürdige Spiel mitspielen mußten, wohl niemanden gegeben, der deswegen nicht schlaflose Nächte hatte. Auch
wenn wir für die Gekündigten eine Wiederbeschäftigungs-
garantie im Falle von Neueinstellungen durchsetzen konnten und manche über Änderungskündigungen an anderer
Stelle des Unternehmens einen Ersatzarbeitsplatz erhielten,
bedeuteten diese Massenentlassungen für mich eine deprimierende Erfahrung. So kaltherzig durfte man mit Menschen einfach nicht umgehen, die das Werk nach dem
Kriege aufgebaut hatten. Bei allem, was ich später zur
Sicherung der Existenz des Werkes unternahm, standen mir
stets die Ereignisse der Jahre 1966/67 vor Augen.

Aber auch an den Verantwortlichen in der Werksleitung
gingen die von Stuttgart verlangten Massenentlassungen
nicht spurlos vorüber. Das tragischste Beispiel ist das des
technischen Werksleiters Robert Holzner. Am Morgen des
9. November 1966 rief mich Günther Barié, der an der Seite
Holzners für die kaufmännische Führung verantwortlich
war, an, um mir mitzuteilen, daß sein Kollege plötzlich ver-
storben sei. Die Nachricht verbreitete sich im Werk wie ein
Lauffeuer. Über die Todesursache gab es nur Mutmaßun-
gen. Die Rede war von einem Herzinfarkt. Schon vor Bariés
Anruf hatte ich jedoch die Wahrheit erfahren: Holzner hatte
sich in seinem Haus erhängt. Bei unserem letzten Zusam-
mentreffen auf dem Werksgelände – er verließ gerade den
Bau 1, als ich ihn traf – wirkte er sehr niedergeschlagen und
beklagte sich bitter, was man ihm und der Belegschaft alles
zumute.

Schon 1968 begann der ersehnte konjunkturelle Aufschwung. Wir begannen schnell damit, unseren Personalbe-
stand wieder aufzustocken, Mitarbeiter, die gerade erst ihre
Entlassung erhalten hatten, fanden in ihrem Briefkasten

das Angebot vor, wieder »beim Benz« zu schaffen. Zusätzlich wurde das Arbeitsamt um Vermittlung ausländischer Arbeitskräfte gebeten. Schließlich reisten Anfang April die ersten Anwerber nach Jugoslawien, um direkt vor Ort Gastarbeiter zu verpflichten. So schnell hatte sich der Wind gedreht. Der Belegschaft und ihren Betriebsräten wäre viel erspart geblieben, hätte man auf unsere Ratschläge gehört und die drakonischen Personalmaßnahmen zumindest gestreckt. Aber für diese bittere Einsicht konnte sich jetzt niemand mehr etwas kaufen.

Unser permanent gefährdetes Sorgenkind war viele Jahre lang der Omnibusbau. 1949 war die Bus-Montage von Sindelfingen nach Mannheim verlegt worden, am 24. Dezember desselben Jahres bei uns der erste »O 311« vom Band gerollt. Der mit steigendem Wohlstand boomende Pauschaltourismus und die hohen Investitionen der Kommunen in ihr öffentliches Nahverkehrsnetz bescherten dem Bereich in den folgenden Jahren kräftige Zuwächse. Unsere Bussparte wurde geradezu zu einem Motor für die stürmische Entwicklung des Werkes Mannheim. Allerdings entwickelte sich der Ertrag bei weitem nicht so erfreulich wie der Umsatz. Nach den zugegebenermaßen besonders strengen Maßstäben, nach denen Daimler-Benz seit jeher seinen Gewinn ermittelt, rechnete uns der Vorstand vielmehr schon in den sechziger Jahren in nahezu jeder Aufsichtsratssitzung vor, daß sich das Omnibusgeschäft in den roten Zahlen befinde. Die Situation in diesem Bereich unterscheidet sich bis heute von der Pkw- und Lkw-Produktion durch vergleichsweise niedrige Stückzahlen bei großer Typenvielfalt und einer stärker handwerklich geprägten Fertigung.

An Plänen, die Omnibus-Montage aus eigener Kraft oder

zusammen mit einem Partner umzustrukturieren, fehlte es nicht. Nahezu jede theoretisch in Frage kommende Lösung wurde diskutiert, jedoch schon bald wieder verworfen. So wurde überlegt, nur noch Busse für den öffentlichen Nahverkehr selber zu bauen, das Reisebus-Programm hingegen abzugeben. Erwogen wurde daneben eine enge Partnerschaft mit der MAN, wobei wohl in erster Linie die Möglichkeit ins Auge gefaßt wurde, Teile der Produktion ins billigere Zonenrandgebiet zu verlagern, wo MAN am Büssing-Standort Braunschweig produzierte. Intensiv wurde schließlich das Projekt verfolgt, den Omnibusbau in einer eigenen Gesellschaft zu verselbständigen. Dies hätte eine Spaltung der Belegschaft zur Folge gehabt und uns der Möglichkeit beraubt, wie bisher einen Beschäftigungsausgleich zwischen besser und schlechter ausgelasteten Betriebsteilen des Werkes vorzunehmen. Zudem war zu befürchten, daß man versuchen würde, bei den »verstoßenen« über 6000 Beschäftigten Abstriche vom hohen finanziellen Standard der Daimler-Benz AG vorzunehmen.

Ich wandte mich deshalb von Anfang an strikt gegen derartige Gedankenspiele. Gott sei Dank verschwand auch dieser Plan schnell wieder in der Versenkung.

Wirklich kritisch wurde die Situation für uns 1988, als die Entscheidung eines Nachfolgemodells für unseren Reisebus »O 303« anstand. Der 1974 erstmalig vom Band gerollte »O 303« war unser Paradepferd gewesen. 1986 überschritt seine Produktion die Traumgrenze von 25 000 Einheiten. Innerhalb des Vorstandes wurden Planspiele entwickelt, den Nachfolger »O 404« unter Umständen in unserem Omnibuswerk in der Türkei zu bauen. Niemand, auch ich nicht, konnte bestreiten, daß es zu den türkischen Löhnen möglich sein werde, das neue Modell billiger herzustellen. Doch wäre es nicht derselbe Bus gewesen. Wir haben Qualität anzubieten, die jedoch ihren Preis hat. Davon abgesehen, war ich mir nicht einen Augenblick darüber im unklaren, was es für uns bedeuten würde, den Reisebus zu verlieren. Dies hätte den Tod unseres Omnibusbaus auf Raten eingeleitet. Denn allein vom Stadtbus hätten wir nicht leben können. Die hohen Fixkosten hätten die verbleibende Produktion in Mannheim so stark belastet, daß ein Vorstoß in schwarze Zahlen in unerreichbare Ferne gerückt wäre. Der Abzug der Busfertigung und damit die Halbierung des Werkes hätte langfristig den gesamten Standort gefährdet, denn auch die Gießerei stand immer wieder einmal zur Disposition. Im schlimmsten aller Fälle wäre Mannheim nur noch ein Motorenwerk geblieben. Was wir brauchten, als die Planung des neuen Reisebusses anstand, war also eine eindeutige Perspektive für den Fortbestand des Mannheimer Werkes.

Der Preis, den der Vorstand unmißverständlich forderte, war unsere Mitwirkung an einem Kostensenkungsprogramm, das der Belegschaft spürbare Opfer abverlangte. Kernpunkt dieses Programms war der Übergang vom Zwei- zum Einschicht-Betrieb. Damit sparte das Unternehmen pro Arbeiter jährlich 5000 bis 6000 Mark Schichtprämie. Jedem Mitarbeiter fehlten so pro Jahr netto etwa 4000 Mark, was vielfach den Ausgaben für die Miete entsprach. Für den Betriebsrat ergab sich aus dieser Forderung keine ganz einfache Lage. Denn auch die IG Metall verlangte seit vielen Jahren grundsätzlich die Abschaffung der Schichtarbeit. Trotzdem entschlossen wir uns, die der Belegschaft zugemutete Einkommensverschlechterung nicht ohne weiteres zu akzeptieren. In internen Beratungen des Betriebsrates verständigten wir uns darauf, in den Verhandlungen mit der Werkleitung für jeden Betroffenen eine einmalige Abfindung von 3000 Mark zu fordern. Dies war einigermaßen kühn, denn es gab für eine solche Regelung bis dahin in der Bundesrepublik keinen einzigen Präzedenzfall.

Wir gingen denn auch nicht gerade mit einem übersteigerten Optimismus in die Verhandlungen mit der Werksleitung. Allerdings hatte ich das sichere Gefühl, daß den Herren sehr viel daran lag, mit dem kostspieligen Zweischicht-Betrieb mit unserem Segen Schluß zu machen. Und so sagte mir meine Intuition, daß für uns noch etwas mehr drin sein könnte. Ich weiß nicht, ob unsere Gesprächspartner die Überraschung meiner Kollegen bemerkten, als ich ohne vorherige Absprache plötzlich 5000 Mark Abfindung verlangte. Anderenfalls, so fügte ich hinzu, laufe nichts. Die Werksleitung wandte dagegen ein, dies erst nach vorheriger Konsultation mit dem Vorstand entscheiden zu können, worauf ich nur sagte: Da steht das Telefon. – Bevor sie anriefen, stellte ich aber noch einmal klar, daß sie ohne das verlangte Entgegenkommen mit unserer Zustimmung zum Sparkonzept nicht zu rechnen brauchten. Am Ende haben sie die Kröte geschluckt, sehr zur Freude der Belegschaft. Zwar blieb der Omnibusbau in Mannheim und erlebte durch die Wiedervereinigung vor allem bei Stadtbussen eine Sonderkonjunktur. Doch nach allem, was wir erlebt haben, bin ich skeptisch, ob das Thema ein für allemal vom Tisch ist.

Anlaß zur Sorge hatten wir auch immer wieder um unsere Gießerei. Sie liefert Zylinderköpfe, Kurbelgehäuse und andere Gußteile für alle inländischen Nutzfahrzeugmotoren sowie Kurbelgehäuse für alle Pkw-Dieselmotoren. Mit den vier Betriebsbereichen Kernmacherei, Formerei, Schmelzbetrieb und Gußverarbeitung ist sie mit rund 1300 Beschäftigten praktisch ein Werk für sich. Auch das Gießen hat in

Mannheim eine lange Tradition. Bereits Karl Benz errichtete 1909 auf dem heutigen Werksgelände einen Gießbetrieb, der 1965 abgerissen und durch eine neue Anlage, die modernste ihrer Art in Europa, ersetzt wurde. Parallel dazu stellt die zum Werk Untertürkheim gehörende zweite Gießerei in Mettingen vor allem Motorblöcke für Personenwagen her.

Gegen Mitte der achtziger Jahre stellten wir im Vorstand eine zunehmende Tendenz fest, Gußteile aus Kostengründen nicht mehr im bisherigen Umfang selber zu produzieren, sondern von Fremdlieferanten, vor allem aus subventionierten Zonenrandbetrieben, zuzukaufen. Namentlich der im damaligen Vorstand der Daimler-Benz AG für das Nutzfahrzeuggeschäft verantwortliche Helmut Werner verfolgte offen die Politik, die Jahresproduktion in Mannheim von seinerzeit 50 000 bis 60 000 Tonnen pro Jahr auf nur noch 30 000 Tonnen herunterzufahren. Wäre dieser Plan realisiert worden, hätte dies einen massiven Abbau der Belegschaft zur Folge gehabt. Die von einem halbierten Produktionsvolumen zu tragenden fixen Kosten, vor allem für Forschung und Labor, hätten die Gießerei tief in die roten Zahlen abdriften lassen. Früher oder später hätte man uns dann womöglich gesagt: Ihr seid zu teuer, wir müssen eine der beiden Gießereien schließen!

Für uns stand fest, daß wir so etwas niemals zulassen konnten. Nur: Welche Möglichkeiten hatten wir, den langsamen Tod der Gießerei zu verhindern? Zum Glück standen wir in dieser Sache nicht allein. Auch die Werksleitung wehrte sich entschieden gegen alle Versuche, diesen wichtigen Bereich auszulagern. Denn immerhin handelte es sich um Schlüsselteile des Motors, und der Motor ist nun einmal das Herzstück eines jeden Autos. Daß unsere Gießerei Mo-

torenteile von höchster Perfektion lieferte, stand bei allen
außer Frage. Diese Fertigung auf Fremdbezug umzustellen
erschien uns mit dem Mercedes-Qualitätsimage nicht ver-
einbar. Was blieb uns anderes übrig, als ständig darauf zu
pochen, daß wir die Besten sind? Ohne den Zwang zur
Selbsterhaltung hätten wir uns vielleicht nicht so weit nach
vorn gewagt.

Um die Existenz der Gießerei zu sichern, erklärten wir
uns aber gleichzeitig bereit, an einem kostensenkenden Ra-
tionalisierungsprogramm mitzuwirken. Durch Modernisie-
rungs-Investitionen und eine Vereinfachung bestimmter
Arbeitsabläufe war es möglich, die Zahl der Beschäftigten in
diesem Bereich zwischen 1989 und 1992 um mehr als 300 auf
nur noch etwa 1300 zu senken. Dabei mußte niemand entlassen werden. Der entscheidende Durchbruch war jedoch erst
geschafft, nachdem es uns gelungen war, zusätzliche Beschäftigung nach Mannheim zu holen. So wurden Nutzfahr-
zeugachsen, die bis dahin außerhalb des Unternehmens
geschmiedet worden waren, jetzt bei uns gegossen. Dies bedeutete eine große technische Leistung. Die Gußachsen werden im Werk Kassel bearbeitet und anschließend einbaufer-
tig in die Lkw-Montage nach Wörth transportiert. Daneben
konnten wir durchsetzen, daß auch die Herstellung von
Gußteilen für Pkw-Motoren von Mettingen nach Mannheim verlagert wurde. Die Gießerei ist inzwischen mit jährlich 60000 bis 70000 Tonnen voll ausgelastet und arbeitet
absolut wirtschaftlich. Über ihre Existenz redet niemand
mehr.

Das Tauziehen um die Gießerei hatte 1986/87 zu starken
Spannungen zwischen den Betriebsräten und Werner geführt. Nicht daß mir das Verständnis für seine Situation ge-
fehlt hätte. Seine Bewährungsprobe, das wußte jeder im

Hause, war die Sanierung des defizitären Nutzfahrzeugge-schäfts. Dazu waren sicherlich auch unpopuläre Maßnah-men notwendig. Doch von einem Vorstandsmitglied bei Daimler-Benz muß ich erwarten, daß er ganzheitlich denkt und entscheidet. Die Frage nach der Zukunft unserer Gie-ßerei war eben keine Frage, die sich nur in irgendeinem Vor-standsbüro mit dem spitzen Bleistift lösen ließ. Hier war eine Belegschaft betroffen, die ihre Arbeit unter schwersten kör-perlichen Bedingungen verrichtet. Wer vor dem Gießerei-ofen steht, hat es mit Temperaturen von 80 Grad und mehr zu tun. Die gesundheitlichen Belastungen durch Lärm und Gase sind enorm. Um die Schwankungen der Nutzfahr-zeug-Montage in Wörth auszugleichen, mußten wir den Mitarbeitern zumuten, die Produktion im Extremfall im Dreischicht-Betrieb zu fahren, um bei schlechter Absatz-lage anschließend wieder auf eine Schicht zurückzugehen. Wer als Verantwortlicher in einem Großunternehmen er-wägt, die hier geleistete Arbeit an externe Zulieferer zu ver-geben, ohne gleichzeitig die sozialen Konsequenzen ins Kalkül zu ziehen, läßt die nötige Sensibilität vermissen und verrät in seinem Führungsverhalten eine gefährliche Schlagseite. Als Helmut Werner 1992 als Nachfolger Wer-ner Niefers zum Vorstandsvorsitzenden der Mercedes-Benz AG gewählt wurde, war ich nicht mehr im Amt. Wäre ich noch Mitglied des Aufsichtsrates gewesen, hätte ich ihm meine Stimme sicherlich nicht gegeben.

Ich habe mich immer gegen eine glasklare Trennung von Personenwagen- und Nutzfahrzeuggeschäft ausgesprochen. Dabei ging es mir vor allen Dingen darum, die Möglichkei-ten eines Beschäftigungsausgleichs zwischen unseren Wer-ken zu nutzen. Ich empfand es als grotesk, daß wir in Mannheim 1967 Leute entlassen mußten, während Sindelfingen aus allen Nähten platzte. Um Bewegung in die Sache zu bringen, ging ich das Problem von der praktischen Seite an. Auf meine Initiative handelte der Gesamtbetriebsrat mit der Unternehmungsführung 1978 die sogenannte »Abordnungsrichtlinie« aus. Der Gedanke war, vor allem jüngere, ledige Mitarbeiter zu animieren, für ein paar Monate in ein anderes Werk mit höherem Personalbedarf zu gehen. Die Anreize, die wir dafür aushandelten, konnten sich sehen lassen: Außer freier Unterkunft und zwei monatlichen Heimfahrten auf Kosten der Firma winkte eine steuerfreie Trennungsentschädigung von 750 Mark im Monat. Diese Regelung war nicht unumstritten. In Betriebsversammlungen wurde ich von Vertretern linker Gruppierungen mörderisch beschimpft. Mir wurde vorgeworfen, »Menschenhandel« zu betreiben. Auch meine Gewerkschaft fragte anfänglich etwas skeptisch: Was bringst du uns denn da wieder an? – Ich konnte jedoch nachweisen, daß jeder, der von diesem Angebot Gebrauch machte, nur Vorteile hatte. Er verdiente in jedem Fall dasselbe wie bisher – wenn er eine anspruchsvollere Arbeit übernahm, sogar mehr. Nach der Rückkehr hatte er selbstverständlich Anspruch auf seinen alten Arbeitsplatz. Für jemanden, der für eine größere Anschaffung sparen wollte und mobil war, bedeutete dies eine willkommene Chance. Die Resonanz in der Belegschaft war dafür der schlagende Beweis: Die Zahl der Interessenten war meist größer als die der angebotenen Stellen. Da unser Nutzfahrzeuggeschäft zeitweise schwere Turbulenzen zu überstehen hatte, waren es besonders Mitarbeiter aus den betroffenen Werken, die durch einen vorübergehenden Einsatz in der Pkw-Fertigung von der »Abordnungsrichtlinie« profitierten. Die in der Bundesrepublik wohl einmalige Rege-

lung, von der im Laufe der Jahre Tausende von Beschäftigten Gebrauch gemacht haben, war auch aus der Sicht des
Unternehmens vorteilhaft. Denn sie trug dazu bei, Ruhe
und Stabilität in der Belegschaft zu bewahren, statt Beschäf-
tigungsschwankungen durch Entlassungen und Wiederein-
stellungen auszugleichen.

Strukturelle Unterschiede in der Beschäftigung einzelner
Werke konnten so natürlich nicht ausgeglichen werden. Die
Arbeit muß in diesem Fall zu den Menschen kommen, statt
umgekehrt. 1972 gelang es uns, die Kabelsatzfertigung nach
Mannheim zu holen. Kabelsätze für die Elektrik von Nutz-
fahrzeugen waren bis dahin außerhalb des Unternehmens
von Spezialfirmen hergestellt worden. Für diese körperlich
leichtere, aber viel Geschick und Zuverlässigkeit erfor-
dernde Arbeit konnten wir auch Frauen und ältere Kollegen
einsetzen, die in den »schweren« Abteilungen des Werkes, in
der Gießerei etwa, aber auch im Motoren- und Omnibusbau, kaum Chancen hatten. Ich habe mit unseren Verhältnissen nicht so vertraute Gesprächspartner immer wieder
raten lassen, wieviel Meter Kabel in einem Brummi wohl
versteckt sind. Sie waren sehr überrascht zu hören, daß es
1,5 Kilometer sein können. In der Kabelsatzproduktion sind
heute fast 800 Mitarbeiter beschäftigt, die meisten von ihnen
im Akkordlohn.

Vehement habe ich darum gekämpft, auch die Fertigung
von Pkw-Teilen ins Nutzfahrzeugwerk Mannheim zu holen.
Die Ergänzung unseres Gießereiprogramms durch Kur-
belgehäuse für Pkw-Dieselmotoren war nicht der einzige
Erfolg. 1977 erhielten wir einen Teil der Textilfertigung.
Bodenmatten, Nackenstützenbezüge und Beläge für die
Hutablage waren bis dahin ausschließlich in Sindelfingen
genäht worden. Doch das Werk, das mit 45 000 Beschäftigten

ohnehin schon riesige Dimensionen angenommen hatte, konnte kaum weiter wachsen. Immer heftiger beklagte sich der Mittelstand der Region Sindelfingen-Böblingen, daß Daimler-Benz dank seiner attraktiven Löhne alle verfügbaren Arbeitskräfte aufsauge. Dies war mit ein Grund dafür, daß der Vorstand die Sindelfinger Textilfertigung teilweise nach Mannheim auslagerte.

Ein letzter Durchbruch in meiner Amtszeit gelang mir im Motorenbau. Auch dieser Bereich hat in Mannheim eine über hundertjährige Tradition. 1992 wurden hier 225000 Motoren gefertigt, außer für den eigenen Omnibusbau vor allem für die Nutzfahrzeug-Produktion in Wörth, Gaggenau, Düsseldorf und Ludwigsfelde. Paradestück ist die Baureihe 400 schwerer Diesel mit einer Leistung zwischen 120 und 1000 PS. 1988 stand die Frage zur Entscheidung, wo die neue Motorenbaureihe 600 gebaut werden sollte. Dieser Motor war eigentlich ein Pkw-Motor, jedoch für den in Düsseldorf gebauten Leichttransporter modifiziert worden. Im Vorstand gab es starke Neigungen, das Anlaufmodell 600 im spanischen Werk Barcelona produzieren zu lassen. Wiederum war es Werner, der unter Hinweis auf die niedrigeren Löhne die Verlagerung der Motorenfertigung ins Ausland favorisierte. Ich habe wochenlang darum gekämpft, daß der 600er in Mannheim gebaut wird. Auch hierbei zog die Werksleitung am selben Strick. Wie wir, so wies auch sie auf die unleugbaren Vorteile des inländischen Werksverbundes hin: Qualität, Versorgungssicherheit, enge Beziehung zu Forschung und Entwicklung und Stärkung des Standortes Mannheim. Es ist uns dann tatsächlich gelungen, die Spanien-Pläne zu kippen. Maßgeblichen Anteil daran, daß die Dinge für uns gut ausgingen und bei uns in den Ausbau der Motorenfertigung 35 Millionen Mark investiert wurden, hatte Werner Niefer, der zusammen mit Edzard Reuter als dessen Stellvertreter im Vorstand die entscheidenden Akzente setzte.

Als ich im Juni 1964 zum Vorsitzenden des Betriebsrates in Mannheim gewählt wurde, zählte das Werk 10042 Mitarbeiter. Als ich am 20. November 1989 in Anwesenheit von Ministerpräsident Lothar Späth, Freunden und Kontrahenten wie Franz Steinkühler und Hans-Peter Stihl sowie dem Vorstand von Daimler-Benz in den Ruhestand verabschiedet wurde, waren es 14314. Dazwischen lagen mehr als 25 Jahre, in denen uns die Existenz des Werkes in einer Stadt mit überdurchschnittlich hoher Arbeitslosigkeit große Sorgen bereitet hat. Ich bin stolz darauf, daß es mir zusammen mit meinen Arbeitnehmer-Kollegen gelungen ist, gemeinsam mit den technischen und kaufmännischen Leitern des Werkes die drei Säulen Gießerei, Omnibusbau und Motorenfertigung zu stabilisieren und auszubauen. Daß uns zusätzlich der Einstieg in die Produktion von Pkw-Teilen gelungen ist, läßt für den Standort hoffnungsvoll in die Zukunft blicken.

10. Nicht vom Lohn allein

Sozialpolitik bei Daimler-Benz

*D*aimler-Benz hat in den Tarifbewegungen der metallverarbeitenden Industrie der Nachkriegszeit eine Sonderrolle gespielt. Als Speerspitze in der Arbeitskampfstrategie der IG Metall hatte der Konzern seinen entscheidenden Anteil daran, daß in Nordwürttemberg-Nordbaden bahnbrechende tarifpolitische Durchbrüche gelangen und dieser Tarifbezirk eine Art Vorreiterrolle übernahm. So wichtig die jährlichen Lohnverhandlungen auch waren, so stellten die dabei erzielten Ergebnisse nicht mehr als das für alle Betriebe geltende Minimum dar. Für ein Unternehmen von der finanziellen Kraft der Daimler-Benz AG mußten strengere Maßstäbe gelten. Ich habe es daher gleich nach der Übernahme des Gesamtbetriebsrats-Vorsitzes darauf angelegt, das tarifpolitisch Erreichte durch Betriebsvereinbarungen zu ergänzen und auszubauen. Seit 1972 habe ich nicht weniger als rund 80 solcher Abmachungen unterschrieben. Auf diese Weise setzten wir eine Reihe von Reformen durch, die in der betrieblichen Sozialpolitik der Bundesrepublik sicherlich Maßstäbe gesetzt haben. Vor allem ging es mir darum, für diejenigen etwas herauszuholen, die eine körperlich besonders schwere Arbeit zu verrichten hatten. Daneben dachte ich auch an die meist schon älteren Kollegen, die während der Kriegs- und ersten Nachkriegsjahre harte Entbehrungen erlitten sowie den Wiederaufbau getragen hatten. Diese Mitarbeiter standen jetzt an der Schwelle zum Ruhestand – und dies oft mit einer eher bescheidenen finanziellen Versorgung. Ihnen gegenüber hatte Daimler-Benz nach meiner Überzeugung eine ganz besondere Verantwortung. Dies um so mehr, als der Konzern glänzend wie kaum ein anderes deutsches Großunternehmen verdiente. Wie auf anderen Gebieten, so hat uns auch in der innerbetrieblichen Sozialpolitik der Vorstand nichts geschenkt. Teilweise gingen ein bis zwei Jahre ins Land, bevor eine Betriebsvereinbarung unterschriftsreif auf dem Tisch lag.

Einer besonders starken Beanspruchung sind die im Dreischicht-Betrieb arbeitenden Kollegen ausgesetzt. Der Wechsel von Morgen-, Nachmittags- und Nachtschicht geht auch bei gesunden Mitarbeitern an die Substanz. Wurde in einigen Bereichen des Unternehmens vorübergehend eine dritte Schicht eingeführt, um Engpaßsituationen zu überbrücken, so ist sie an anderen Stellen aus dem Zwang zu kontinuierlicher Produktionsweise die Norm. In Mannheim ist der Anteil von Dreischicht-Arbeitern seit jeher besonders hoch. Ins Gewicht fällt hier vor allem die Gießerei, in der rund um die Uhr gearbeitet wird. Dasselbe gilt für den Automatensaal, in dem hochqualifizierte Fachkräfte Vier- und Sechsspindel-Maschinen zur Herstellung von Motoren-Kleinteilen bedienen. Fast 600 Kollegen arbeiten bei uns im Dreischicht-Betrieb, mehr als in den übrigen Inlandswerken der Mercedes-Benz AG zusammengenommen. Alle Versuche, das Problem dadurch zu lösen, daß man eine permanente Nachtschicht einrichtet, scheiterten daran, daß sich nicht genügend Freiwillige meldeten, obwohl das Unternehmen durch das Angebot von Lohnzuschlägen finanzielle Anreize geschaffen hatte. Kaum jemand wollte dauerhaft auf ein normales Familienleben, auf Freizeitaktivitäten in seinem Freundeskreis und die Teilnahme an kulturellen Veranstaltungen verzichten.

Materiell war den erschwerten Arbeitsbedingungen im Zwei- und Dreischicht-Betrieb durch Zahlung einer tarifvertraglich garantierten Schichtzulage Rechnung getragen worden. Mir ging es daher jetzt in erster Linie darum, zusätzlich etwas für die Aufrechterhaltung der Gesundheit dieser Mitarbeiter zu tun. Die »Betriebsvereinbarung über Maßnahmen für Mitarbeiter im Schichtbetrieb« vom 12. Juni 1981 sah dann auch regelmäßige werksärztliche Vorsorgeuntersuchungen vor. Weiterhin gewährte das Unternehmen Werksangehörigen ab dem 35. Lebensjahr nach mindestens zehnjähriger ununterbrochener Schichtarbeit dreiwöchige Vorsorgekuren mit Heilgymnastik, Massagen und Bewegungsbädern. Von den 15 Arbeitstagen müssen sich die Betreffenden nur fünf auf ihren Tarifurlaub anrechnen lassen. Kuren können Dreischichtler von ihrem 45. Lebensjahr ab alle fünf Jahre, Beschäftigte im Zweischicht-Betrieb allerdings nur einmal, und zwar nach 20jähriger Arbeit und frühestens mit 50.

Gleichzeitig handelten wir für diese Gruppe interessante Möglichkeiten eines vorzeitigen Ausstiegs aus der Schichtarbeit aus. Ab dem 60. Lebensjahr konnten Mitarbeiter nach mindestens zehnjähriger Beschäftigung im Dreischicht-Betrieb jetzt erstmalig auf halbierte Arbeitszeit (Teilzeit) übergehen. Nach einer sechsmonatigen Fortzahlung ihrer vollen Bezüge verringert sich ihr Einkommen schrittweise bis auf 80 Prozent des Bruttolohns in dem Augenblick, in dem sie in Rente gehen. Daneben haben sie die Möglichkeit, sich unter bestimmten Bedingungen ab dem

61. Lebensjahr bei reduzierten Bezügen für maximal zwei Jahre von der Arbeit freistellen zu lassen. Drei Jahre, bevor Bonn im Kampf gegen die steigende Arbeitslosigkeit für 58jährige die gesetzlichen Voraussetzungen schuf, vorzeitig aus dem Erwerbsleben auszuscheiden, hatten wir damit bei Daimler-Benz bereits eine Vorruhestandsregelung geschaffen.

Die von Bundesarbeitsminister Norbert Blüm durchgesetzte Vorruhestandsregelung hatte einen entscheidenden Pferdefuß: Mit der Weiterzahlung von nur noch 65 Prozent der letzten Bruttobezüge schaffte dieses Ausstiegsmodell nur wenig Anreiz zum vorzeitigen Wechsel ins Privatleben. Zwar lag es durchaus im Interesse der Betriebe, mit Hilfe der Vorruhestandsregelung ihre Belegschaften zu verjüngen. Auf der anderen Seite zeigten sie aber nur geringe Bereitschaft, auf die 65 Prozent noch etwas draufzulegen und auf diese Weise das Gesetz mit Leben zu erfüllen. Aus diesem Grunde konnte auch die IG Metall dem Blüm-Modell nur wenig Sympathie abgewinnen. Ich habe dann in den Tarifverhandlungen für Nordwürttemberg-Nordbaden erfolgreich darauf gedrängt, den Vorruhestand in die Vereinbarung mit den Arbeitgebern aufzunehmen. Damit war die Möglichkeit geschaffen, die finanziellen Voraussetzungen für ein vorzeitiges Ende des Arbeitsverhältnisses zu verbessern.

Die zwischen dem Gesamtbetriebsrat und dem Vorstand der Daimler-Benz AG am 5. November 1984 abgeschlossene »Betriebsvereinbarung zum Vorruhestand« hat zu Recht Furore gemacht. Die Vereinbarung gab Mitarbeitern die Möglichkeit, ab dem 58. Lebensjahr mit fast 95 Prozent ihres bisherigen Bruttoeinkommens in den vorgezogenen Altersruhestand zu gehen. Da für diese Beschäftigten nach ihrem Ausscheiden Fahrtkosten, Ausgaben für Berufskleidung und andere finanzielle Belastungen fortfielen, hatten die meisten kaum weniger Geld zu ihrer Verfügung als zuvor. Der Andrang war denn auch entsprechend groß. Der Vorstand hatte jedoch darauf bestanden, in der Betriebsvereinbarung eine Begrenzung auf maximal zwei Prozent der Beschäftigten – bezogen auf das jeweilige Werk und die jeweilige Niederlassung – festzuschreiben. Dafür waren nicht allein finanzielle Gründe maßgebend. Mit einer so großen Anzahl von 58jährigen, die vorzeitig das Unternehmen verließen, ging viel Wissen und Erfahrung verloren. Auch wir sahen ein, daß dies einen Verlust bedeutete, der so schnell nicht auszugleichen war.

Auf der anderen Seite hatte auch Daimler-Benz seinen Vorteil. Mit der Möglichkeit, ältere Mitarbeiter fünf Jahre früher gehen zu lassen, konnte das Unternehmen nicht nur seine Belegschaft verjüngen, sondern auch für anspruchsvolle Arbeitsplätze dringend benötigte qualifizierte Bewerber einstellen. Immerhin wurden 60 Prozent aller durch die Vorruhestandsregelung freigewordenen Stellen durch Leute von draußen neu besetzt. Wir haben damit im Rahmen unserer Möglichkeiten zu einer Entlastung des Arbeitsmarktes beigetragen. Darüber hinaus waren wir in der Lage, allen unseren Auszubildenden ein unbefristetes Arbeitsverhältnis anzubieten, was uns sonst nicht ohne weiteres möglich gewesen wäre.

Die in ihrer finanziellen Ausstattung in der Bundesrepublik wohl einmalige Vorruhestandsregelung war von vornherein zeitlich begrenzt. 1987 schieden die letzten aus. Insgesamt kamen 7745 Mitarbeiter in den Genuß der Regelung. Ich hätte gerne eine Verlängerung erreicht, aber diese Forderung war nicht durchsetzbar. Das Unternehmen kostete die Aktion Vorruhestand immerhin über eine Milliarde Mark. Das ist viel Geld. Irgend jemand sagte mir einmal scherzhaft: Sie sind der teuerste Mann, der bei Daimler-Benz herumläuft. – Vielleicht hatte der Mann recht. Jedenfalls habe ich seine Worte als Kompliment aufgefaßt. Als wir mit dem Vorstand die Vorruhestandsregelung vereinbarten, befand sich Daimler-Benz in einer ausgezeichneten Lage. Der Konzern verdiente glänzend, man konnte sich eine Menge leisten. Inzwischen hat sich die Situation grundlegend verändert. Die Automobilindustrie steht unter hartem Anpassungsdruck. Die Chance, Tausenden von Mitarbeitern das vorzeitige Ausscheiden bei nahezu gleichbleibenden Nettoeinkommen zu ermöglichen, hätten wir heute sicherlich nicht noch einmal.

Wie beim Vorruhestand, so war auch ein anderes Kapitel betrieblicher Sozialpolitik bei Daimler-Benz durch die allgemeine politische Diskussion beeinflußt. Die in der Politik, innerhalb der Gewerkschaft und in den Medien aufgeworfene Frage lautete, wie man Frauen helfen könne, Beruf und Familie besser miteinander in Einklang zu bringen. Das Dilemma war mir durch zahlreiche Fälle bestens vertraut: Die Mitarbeiterin, die nach der Geburt ihres ersten Kindes ausgeschieden ist und sich einige Jahre ihrer Familie gewidmet hat, will irgendwann wieder in den Beruf zurück. Doch ihr alter Arbeitsplatz ist besetzt, ein vergleichbarer neuer steht nicht zur Verfügung. Das Schlimmste jedoch: Die betreffende Frau hat den Anschluß an die schnelle technische Entwicklung in Verwaltung und Produktion verloren. Hier setzten unsere Überlegungen ein, als ich 1988 dem Vorstand der Daimler-Benz AG vorschlug, speziell für diesen Kreis von

Mitarbeiterinnen ein Programm konkreter Hilfen auf den
Weg zu bringen. Sowohl der damalige Arbeitsdirektor Manfred Gentz als auch Edzard Reuter selber zeigten sich unseren Vorstellungen gegenüber aufgeschlossen. Dennoch waren die Verhandlungen zäh und langwierig, bevor wir am
1. Juli 1989 die Betriebsvereinbarung »Familie und Beruf«
unterschreiben konnten. Die Vereinbarung garantiert ausgeschiedenen Müttern innerhalb von sieben Jahren nach der
Geburt ihres ersten Kindes eine Wiedereinstellung. Be-
kommt sie während dieser Zeit ein zweites Kind, verlängert
sich diese Frist auf zehn Jahre. Zwar hat sie keinen Anspruch auf ihren alten Arbeitsplatz, wenn dieser besetzt ist.
Auf alle Fälle muß ihr jedoch ein vergleichbares Beschäfti-
gungsverhältnis angeboten werden. Während sie sich ihrer
Familie widmet, kann die Mitarbeiterin vertretungsweise
für kürzere Zeit in ihren Beruf zurückkehren. Auf Wunsch
kann sie an betrieblichen Schulungen teilnehmen. Bietet
sich intern hierzu keine Gelegenheit, kann sie auf Kosten der
Firma an externen Lehrgängen teilnehmen und sich auf
diese Weise für einen Neuanfang qualifizieren. Mit der Betriebsvereinbarung »Familie und Beruf« gelang mir nur wenige Monate vor meinem Ausscheiden ein sozialpolitischer
Durchbruch, der über die Grenzen des Konzerns hinaus
Beachtung fand und auf den ich besonders stolz bin. Erstmals hatte sich das Unternehmen durch konkrete Hilfe zu
seiner Verantwortung gegenüber den durch familiäre Belastungen an ihrem beruflichen Fortkommen behinderten
Mitarbeiterinnen bekannt.

Eine der wichtigsten Reformen, vielleicht sogar die wichtigste Reform meiner Amtszeit, war die Neuordnung der Al-
tersversorgung unserer Mitarbeiter. Die Verhandlungen,

die der Gesamtbetriebsrat darüber mit dem Vorstand führte, dauerten eineinhalb Jahre. Dabei waren sich beide Seiten im Grundsatz einig, daß die noch auf die fünfziger Jahre zurückgehende Regelung reformbedürftig war. Nach ihr hatte ein Mitarbeiter, der das Rentenalter erreicht hatte und mindestens zehn Jahre im Unternehmen gewesen war, Anspruch auf eine Betriebsrente. Diese war an die Rente aus der gesetzlichen Sozialversicherung gekoppelt. Beide Versorgungsleistungen zusammengenommen sollten nicht mehr als 75 Prozent des letzten Bruttoeinkommens betragen. Die Betriebsrente lag damals bei maximal 600 Mark. Dies führte dazu, daß jemand, der beim Übergang in den Ruhestand beispielsweise erst elf Jahre im Unternehmen gewesen war und deshalb nur Anspruch auf eine relativ niedrige Sozialrente hatte (was insbesondere bei Gastarbeitern der Fall war), den Höchstsatz der Daimler-Benz-Rente erhielt. Sein Kollege, der dagegen auf eine vielleicht mehr als 40jährige Betriebszugehörigkeit zurückblicken konnte und staatlich vergleichsweise hoch abgesichert war, erhielt zur Schließung seiner Versorgungslücke nur eine Firmenrente von 175 Mark. Nicht nur ich empfand diese Regelung als ungerecht. Es widersprach jeder Logik, daß jemand, der seine Arbeitskraft dem Unternehmen 30 oder 40 Jahre zur Verfügung gestellt hatte, weniger Betriebsrente erhielt als ein Mitarbeiter, der womöglich nur ein Drittel dieser Zeit an der gemeinsamen Leistung beteiligt war.

Die alte Berechnungsart der Betriebsrente hatte noch zu einer anderen grotesken Verzerrung geführt. Leute mit eher geringerer beruflicher Qualifikation und entsprechend niedrigerem Einkommen erreichten durch das zusätzlich zur Sozialrente vom Unternehmen gezahlte Altersruhegeld teilweise eine Überversorgung von 102 bis 105 Prozent ihres letzten Arbeitseinkommens. Höher bezahlte Facharbeiter brachten es mit denselben maximal 600 Mark Betriebsrente dagegen oft nur auf 63 bis 65 Prozent. Dies paßte gerade bei einem Unternehmen wie Daimler-Benz nicht mehr in die Landschaft. Das Rückgrat dieses Unternehmens, das die besten Autos baut, war die betriebstreue Belegschaft hochqualifizierter und engagierter Mitarbeiter. Beides, Betriebszugehörigkeit und berufliche Qualifikation, mußte sich daher auch in der Höhe der Betriebsrente niederschlagen.

Der Vorstand war im Prinzip unserer Meinung, daß die gleichmacherische Regelung durch ein stärker an den individuellen Leistungen jedes Mitarbeiters orientiertes betriebliches Rentensystem ersetzt werden sollte. Die Unternehmensführung gab letztlich auch den Anstoß, daß wir uns 1985 an den Verhandlungstisch setzten. Daß unsere Positionen anfänglich meilenweit voneinander entfernt waren, hatte naheliegende Gründe. Ich wollte die Gelegenheit eines Systemwechsels dazu nutzen, das Niveau der betrieblichen Zusatzversorgung insgesamt anzuheben. Das hatte natürlich der Vorstand schnell spitz, und so dauerte es eineinhalb Jahre, bis wir uns zusammengerauft hatten. Die am 6. Februar 1987 unterzeichnete »Versorgungsordnung« ist denn auch ein sozialpolitisches Reformwerk geworden, das sich sehen lassen kann.

Der entscheidende Schritt war, daß wir die Betriebsrente von der Gesamtversorgung abkoppelten und sie statt dessen allein von der Betriebszugehörigkeit und beruflichen Qualifikationen abhängig machten. Letztere wird durch sogenannte »Arbeitswerte« (für gewerblich Beschäftigte) und bei Angestellten durch die jeweilige Rangstufe des Betreffenden ermittelt und beides »Versorgungsgruppen« von 1 bis 21 zugeordnet. Aus rentenfähigen Dienstjahren und seiner

Versorgungsgruppe kann jeder Mitarbeiter wie aus einer normalen Rententabelle sein betriebliches Altersruhegeld ablesen. Außer mehr Gerechtigkeit, vor allem gegenüber unseren Jubilaren, erreichten wir auch die von Anfang an angestrebte Steigerung der Betriebsrenten. Gegenüber dem alten starren System mit seiner Höchstgrenze von 600 Mark konnte ein Ruheständler nach der neuen Regelung auf eine monatliche Betriebsrente von 1685 Mark kommen. Um niemanden schlechterzustellen, handelten wir für eine Übergangszeit von zehn Jahren die Möglichkeit für jeden Mitarbeiter aus, die für ihn günstigste Rente zu wählen.

Um an einer bestimmten Stelle etwas zusätzlich für die Belegschaft herauszuholen, galt es, für unsere Forderungen an den Vorstand einen möglichst günstigen Augenblick zu wählen. Gute Voraussetzungen, etwas zu erreichen, ergaben sich vor allem immer dann, wenn die Herren ihrerseits etwas von uns wollten. Wünschten sie beispielsweise unsere Zustimmung, im Bereich der S-Klasse in Sindelfingen Überstunden und Sonderschichten zu fahren, mußten sie notgedrungen auf unsere Forderungen eingehen. Oder wenn sie nach Arbeitskämpfen von uns verlangten, die ausgefallene Produktion durch Mehrleistungen wieder aufzuholen. Das gelegentlich zu hörende Wort »Erpressung« hat mich dabei nicht weiter irritiert. Dies um so weniger, als der Vorstand auf unsere Forderung, an irgendeiner Ecke etwas nachzubessern oder eine neue Tür aufzustoßen, meist einging. So haben von den in solchen Fällen erzielten Kompromissen meist beide Seiten profitiert.

In vielen Fällen erfüllten Betriebsvereinbarungen den Zweck, Mitarbeiter vor den Folgen betrieblicher Veränderungen zu schützen. Mit der Verlagerung einzelner Ferti-

gungsbereiche an andere Standorte des Konzerns, in erster
Linie nach Wörth und Kassel, ergab sich in Mannheim die
Situation, daß für die betroffenen Kollegen bei uns Ersatzar-
beitsplätze gefunden werden mußten. Dies dauerte oft eine
gewisse Zeit, während der die Betreffenden an anderen
Stellen vorübergehend beschäftigt werden mußten. Dabei
handelte es sich vielfach um schlechter bezahlte Tätigkeiten.
Um diese Leute vor Einkommensverlusten zu bewahren,
schlossen wir 1975 mit dem Vorstand eine Betriebsvereinbarung ab, die solchen Mitarbeitern für eine Dauer von maximal 36 Monaten einen Lohnausgleich garantiert. Niemand
wird ernsthaft behaupten können, daß wir mit dieser Regelung eine unangemessene Forderung durchsetzten.

Nicht in allen Fällen mußten Betriebsvereinbarungen
dem Vorstand jedoch durch taktische Kabinettstückchen
und geduldiges Verhandeln abgetrotzt werden. So fand unser Vorschlag, mehr für die Qualifizierung unserer Arbeiter
zu tun, auf seiten der Unternehmensleitung von Anfang an
ein positives Echo. Niemand konnte die Augen davor verschließen, daß der rasante Fortschritt in der Fertigungstechnik viele Beschäftigte überforderte. Um ihnen dabei zu helfen, den Anschluß nicht zu verpassen, hatten wir schon 1986
damit begonnen, in den Werken Untertürkheim, Mannheim
und Wörth Pilotprogramme für eine verstärkte berufliche
Weiterbildung von Arbeitern im Betrieb aufzulegen. Die guten Erfahrungen, die wir damit machten, ermutigten uns,
die Ausdehnung dieser Aktivitäten auf alle Werke des Konzerns anzustreben.

In der zwischen dem Gesamtbetriebsrat und dem Vorstand abgeschlossenen Betriebsvereinbarung vom 28. Juni
1989 ist sichergestellt, daß nicht ins Blaue ausgebildet wird.
Für die während der Arbeitszeit anzusetzenden Qualifizie-

rungsmaßnahmen muß ein konkreter betrieblicher Bedarf vorhanden sein. Für jedes Projekt hat überdies der jeweilige Fachbereich die unmittelbare Verantwortung. Der Vorstand hat an der gezielten beruflichen Weiterbildung seiner Arbeiter aus naheliegenden Gründen ein großes Interesse. Besser qualifizierte Leute lassen sich sehr viel flexibler einsetzen als weniger qualifizierte. Für die Teilnehmer an den betrieblichen Weiterbildungs-Veranstaltungen springt als höchst willkommener Nebeneffekt gelegentlich sogar ein außerplanmäßiger Mehrverdienst heraus – Folge eines Aufstiegs in eine höhere Lohngruppe.

Von der betrieblichen Sozialpolitik bei Daimler-Benz haben während meiner Amtszeit jedoch nicht nur die Arbeiter etwas gehabt, sondern auch die Angestellten. Eine Gruppe von Mitarbeitern, der ich mich wegen ihrer großen gesundheitlichen Belastungen ganz besonders verbunden fühlte, waren die Meister und Gruppenmeister. Ohne sie liefe kaum etwas. In den Betrieben stellen sie die unterste Führungsebene dar und tragen für den Produktionsablauf und die ihrer Obhut jeweils anvertrauten 25 bis 30 Arbeiter die volle Verantwortung. Meist kommen sie aus der Gruppe der Facharbeiter und haben vor der Handwerkskammer den Meisterbrief erworben oder die Prüfung vor der Industrie- und Handelskammer als Industriemeister abgelegt. Ein schlechter Mann auf diesem Posten hat meist eine ebenso schlechte Gruppe unter sich. Als betriebliche Vorgesetzte waren die Meister für mich ständige Gesprächspartner.

Nachdem wir 1981 für Wechselschicht-Arbeiter eine intensive gesundheitliche Vorsorge durchgesetzt hatten, lag es nahe, auch für die in denselben Arbeitsrhythmus eingespannten Meister ähnliche Regelungen zu treffen. Mit dem

Vorstand wurden wir uns im Mai 1986 einig, daß Meister und Gruppenmeister alle fünf Jahre in den Genuß einer drei-wöchigen Vorsorgekur auf Kosten des Unternehmens kommen sollten. Für Teilnehmer über 50 blieb der Urlaubsanspruch voll gewahrt. Wer jünger ist, muß sich von den 15 Arbeitstagen, die er in der Kur ist, fünf auf seinen tariflichen Jahresurlaub anrechnen lassen.

Die zunehmende Verbreitung von Bildschirm-Arbeitsplätzen und die sich häufenden Klagen über Kopfschmerzen und andere Beschwerden nach langer, ununterbrochener Tätigkeit an Computern veranlaßte uns, mit dem Vorstand über Erleichterungen für die betroffenen Mitarbeiter zu verhandeln. Die Unternehmensleitung sperrte sich anfänglich gegen eine Regelung, wohl weil sie dadurch hohe Kosten auf sich zukommen sah. Die Betriebsvereinbarung, die wir dann doch nach langen Verhandlungen am 6. Dezember 1982 unterschrieben, darf als vorbildlich gelten. Sie schreibt zum einen für die Einrichtung von Bildschirmplätzen eine genaue Beachtung aller neuen Erkenntnisse über eine menschengerechte Gestaltung der Arbeit, vor allem in ergonomischer Hinsicht, sowie eine weitgehende Mitwirkung des Betriebs-rates vor. Zum anderen steht Mitarbeitern, sofern eine einseitige Bildschirmtätigkeit nicht zu vermeiden ist, bei achtstündiger Arbeit eine bezahlte Pause von 30 Minuten zu. In bestimmten Abständen werden den Betroffenen ärztliche Augenuntersuchungen angeboten. Hält der Arzt die Weiterbeschäftigung an einem Bildschirm-Arbeitsplatz für nicht mehr vertretbar, so ist einem Mitarbeiter »nach Möglichkeit« eine »gleichwertige und zumutbare« andere Aufgabe zu übertragen.

Eine der härtesten Nüsse, die ich zu knacken hatte, war die Entschärfung der vom Vorstand unter dem Begriff

»Optimierung der Gemeinkosten (OGK)« in Angriff ge-
nommenen Durchforstung aller Bereiche des Unternehmens
auf Personaleinsparungen. Das auf Methoden der Bera-
tungsfirma McKinsey basierende Kostensenkungsprogramm beschäftigte nicht weniger als drei Vorstandsvorsitzende: Gerhard Prinz stellte es 1983 vor, nach dessen Tod
entwickelte es Werner Breitschwerdt weiter, und Edzard
Reuter zog es schließlich durch. Die McKinsey-Experten
starteten ihre Analyse aller Arbeitsplätze im Gemeinkosten-
bereich mit der Vorgabe, die Personal- und Sachausgaben in
diesem Bereich durch Stellenabbau um 40 Prozent zu senken – eine abenteuerliche Zielmarke! In allen elf Werken
und der Hauptverwaltung mußten in eigens gebildeten
Kommissionen Hauptgruppen-, Abteilungs- und Hauptabteilungsleiter nach dieser Vorgabe Sparvorschläge machen.

Prinz hatte die Aktion im Aufsichtsrat mit der Notwendigkeit begründet, den Konzern beizeiten auf einen härter wer-
denden Wettbewerb vorzubereiten. Nach der Sitzung fragte
ich ihn, wie er sich die Aktion im einzelnen vorstelle. Doch
zu diesem Zeitpunkt schien auch er noch nicht in der Lage
zu sein, mir exakt zu erklären, worauf wir uns einzustellen
hatten. Um möglichst schnell in die Startlöcher zu kommen,
versuchte ich mich sofort in der Frankfurter IG-Metall-Zen-
trale mit allen Details vertraut zu machen. Dort war man
natürlich aus anderen Unternehmen über die McKinsey-
Methode bereits bestens informiert. Ich hatte nicht den geringsten Zweifel, daß für den Fall, daß das Programm radikal durchgezogen würde, eine Entlassungswelle auf uns zu-
käme. Dem galt es entgegenzutreten!

Erst auf massiven Druck erklärte sich der Vorstand bereit,
mit uns darüber zu sprechen, wie man das ehrgeizige Projekt sozialverträglich abwickeln könne. Natürlich hatte man

Angst, daß wir versuchen würden, der Unternehmensleitung so viele Steine in den Weg zu legen, daß der Effekt den ganzen Aufwand nicht mehr lohnte. Ich bin einigermaßen stolz darauf, daß wir trotz der weit auseinanderliegenden Ausgangspositionen am Ende doch eine Betriebsvereinbarung zustande brachten, die unsere ärgsten Besorgnisse ausräumte. Das wichtigste: Wegen »OGK« durfte niemandem gekündigt werden. Voraussetzung hierfür war jedoch, daß der von einer Stelleneinsparung unmittelbar betroffene Mitarbeiter bereit war, einen ihm angebotenen zumutbaren Ersatzarbeitsplatz anzunehmen und sich – falls erforderlich – durch eine (vom Unternehmen finanzierte) Weiterbildung zu qualifizieren. Diese Anstrengung mußten auch wir »Umsteigern« schon zumuten.

Allerdings bestanden wir darauf, daß die Versetzung auf einen nicht gleichwertigen Arbeitsplatz nur »nach sorgfältiger Prüfung aller Umstände« und eingehender Beratung mit dem Betriebsrat möglich war. Mitarbeitern, die trotz allem auf einen schlechter bezahlten Arbeitsplatz weichen mußten, wurde ein Lohn- und Gehaltsausgleich garantiert, über 54jährigen sogar ohne zeitliche Beschränkung. Ich möchte für uns in Anspruch nehmen, daß wir mit der »Betriebsvereinbarung über die Durchführung und Umsetzung des Projektes Optimierung der Gemeinkosten« eine Regelung durchgesetzt haben, die in ihrer Art in Deutschland einmalig sein dürfte.

Die betriebliche Sozialpolitik war für mich ein Schwerpunkt meiner Arbeit. Würde man die Zeit zusammenrechnen, die ich Fragen aus diesem Bereich gewidmet habe, kämen dabei sicherlich mehrere Jahre zusammen. Dabei entfiel nur der geringere Teil auf die eigentlichen Ver-handlungen. Rund 80 verschiedene Betriebsvereinbarungen bedeuteten für mich einen immensen Aufwand an Einarbeitung in ständig neue Themen. Denn ich hatte es, wenn ich den Vertretern des Managements gegenübersaß, in aller Regel mit gut präparierten Verhandlungspartnern zu tun. Um ihnen argumentativ gewachsen zu sein, blieb gar nichts anderes übrig, als tief in die jeweilige Materie einzusteigen. Ich bin überzeugt, daß die dabei erzielten Ergebnisse diese Mühe gerechtfertigt haben.

11. Der fremde Kollege
Kein Raum für Ausländerfeindlichkeit

Die irregeleiteten jungen Leute, die heute Parolen wie »Ausländer raus!« an Mauern und Häuserwände schmieren, haben es leider nicht erlebt, wie deutsche Unternehmen fieberhaft ausländische Arbeitskräfte aufzutreiben suchten. »Gastarbeiter« nannte man sie damals in der Erwartung, daß sie in ein paar Jahren wieder in ihre Heimat zurückkehren würden. Inzwischen ist dieser Begriff ein wenig aus der Mode gekommen. Wir haben uns daran gewöhnt, daß viele dieser Männer hiergeblieben sind, ihre Familien nachgeholt haben. Die meisten der hier geborenen Kinder sprechen besser Deutsch als die Muttersprache ihrer Eltern. Die ersten Jugoslawen, die zu Daimler-Benz ins Werk Mannheim kamen, werden im Herbst 1993 ihr 25jähriges Betriebsjubiläum feiern.

Damals, im Herbst 1968, standen wir vor einer verrückten Situation. Durch die Verlagerung der Nutzfahrzeug-Montage ins neue Werk Wörth und die scharfe Rezession 1966/67 hatte das Werk Mannheim mehr als 2000 Mitarbeiter entlassen müssen. Das letzte Kontingent war gerade erst in die Arbeitslosigkeit gegangen, als sich die Situation binnen ganz kurzer Zeit radikal änderte. Standen soeben noch den wenigen Stellen, die angeboten waren, ein Vielfaches an Bewerbern gegenüber, war der Arbeitsmarkt im Raum Mannheim plötzlich wie leergefegt. Die meisten der Entlassenen waren inzwischen bei anderen Firmen untergekommen. Diejenigen, die von Daimler-Benz für den Fall einer Aufstockung die Zusage für eine Wiedereinstellung erhalten hatten, schrieb das Werk als erste an. Doch nur ein Teil war zu einer Rückkehr bereit. Viele waren über ihre Entlassung immer noch äußerst verbittert und zeigten uns die kalte Schulter. Ehrlich gesagt, hatte ich für die Haltung dieser Kollegen viel Verständnis.

In dieser schwierigen Situation kam die Werksleitung mit dem Plan auf uns zu, Mitarbeiter aus der Personalabteilung nach Jugoslawien zu entsenden, um an Ort und Stelle Arbeiter anzuwerben. Uns mutete dieses Vorhaben zunächst abenteuerlich an. Manch einer von uns fühlte sich an die Sklavenexpeditionen erinnert. Wir hatten mit dieser Form der Rekrutierung bislang keine Erfahrungen gesammelt. Im Unterschied zu den stark expandierenden Pkw-Werken Sindelfingen und Untertürkheim hatten wir unseren Arbeitskräftebedarf immer noch auf dem lokalen Mannheimer Arbeitsmarkt decken können. Die relativ wenigen Italiener, Spanier und Griechen, die zu uns gekommen waren, hatten sich einzeln beworben. Allerdings konnten wir uns schnell überzeugen, daß die geplante Massenrekrutierung kein überstürztes Himmelfahrtskommando war. Die Aktion war nicht nur mit dem Mannheimer Arbeitsamt intensiv erörtert worden; auch vor Ort lief nichts ohne die lokalen Behörden, in denen unser Personalleiter für Arbeiter mit den Bewerbern die Einstellungsgespräche führte. Die Anwerbung konzentrierte sich auf die Stadt Zagreb und auf Orte südlich der dalmatinischen Hafenstadt Rijeka und in Bosnien. Für den Transport nach Deutschland charterte Daimler-Benz jugo-

slawische Busse. Im Oktober 1968 traf die erste Gruppe mit
80 Leuten ein, zu Weihnachten eine weitere mit 90 Arbeitern. Im Februar 1969 kam ein aus sieben Bussen beste-
hender Konvoi mit rund 350 Jugoslawen aus Rijeka. Sie
wurden von Vertretern der Werksleitung und des Betriebsrates begrüßt und bezogen anschließend ihre Unterkünfte in
nahe gelegenen Übergangsheimen. Die von Daimler-Benz
in unmittelbarer Nähe des Werksgeländes für 900 Bewohner
in Leichtbauweise errichteten Häuser waren mit Vierbettzimmern, Küchen, Bädern, Fernseh- und Aufenthaltsräu-
men komfortabel eingerichtet und wurden täglich vom Reini-
gungspersonal des Unternehmens geputzt. Abends konnten
die »Jugos«, wie sie bei uns hießen, zum Essen in die Werkskantine gehen.

In einem Dreivierteljahr kamen mehr als tausend jugoslawische Gastarbeiter nach Mannheim. Für einen Teil von
ihnen mietete das Werk möblierte Zimmer und Privatwoh-
nungen an. Die meisten der neuen Kollegen wurden im Omnibusbau eingesetzt, einige in der Gießerei. Da die wenigsten
eine fachliche Ausbildung hatten, mußten wir sie über unsere Lehrwerkstatt zunächst erst einmal für ihre neue Arbeit
schulen. Bei der Eingewöhnung gab es kaum irgendwelche
Probleme. Dazu trug zweifellos bei, daß die ausländischen
Mitarbeiter nach den Regeln der analytischen Arbeitsbewertung für dieselbe Leistung denselben Lohn wie ihre deutschen Kollegen erhielten. Dieses Gleichheitsprinzip besteht
bei uns im übrigen auch seit jeher zwischen Männern und
Frauen. Entgegen manchen Befürchtungen gab es auch
kaum irgendwelche sprachlichen Probleme. Die kroatischen
Arbeiter hatten teilweise in der Schule Deutsch gelernt. Den
übrigen standen im Werk und in ihren Unterkünften Dolmetscher zur Verfügung. Wen irgendwo der Schuh drückte,

konnte sich an einen Heimleiter wenden, der für alle Sorgen
ein Ohr hatte – angefangen von irgendwelchen Problemen in
der Familie bis zu den kleinen Tücken des Lohnsteuerjah-
resausgleichs. Am arbeitsfreien Samstag hielt der Betriebsrat in den Gastarbeiter-Unterkünften eigene Sprechstunden
ab. Obwohl die Jugoslawen auf sehr engem Raum zusam-
menlebten, gab es nie Streit oder ernstere Spannungen. Positiv wirkte sich aus, daß sich viele schon lange kannten. Sie
kamen aus demselben Dorf, einige entstammten sogar derselben Familie. Wenn da ein junger Bursche am Wochenende mal über die Stränge schlug, wurde dies intern bespro-
chen.

Von zu Hause aus waren es die Jugoslawen gewohnt, sich
für einen Gefallen, den man ihnen erwies, mit einem Geschenk erkenntlich zu zeigen. So hielten sie es anfänglich
auch bei uns. Wiederholt kam es vor, daß sie uns eine Fla-
sche Sliwowitz, eine Dauerwurst oder ein anderes Präsent
mit ins Betriebsratsbüro brachten. Wir reagierten darauf zunächst etwas irritiert. Einerseits wollten wir die Leute nicht
enttäuschen oder vielleicht sogar beleidigen. Andererseits
taten wir, wenn wir ihnen bei der Regelung praktischer
Dinge halfen, ja nur unsere Pflicht und erwarteten dafür kein
Geschenk. Wir haben ihnen dann erklärt, daß solche Gesten
bei uns nicht üblich seien, was sie zunächst sehr überraschte.
Um für alle Klarheit zu schaffen, habe ich dann im Betriebsrat einen formellen Beschluß herbeigeführt, wonach niemandem gestattet war, etwas anzunehmen.

Um es den Jugoslawen zu ermöglichen, das Weihnachts-
fest zu Hause bei ihren Familien zu feiern, charterten Werksleitung und Betriebsrat vor den Feiertagen Reisebusse.
Nach Neujahr wurden sie wieder abgeholt. Ein paar Jahre
später hatten die meisten von ihnen selber ein Auto und fuh-

ren allein oder in Fahrgemeinschaften nach Hause. Da sie bei uns gut verdienten, verspürten fast alle schon bald den verständlichen Wunsch, ihr Vierbettzimmer mit einer eigenen Wohnung zu vertauschen. Wir konnten ihnen dabei in vielen Fällen helfen. So hatte Daimler-Benz Mannheimer Wohnungsbaugesellschaften Zuschüsse gewährt und dafür in den Neubauten Belegungsrechte erhalten. Ich habe die Jugoslawen als hervorragende Arbeitskräfte schätzengelernt. Ein Teil von ihnen ist später wieder in die Heimat zurückgekehrt, meist um sich mit dem Ersparten eine eigene Existenz aufzubauen. Aber um die Jahreswende 1989/90 waren von den gut tausend Angeworbenen immer noch 460 bei uns im Werk.

Die freigewordenen Plätze in unseren Übergangsunterkünften belegten neu eingestellte türkische Arbeitskräfte. Sie wurden nicht in ihrer Heimat angeworben, sondern bewarben sich von sich aus einzeln oder in Gruppen. An den festgesetzten Einstellungstagen reichte die Schlange der Bewerber im Personalbüro bis auf die Straße. 1975 beschäftigte das Werk bereits 988 Türken. Sie interessierten sich vor allem für die Gießerei. Hier gab es besonders viele Arbeitsplätze für Ungelernte, die Anlernzeit war relativ kurz. Vor allem jedoch winkten hier die höchsten Löhne und zusätzlich die Gießereizulage für die durch Hitze und Gase besonders erschwerten Arbeitsbedingungen. Ich hatte den Eindruck, als wollten die Türken in kurzer Zeit möglichst viel zusammensparen, um bald wieder zu ihren Familien heimkehren zu können. Dafür sprach auch ihr äußerst anspruchsloser Lebensstil. Statt in einem Zweibettzimmer für monatlich hundert Mark wollten die meisten von ihnen lieber in einem Vierbettzimmer für 60 Mark wohnen.

Die Türken erhielten die gleiche intensive Betreuung wie

ihre jugoslawischen Kollegen. Wir sorgten sogar dafür, daß in ihren Unterkünften eine Gebetsstube eingerichtet wurde, in die außer ihnen niemand hineindurfte. Die Gebetsteppiche wurden in unserer Näherei angefertigt. Die Werksküche bemühte sich, jeden Tag ein Gericht nach dem speziellen Geschmack der türkischen Mitarbeiter auf die Speisekarte zu setzen. Da diese jedoch jede Mark dreimal herumdrehten, bevor sie sie ausgaben, zogen sie es weitaus mehr als ihre jugoslawischen Kollegen vor, sich selbst etwas zu kochen oder einfach eine Dose Bohnen aufzumachen. Auch sonst hatten die Türken die Angewohnheit, viel unter sich zu bleiben. Bis heute sitzen sie beim Frühstück nicht wie die anderen in einem der Pausenräume, sondern mit ein paar Kumpeln zusammen irgendwo in der Nähe ihres Arbeitsplatzes. Nicht daß sie irgend jemandem feindlich gesonnen wären. Es entspricht einfach ihrer Art. Wir mußten uns an ihre Mentalität gewöhnen und sie sich umgekehrt an die unsrige.

Eines Tages – ich glaube, es war 1979 – kam der Heimleiter in mein Büro und berichtete mir von einer zunehmenden Unruhe in den türkischen Unterkünften. Wir stellten sehr schnell fest, daß an den Wochenenden wiederholt mehrere nicht bei Daimler-Benz beschäftigte Türken aus anderen Städten aufgetaucht waren, die wir schnell den »Grauen Wölfen« zuordnen konnten. Sie verfolgten das Ziel, ihre Landsleute, die sich im allgemeinen politisch eher passiv verhielten, aufzuhetzen. Das Werk erteilte ihnen Hausverbot, so daß der Spuk schnell vorbei war. Eine andere Sache bereitete mir sehr viel mehr Kopfschmerzen. Eines Tages erschienen zwei türkische Mitarbeiter bei mir. Sie waren sichtlich verstört und gaben mir eine Liste mit den Namen von 50 Kollegen, die aufgefordert worden waren, 500 Mark zu bezahlen. Im Falle einer Weigerung, so berichteten sie, hätte man ihnen und ihren Familien Repressalien angedroht. Inständig baten sie mich, über unser Gespräch niemandem etwas zu sagen. Wie viele von denen, die auf der Liste standen, wirklich gezahlt haben, war trotz intensiver Nachforschungen nicht zu erfahren. Die Türken waren äußerst schweigsam. Ich vermute, daß auch dieser Vorfall, der sich 1984 während der Krise um die umkämpfte Mittelmeerinsel Zypern ereignete, einen politischen Hintergrund hatte. Wer der oder die Erpresser waren, konnte nicht festgestellt werden. Die Angelegenheit zeigte jedoch, daß die türkischen Mitarbeiter sehr viel stärker als ihre jugoslawischen Kollegen äußeren Einflüssen extremer und teilweise krimineller Gruppen von Landsleuten ausgesetzt waren.

Zu irgendwelchen Spannungen zwischen deutschen und ausländischen Mitarbeitern ist es in unserem Werk nie gekommen. Nicht bei allen Firmen verlief die Integration so reibungslos. Immerhin stellten wir zwischen 1969 und 1975 mehr als 2000 jugoslawische und türkische Arbeiter ein. Zum Glück ging es uns in all den Jahren gut; niemand brauchte aus wirtschaftlichen Gründen entlassen zu werden. Ich weiß nicht, was gewesen wäre, wenn wir vor der Situation gestanden hätten, Hunderten von Mitarbeitern zu kündigen. Natürlich hätte das bittere Los in diesem Fall zunächst Kollegen, und zwar Deutsche und Ausländer gleichermaßen, getroffen, für die die Arbeitslosigkeit weniger hart als für andere gewesen wäre – Ledige oder Doppelverdiener. Ich will mich nicht dafür verbürgen, daß es in einer solchen Lage innerhalb der Belegschaft nicht Stimmen gegeben hätte, zunächst Ausländer nach Hause zu schicken.

Gegen eine solche Praxis hätte ich mich jedoch mit Händen und Füßen gewehrt. Sie hätte unsere jahrelange, auf Integration ausländischer Mitarbeiter ausgerichtete Politik von einem Tag auf den anderen zerstört. Es verging fast keine Betriebsversammlung, in der ich nicht die gute Zusammenarbeit zwischen Deutschen und Ausländern hervorgehoben hätte. Mir ging es dabei auch darum, meinen eigenen Landsleuten klarzumachen, daß ein großer Teil ihrer neuen Kollegen bei uns ohne ihre Familien und damit unter erschwerten Bedingungen leben müßte. Zur guten Integration trug zweifellos bei, daß sie sich von Anfang an in der IG Metall engagierten und denselben Gewerkschaftsbeitrag zahlten wie ihre deutschen Kollegen – die Türken vielleicht nicht mit derselben Überzeugung wie die Jugoslawen. Ausländische Streikbrecher hat es in Arbeitskämpfen bei uns nie gegeben. Und nicht nur Türken und Jugoslawen, auch Griechen, Italiener und Spanier ließen sich als Vertrauensleute wählen.

Gewundert hat uns allerdings, daß die ausländischen Kollegen nie ein Interesse erkennen ließen, einen aus ihrer Mitte in den Betriebsrat zu entsenden. Dabei wäre dies ohne weiteres möglich gewesen. Denn wir haben ja eine Persönlichkeitswahl. Unter den von der Belegschaft vorgeschlagenen achtzig bis hundert Kandidaten, von denen jeder Wahlberechtigte dreißig ankreuzen konnte, befanden sich immer auch ausländische Bewerber. Aber selbst auf dem Höhepunkt unserer Ausländerbeschäftigung, als jeweils über tausend Türken und Jugoslawen bei uns zur Belegschaft gehörten, bekamen Türken und Jugoslawen nicht mehr als 200 bis 300 Stimmen und fielen damit durch. Wir haben uns nicht gegen einen ausländischen Kollegen gewehrt, aber wir konnten ja auch nichts dagegen unternehmen, daß keiner mehr als 20 bis 30 Prozent der Stimmen seiner Landsleute erhielt. Auf der anderen Seite konnten wir die Tatsache, daß sie nicht auf eine eigene Interessenvertretung drängten, als ein Zeichen dafür werten, daß sie sich mit ihren Sorgen und Nöten bei uns gut aufgehoben fühlten. Viele von ihnen haben uns dies auch freimütig bestätigt. Wenn es uns seit Beginn der Gastarbeiterwelle Ende der sechziger Jahre gelang, die neuen Kollegen geräuschlos einzugliedern, so war dies nur durch gut koordinierte Anstrengungen der Werksleitung und ihrer für die gewerblichen Arbeitskräfte verantwortlichen Personalleiter, des Betriebsrates und nicht zuletzt der Meister in der Produktion möglich. Nicht überall im Unternehmen verlief die Integration so glatt wie in Mannheim. Vor allem das durch die sprunghaft steigende Pkw-Nachfrage ständig wachsende Werk Sindelfingen mußte in sehr viel größerer Zahl Ausländer, vor allem Türken, als Akkordarbeiter in der Montage einstellen. Schon Ende 1975 bestand die 30955 Beschäftigte zählende Sindelfinger Belegschaft zu 32,8 Prozent aus Ausländern. Daimler-Benz mietete ganze Häuserblocks an, um den meist nur mit einem Pappkoffer ankommenden Arbeitern ein Dach über dem Kopf zu verschaffen. Eine individuelle Betreuung, wie wir sie hatten, war unter diesen Umständen kaum möglich.

Das neben der Wohnungsbeschaffung schwierigste Problem war, die zum größten Teil nicht ausgebildeten Ausländer so gründlich anzulernen, daß in der Produktion keine Qualitätsmängel auftraten. Weil die meisten kein Wort Deutsch verstanden, mußten dafür Dolmetscher eingesetzt werden. Die jungen Burschen lernten ihren Job jedoch meist sehr schnell. Wenn beim Anlauf neuer Typen gelegentlich Fehler auftraten, dann lag die Schuld in aller Regel nicht bei den Arbeitern. Verantwortlich waren vielmehr Pannen im Entwicklungs- und Konstruktionsbereich.

Waren in den Werken der Daimler-Benz AG Ende 1963 erst 3687 Gastarbeiter beschäftigt (das stärkste Kontingent stellten zu dieser Zeit Italiener und Griechen), so stieg diese Zahl bis 1973 auf 30652, davon allein 10002 Türken, an. Gemessen an der Gesamtbelegschaft waren dies 24,2 Prozent, also knapp ein Viertel. Im Werk Berlin-Marienfelde, wo vor allem Wasserpumpen und Motoren hergestellt werden, lag der Ausländeranteil zeitweise sogar bei 52 Prozent. In der heutigen Zeit der Massenarbeitslosigkeit können sich vor allem viele der Jüngeren gar nicht mehr vorstellen, daß es ohne den Zustrom ausländischer Arbeitskräfte in der Bundesrepublik zu gravierenden Produktionsengpässen gekommen wäre, man muß daran immer wieder erinnern, wenn radikale Gruppierungen mit Aversionen gegen Ausländer ihr politisches Geschäft betreiben.

Daß nicht nur rechtsstehende Wähler für die fremdenfeindlichen Parolen extremistischer Parteien empfänglich sind, ist bekannt. Die Erfolge der Republikaner bei den Wahlen zum Berliner Abgeordnetenhaus im traditionell »roten« Wedding 1989 machten dies schlagartig deutlich. Wo in unsicheren Zeiten Ängste, vor allem Ängste um den Arbeitsplatz, geschürt werden, reagieren auch Arbeiter teilweise irrational. Auch wenn es im Werk Mannheim nie zu irgendwelchen Pöbeleien oder Anfeindungen gegen Ausländer gekommen ist, tragen gewiß nicht alle gleichermaßen edle Gefühle im Herzen. Daß bei den Wahlen zum Landtag von Baden-Württemberg am 5. April 1992 in Mannheim die Reps im Arbeiterstadtteil Schönau mit 16,2 Prozent eines ihrer besten Ergebnisse erzielen konnten, muß uns zu denken geben. Konsequenzen gilt es vor allem in der Wohnungspolitik zu ziehen. Allein in Mannheim waren 1992 mehr als 6500 Wohnungssuchende registriert. Von ihnen hatten 4500 einen Sozial-Berechtigungsschein.

Eine der schwierigsten Aufgaben, mit denen sich die Arbeitnehmervertreter konfrontiert sahen, war die soziale und politische Unterstützung der schwarzen Beschäftigten in unserem südafrikanischen Werk in East London. Die rund 5000 Beschäftigte zählende Belegschaft besteht zu 70 Prozent aus Farbigen und Asiaten. Die Möglichkeit, unter dem Apartheid-Regime von unseren hiesigen Mitbestimmungsrechten Gebrauch zu machen, war praktisch gleich Null. So blieb uns nur der Weg, den Vorstand davon zu überzeugen, daß die soziale Verantwortung unteilbar ist und daher die in der Bundesrepublik geltenden Rechte der Arbeitnehmer so weit wie möglich auch in Südafrika verwirklicht werden müßten. In East London hatte sich Daimler-Benz zeitweise sehr rüde aufgeführt. So entließ das Werksmanagement in einem Fall mehrere hundert Leute von einem Tag auf den andern. Nur mit Mühe konnten wir den Vorstand dazu bewegen, die Entlassenen wieder einzustellen.

Im Jahre 1977 verabschiedeten die Außenminister der EG einen Verhaltenskodex für Unternehmen mit Tochtergesellschaften und Zweigniederlassungen in Südafrika. Ziel war, durch eine Verbesserung der Arbeits- und Lebensbedingungen der schwarzen Mitarbeiter zum Abbau der Rassendiskriminierung beizutragen. Danach sollten Eingruppierungen ohne Rücksicht auf die Hautfarbe vorgenommen und vertretbare Mindestlöhne nicht unterschritten werden. Obendrein forderte der Richtlinien-Katalog bessere Ausbildungsmöglichkeiten und die Anerkennung von Gewerkschaften für die Schwarzen. Daimler-Benz hat diesen Kodex voll erfüllt.

1984 und 1985 kam es in den Townships zu schweren Unruhen und gewalttätigen Auseinandersetzungen, die unter den Schwarzen zahlreiche Opfer forderten. Die Regierung verhängte daraufhin den Ausnahmezustand. Weltweit wurde der Ruf nach einem Wirtschaftsboykott gegen Südafrika immer lauter. In der Bundesrepublik forderten Kirchengruppen, ein Teil der Medien und auch führende Gewerkschafter einen Stopp deutscher Investitionen in der Kap-Republik, weil diese ihrer Ansicht nach die weiße Vorherrschaft stabilisierten. Auch in der Hauptversammlung der Daimler-Benz AG forderten Kirchenvertreter, Politiker und Sprecher südafrikanischer Schwarzen-Organisationen Boykottmaßnahmen oder den völligen Rückzug des Unternehmens. Auffällig war dabei, daß sich kaum einer der Redner mit der Frage auseinandersetzte, was in diesem Falle aus den schwarzen Arbeitern und ihren Familien werden würde. Wo würden sie einen neuen Arbeitsplatz finden? Wo würden sie ihre Ausbildung, die sie bei uns erhielten, fortsetzen? Was würde aus den jungen Gewerkschaften werden, denen wir gemeinsam mit dem Vorstand durch die Bildung von Mitarbeitervertretungen eine Arbeitsbasis zu schaffen suchten? Würden schließlich die Opfer und Entbehrungen, die wir unseren Mitarbeitern zumuten müßten, auch wirklich zum erhofften Erfolg führen? Die Erfahrungen mit wirtschaftlichen Sanktionen gegen autoritäre Regime stimmten nicht gerade zuversichtlich.

Westliche Gewerkschaften taten sich schwer, auf all diese Fragen eine einheitliche Antwort zu finden. Grundsätzlich kann man sagen, daß diejenigen am lautesten nach Boykottmaßnahmen riefen, die am weitesten vom Schuß waren.

Dies war in unserem Bereich vor allem der Internationale Metallarbeiter-Bund (IMB). Auch der Deutsche Gewerkschaftsbund forderte massiv wirtschaftliche Sanktionen, sogar in seiner Losung zum 1. Mai. Die IG Metall befand sich in einem gewissen Dilemma. Als stärkste DGB-Gewerkschaft konnte sie sich von dieser Haltung nicht distanzieren. Auf der anderen Seite war Franz Steinkühler nach Gesprächen mit schwarzen Gewerkschaftern, Politikern und deutschen Industrievertretern in Südafrika eher skeptisch, ob ein Exodus das Apartheid-Regime erschüttern könnte. Wie die Betriebsräte von Daimler-Benz, so versprach auch er sich mehr davon, die Verhältnisse für die schwarze Mehrheit durch den Aufbau vorbildlicher sozialer Strukturen und tatkräftige Unterstützung der unter schwierigsten Bedingungen tätigen Gewerkschaften mit der Zeit zu verbessern.

Auch die betrieblichen Gewerkschaftsvertreter aus East London, die wiederholt bei uns zu Besuch waren, beschworen uns, zwar den rhetorischen Knüppel zu schwingen, aber ja nicht zuzuschlagen. Die Schließung des Werkes würde Tausende von Menschen in tiefste Armut stürzen. Die Kollegen waren um ihre Aufgabe nicht zu beneiden. Dafür, daß sie mit der Werksleitung zusammenarbeiteten, wurden sie von jugendlichen Mitgliedern militanter politischer Schwarzen-Organisationen als Kollaborateure beschimpft. Extremisten drohten ihnen sogar an, ihre Häuser in Brand zu stecken. Auf der anderen Seite standen sie unter ständiger Beobachtung der Behörden. Auch wenn unser Einfluß vor Ort begrenzt war, so stärkte es ihre Position jedoch, daß sie nicht allein standen. Wir haben in direkten Gesprächen mit dem Vorstand viel erreicht, auch daß die gewählten Sprecher der Belegschaft für ihre gewerkschaftlichen Aufgaben im Betrieb von der Arbeit freigestellt wurden.

Die von der Unternehmensleitung und uns gemeinsam vertretene Politik, dazubleiben und etwas zu bewirken, statt sich mit moralischer Entrüstung zurückzuziehen, war richtig. Dies bestätigt sich gerade jetzt, da begründete Hoffnung besteht, daß die unselige Rassentrennung in nicht allzu ferner Zukunft der Vergangenheit angehören wird.

12. Der schöne Schein der Parität

Im Aufsichtsrat bestimmt nach wie vor das Kapital

Am 18. März 1976 verabschiedete der Deutsche Bundestag das von der sozialliberalen Koalition auf den Weg gebrachte neue Mitbestimmungsgesetz. Es löste die alte Regelung über die Zusammensetzung der Aufsichtsräte (außerhalb der Montanindustrie) aus dem Jahre 1952 ab und sollte den Arbeitnehmern und ihren Gewerkschaften in den deutschen Großunternehmen mehr Mitwirkungsmöglichkeiten bei geschäftspolitischen Entscheidungen einräumen. Doch blieb das Gesetz weit hinter den Erwartungen zurück, die wir mit einer Gleichstellung von Kapital und Arbeit verbunden hatten. Zwar mußten die Aufsichtsräte fortan zu gleichen Teilen mit Vertretern der Kapital- und Arbeitnehmerseite besetzt werden. Doch hatte es der Koalitionspartner FDP verstanden, die rechnerische Parität in zweifacher Weise wieder auszuhebeln. Zum einen erhielt, wenn es bei Abstimmungen zu einer Patt-Situation kam, der von der Kapitalseite gestellte Aufsichtsratsvorsitzende das Recht, mit der ihm zur Verfügung stehenden Zweitstimme Beschlüsse auch gegen das Veto aller Arbeitnehmervertreter durchzusetzen. Zum anderen hatten die Liberalen erfolgreich darauf bestanden, daß eines der Arbeitnehmermandate mit einem Interessenvertreter der leitenden Angestellten zu besetzen sei.

Unsere Befürchtung, daß dieser in wichtigen Sach- und Personalentscheidungen mehr mit den Kapitaleignern als mit den übrigen Arbeitnehmervertretern stimmen werde, hat sich leider bestätigt.

In unseren Ohren klang es deshalb wie blanker Hohn, als die Arbeitgeber behaupteten, das neue Gesetz führe zu einer Machtverschiebung zugunsten der Gewerkschaften. Zwar mußten auf die uns nunmehr zustehenden zehn Positionen drei externe Gewerkschaftsvertreter gewählt werden. Doch daß dies die Machtverhältnisse im Aufsichtsrat verändert haben sollte, konnte ich nicht recht nachvollziehen. Offensichtlich auf Drängen Schleyers (des Vorstandsmitglieds für Personalwesen) entschloß sich der Vorstand der Daimler-Benz AG, sich einer Verfassungsbeschwerde der Arbeitgeber gegen die neue Mitbestimmungsregelung anzuschließen. Wie ich später erfuhr, standen nicht alle Mitglieder des Vorstandes gleichermaßen hinter dieser Entscheidung. Nach außen jedoch trat die Führung in dieser Frage geschlossen auf. Davon abgesehen, daß ich von der Beschwerde erst in letzter Minute erfuhr, empfand ich den Gang nach Karlsruhe auch in der Sache als ausgesprochen schäbig. Für den Gesamtbetriebsrat kritisierte ich die Initiative denn auch als politische Provokation, mit der man die Konfrontation mit den Arbeitnehmern suche. Mit seiner Beschwerde zeige der Vorstand, daß er nicht bereit sei, ein von allen Parteien im Bundestag verabschiedetes Gesetz zu akzeptieren.

Erwartungsgemäß hat das höchste Gericht die Verfassungsbeschwerde im März 1979 zurückgewiesen. Da die Anteilseigner ein Übergewicht im Aufsichtsrat behalten hätten, so die Richter, werde die Eigentumsgarantie nicht verletzt. Diese Einschätzung entsprach sicherlich den Realitäten.

Das neue Gesetz war wirklich nicht ein »Markstein in der gesellschaftlichen Entwicklung unseres Landes«, als den es der damalige SPD-Arbeitsminister Walter Arendt rühmte. Das Montanmodell mit dem neutralen Mann zwischen den beiden »Bänken« hätte unserer Vorstellung von paritätischer Mitbestimmung mehr entsprochen – aber es war für die SPD nicht durchsetzbar.

Am 27. Juli 1965 nahm ich zum erstenmal an einer Aufsichtsratssitzung der Daimler-Benz AG teil. Nach meiner Wahl zum Betriebsratsvorsitzenden des Werkes Mannheim war ich als Nachfolger von Ludwig Hurm in dieses Gremium gewählt worden. Von den damals 15 Mitgliedern waren fünf Arbeitnehmervertreter, an ihrer Spitze der Gesamtbetriebsrats-Vorsitzende Ernst Schäfer. Das entscheidende Wort hatten zu dieser Zeit jedoch die Repräsentanten der drei Großaktionäre, die das Präsidium bildeten: als Vorsitzender Hermann Josef Abs von der Deutschen Bank, als sein 1. stellvertretender Vorsitzender Friedrich Flick und als 2. stellvertretender Vorsitzender Herbert Quandt. Wir haben zwar auch damals schon zu allen wichtigen Fragen der Unternehmenspolitik, vor allem zu geplanten Investitionen, Stellung genommen. Allerdings hatten wir zu keinem Zeitpunkt das Gefühl, wirklich mitreden zu können. Was in den Aufsichtsrat kam, war längst im Präsidium auf Punkt und Komma abgestimmt worden, so daß die eigentliche Abstimmung nicht mehr als eine Formalität war. Auf der anderen Seite waren die Großaktionärsvertreter sichtlich bemüht, es zu keiner Konfrontation mit den Arbeitnehmern kommen zu lassen. Vor allem Abs, der an der Ruhr in verschiedenen Gesellschaften Aufsichtsratsvorsitzender war und daher praktische Erfahrungen mit der Montanmitbestimmung hatte, gab uns nur selten Anlaß zu formalen Beanstandungen. Er hörte sich mit großer Geduld an, was wir zu sagen hatten, doch ändern konnten wir kaum etwas. Es war, als rannten wir unaufhörlich gegen eine Gummiwand.

Wie aus heiterem Himmel erreichte mich im November 1974 plötzlich die Nachricht, daß die Familie Quandt ihr 14prozentiges Daimler-Paket an das Scheichtum Kuwait verkauft habe. Für uns alle war dies ein Schock. Es war nicht der erste Ausverkauf in der deutschen Wirtschaft. Bereits im Juli desselben Jahres hatte sich der Schah mit gut 25 Prozent an den Krupp-Hüttenwerken beteiligt. Die Öffentlichkeit war zu Recht alarmiert. Es stand zu befürchten, daß kurz nach der ersten Ölkrise die nahöstlichen Potentaten versuchen würden, mit ihren Petrodollars die Kronjuwelen der deutschen Industrie an sich zu bringen. Ein Unternehmen wie Daimler-Benz mit seinem weltweiten Prestige erschien mir dabei als besonders gefährdet. Ich benutzte daher die Gelegenheit der nächsten Aufsichtsratssitzung, um Quandt wegen seiner Nacht-und-Nebel-Aktion heftig anzugreifen: Es sei nicht hinnehmbar, wenn kapitalkräftige Familien durch den Verkauf großer Aktienpakete in den Nahen Osten namhafte Großunternehmen mit ihren Belegschaften einer ungewissen Zukunft auslieferten.

Es war das erste Mal, daß ich mit Herbert Quandt aneinandergeriet. Solange ich dem Aufsichtsrat angehörte, war er immer sehr zurückhaltend gewesen und hatte sich nur selten einmal zu Wort gemeldet. Auch zu meiner Kritik wollte er sich in diesem Kreis nicht äußern. Statt dessen lud er mich ein, zu einem Gespräch unter vier Augen nach Bad Homburg zu kommen. Offenbar hatte er das Bedürfnis, mich davon zu überzeugen, daß er nicht der an den Sorgen der Mitarbeiter wenig interessierte Kapitalist sei, als den ich ihn hingestellt hatte. Dabei verwies er auf das gute Verhältnis, das er als Mehrheitsaktionär und Aufsichtsratsvorsitzender von BMW zu meinem dortigen Kollegen hätte. Den Verkauf seiner Daimler-Aktien begründete er mit notwendigen Investitionen an anderer Stelle. Auch hierbei meinte er offensichtlich BMW. Wenn er mich auch nicht hatte überzeugen können, so fuhr ich doch mit einem gewissen Mitgefühl wieder nach Hause. Denn Quandt war nahezu vollständig erblindet und mußte deshalb vor allem außerhalb seiner vertrauten Umgebung immer geführt werden. Es war nicht leicht, sich vorzustellen, wie ein Mann anhand von Zahlen und schriftlichen Berichten ein Industrie-Imperium kontrollierte, der selber nichts mehr lesen konnte.

Nur wenige Wochen, nachdem die Familie Quandt bei Daimler-Benz ausgeschieden war, boten auch die Flicks ihr Paket in Richtung Naher Osten zum Kauf an. Mit rund 39 Prozent war Flick vor der Deutschen Bank größter Einzelaktionär. Anders als im Falle von Quandt, der das Kuwait-Geschäft, wie der Presse zu entnehmen war, mit Hilfe der Dresdner Bank vorbereitet hatte, war diesmal der an die Stelle von Abs nachgerückte Aufsichtsratsvorsitzende Franz Heinrich Ulrich voll informiert. Er war entschlossen, den Verkauf der Aktien an den Schah zu vereiteln, und machte sich Anfang 1975 im Vorstand der Deutschen Bank für den Plan stark, den Anteil zu übernehmen und anschließend breit zu streuen. Ulrich hielt mich über seine Bemühungen ständig telefonisch auf dem laufenden. Da in jenen Tagen im Mannheimer Stadtrat die Etatdebatte stattfand, mußte ich dort immer wieder herausgerufen werden. Ich habe es Ulrich und der Deutschen Bank hoch angerechnet, daß sie die Pläne des Iran durchkreuzten und dafür sorgten, daß Daimler-Benz, das Flaggschiff der deutschen Industrie, nicht unter den Einfluß des Schah und nach dessen Sturz des Ajatollah Khomeini geriet. Denn wer konnte zu diesem Zeitpunkt seine Hand dafür ins Feuer legen, daß die von Quandt nach Kuwait verkauften Anteile nicht eines Tages auch in Teheran landen würden? Damit hätte dieses unberechenbare Regime die Mehrheit gehabt. Die Folgen wagten wir uns gar nicht auszumalen.

Ulrich war vom Typ das ziemlich genaue Gegenteil von Abs. Er liebte keine weitschweifigen Reden, sondern ging direkt und ohne Schnörkel auf die Sache zu. Mir gefiel seine Art, weil auch mir das viele Drumherumreden nicht lag. Wir hatten denn auch kein schlechtes Verhältnis. Davon unberührt, vertrat er klare Standpunkte, von denen auch er sich nur schwer abbringen ließ. Daß es trotz allem in dieser Zeit wenig ernsthafte Konflikte gab, hatte vor allem damit zu tun, daß es mit Daimler-Benz konstant bergauf ging, wovon Aktionäre und Belegschaften gleichermaßen profitierten.

Anfang 1978 mußten wir zum erstenmal nach dem neuen Mitbestimmungsgesetz unsere Aufsichtsratsmitglieder wählen. Gewählt wurden zunächst 929 Wahlmänner. Die wiederum wählten die zehn Arbeitnehmervertreter. Eine der wichtigsten Fragen war es gewesen, welche externen IG-Metall-Funktionäre für die drei auf die Gewerkschaften entfallenden Mandate kandidieren sollten. Ich habe in meinem Leben immer den Grundsatz verfolgt, daß mit einer zu vergebenden Aufgabe stets der beste Mann oder die beste Frau betraut werden sollten. Damit ist der Sache am meisten gedient. So hatte ich von Anfang an den Wunsch, daß Franz Steinkühler, der damals noch Stuttgarter Bezirksleiter war, in unseren Aufsichtsrat ging. Daneben wollte ich gerne Rudolf Kuda, Leiter der Abteilung Wirtschaft beim Vorstand der IG Metall. Für manchen stand er eine Spur zu weit links. Für mich war er jedoch vor allem ein exzellenter Fachmann, der sich als wirtschaftspolitischer Sprecher bei den Tarifverhandlungen allgemeine Anerkennung erworben hatte. Ein ebenso guter Kenner des Unternehmens war der Dritte im Bunde, Manfred Leiss. Als Leiter der Abteilung Betriebsräte beim Vorstand in Frankfurt war er unser GBR-Betreuer und somit eine ideale Ergänzung.

Für die IG Metall war Daimler-Benz ein so wichtiges Unternehmen, daß sie gerne auch ein Vorstandsmitglied in unseren Aufsichtsrat entsandt hätte. Dabei setzte sie voraus, daß dieser dann auch die nach dem Gesetz der Arbeitnehmerseite vorbehaltene Position des stellvertretenden Aufsichtsratsvorsitzenden übernehmen werde. Dazu habe ich den Kollegen in Frankfurt ganz klar gesagt: Ihr könnt uns ruhig ein Vorstandsmitglied schicken, aber nehmt zur Kenntnis, daß ich den stellvertretenden Aufsichtsratsvorsitz übernehmen werde. Und zwar aus rein sachlichen Gründen, weil dies meine Position stärkt. – Und da bei uns auch aus der Sicht der Organisation alles optimal lief, haben sie meinen Anspruch auch akzeptiert und auf die Nominierung eines Vorstandsmitgliedes verzichtet. Das Problem erledigte sich von selbst, als Steinkühler 1988 – inzwischen Erster Vorsitzender der IG Metall – zum drittenmal für den Aufsichtsrat kandidierte und mir schon frühzeitig versicherte: Ich habe keine Ambitionen, die Stellvertretung zu übernehmen, es bleibt bei der bisherigen Konstellation.

Wie in den meisten Großunternehmen, so bereiten sich auch bei Daimler-Benz die Arbeitnehmervertreter in einer Vorbesprechung auf die Aufsichtsratssitzung vor. Ich hielt sie entweder in meinem Büro oder im Gesamtbetriebsrat in Stuttgart ab. Anschließend führte ich ein separates Gespräch mit dem leitenden Angestellten oder – in unserem Fall – *der* leitenden Angestellten. Marie-Christine Fürstin von Urach, die seit 1973 den Bereich Organisation und Datenverarbeitung des Werkes Untertürkheim leitete, war mit unserer Unterstüzung von den Wahlmännern mit großem Vorsprung vor einem Gegenkandidaten in den Aufsichtsrat gewählt worden. Allen war von Anfang an klar, daß sie nicht ohne weiteres den übrigen neun Arbeitnehmervertretern hinzugerechnet werden konnte. Ihre Stellung im oberen Führungsbereich brachte es automatisch mit sich, daß sie für die Argumente des Vorstandes in vielen Fällen aufgeschlossener war. Die jeweiligen Vorstandsvorsitzenden ließen es sich denn auch nicht nehmen, Frau von Urach vor jeder Aufsichtsratssitzung einzeln zu empfangen und sie für ihre Ziele zu gewinnen. Als einziger hat mir Edzard Reuter glaubhaft versichert, mit dieser Sonderbehandlung Schluß gemacht zu haben.

Bei den Unterredungen, die ich jeweils nach unserer Vorbesprechung mit Frau von Urach hatte, mußte ich dann meist auch feststellen, daß sie in den kontroversen Punkten nur selten unseren Standpunkt teilte. In den Fällen, in denen wir mit »Nein« stimmten, stand sie meiner Erinnerung nach nur zwei- oder dreimal auf unserer Seite. Wenn ich dann im Aufsichtsrat die Haltung der Arbeitnehmervertreter erläuterte, habe ich regelmäßig mitgeteilt, ob ich für alle zehn Mitglieder sprach oder Frau von Urach abweichend stimmen wolle. In einem Fall führte unsere gemeinsame Ablehnung eines Personalvorschlages dazu, daß es gar nicht erst zu einer Abstimmung im Aufsichtsrat kam. 1981 sollte der damalige Präsident der Mercedes-Benz do Brasil, Werner Lechner, in den Vorstand gewählt werden. Er hatte zuvor die Abteilung Organisation und Datenverarbeitung geführt.

In dieser Funktion hatte er versucht, in den Werken organisatorische Veränderungen durchzusetzen, die wir Arbeitnehmer für unsinnig hielten. In den Gesprächen, die wir mit ihm führten, zeigte er sich wenig einsichtig und kooperativ. Als Vorstandsmitglied konnten wir ihn uns deshalb nicht vorstellen. Das hatte nichts mit billiger Rache zu tun, sondern mit der für einen Mann dieser Stellung unverzichtbaren Bereitschaft und Fähigkeit, mit den Vertretern der Belegschaft zu einem fairen Interessenausgleich zu gelangen. Diese Voraussetzung erfüllte er unseres Erachtens nicht, und deshalb signalisierte ich dem damaligen Aufsichtsratsvorsitzenden Wilfried Guth, daß die Arbeitnehmervertreter einschließlich Frau von Urach seinen Wahlvorschlag nicht unterstützen würden. Dann müßte er im zweiten Wahlgang die Doppelstimme ziehen. Doch eine solche Kampfabstimmung schien ihm die Sache offensichtlich nicht wert zu sein. In aller Stille zog er seinen Kandidaten noch vor der Sitzung zurück.

Da die Kapitalvertreter wußten, daß wir uns Anwärter auf ein Vorstandsamt sehr genau ansahen, weihten mich Guth und nach ihm Herrhausen bereits in einem frühen Stadium in konkrete Personalüberlegungen ein. Ich habe dann als stellvertretender Aufsichtsratsvorsitzender mit den für die Wahl in den Vorstand vorgesehenen Herren ein mehrstündiges Gespräch unter vier Augen geführt und sie regelmäßig zu einer Vorstellung in die Runde der Arbeitnehmervertreter des Aufsichtsrates eingeladen. Dabei ging es uns darum, uns von ihrer fachlichen Kompetenz zu überzeugen. Daneben wollten wir durch gezielte Fragen erfahren, inwieweit sie eine positive Einstellung zu den Interessen und Mitbestimmungsrechten der Mitarbeiter hatten. Hatten sie uns in beiderlei Hinsicht überzeugt, teilte ich dem Aufsichtsratsvorsitzenden mit, daß er mit unserer Unterstützung rechnen könne.

Bei Daimler-Benz kamen – anders als beispielsweise bei VW – Vorstandsmitglieder und Vorstandsvorsitzende in aller Regel aus dem Hause. Eine Ausnahme von dieser Regel war 1987 die Berufung von Helmut Werner in den Vorstand, in dem er den Nutzfahrzeugbereich übernehmen sollte. Präsentiert hatte den Chef des Reifenherstellers Continental Alfred Herrhausen, der Werners Aufsichtsratsvorsitzender war und dieselbe Funktion bei uns nach der Pensionierung Wilfried Guths im Sommer 1985 ausübte. Als ich über Herrhausens Pläne informiert worden war, rief ich meinen Betriebsratskollegen bei Continental an und befragte ihn über Werner. Die Auskünfte, die ich dabei erhielt, waren überaus positiv. Allerdings verschwieg man mir, daß er mit der Abschaffung der innerbetrieblichen Form der Entlohnung massiv in die Rechte der Arbeitnehmer eingegriffen hatte. Davon habe ich erst später erfahren. Daß wir gegen ihn gewisse Vorbehalte hatten, lag dann auch vor allem daran, daß er aus einer ganz anderen Branche kam. Wir waren der Meinung, daß ein Unternehmen wie Daimler-Benz ein so großes Potential fähiger Führungskräfte besitze, daß es vakante Vorstandspositionen durchaus mit eigenen Leuten besetzen könne. Schließlich haben wir aber Werner mitgewählt. Ich habe mit ihm später viel im Clinch gelegen, weil seine Politik eindeutig auf eine Verringerung der Fertigungstiefe angelegt war; die Auslagerung von Eigenfertigung von Komponenten und Teilen hätte bei uns zu einem massiven Abbau von Arbeitsplätzen geführt.

Uns und speziell mir persönlich ist hier und da vorgeworfen worden, wir hätten Vorstandsentscheidungen ausschließlich unter dem Gesichtspunkt getroffen, gefügigen oder wenigstens uns politisch nahestehenden Männern zur Spitze zu verhelfen. Als scheinbarer Beweis diente dabei immer wieder unser »Nein« zur Berufung von Werner Breitschwerdt als Nachfolger von Gerhard Prinz im Herbst 1983 und unser offenes Eintreten für Edzard Reuter als Vorstandsvorsitzenden. Gewiß stand der Sozialdemokrat Reuter unseren politischen Grundüberzeugungen näher als andere. Aber wir kannten ihn nur zu gut, um uns der Illusion hinzugeben, als sei er für uns ein bequemer Partner. Dies hat sich dann auch voll bewahrheitet, als er 1987 an die Spitze des Konzerns trat. Für eine Kumpanei oder einen Kuhhandel mit den Arbeitnehmern war keiner weniger zu haben als er. Er akzeptierte nur, wovon man ihn kraft besserer Argumente überzeugen konnte, und scheute sich nicht einmal, 1988 eine tarifpolitische Nullrunde zu fordern.

Als ich, kurz nachdem Prinz gestorben war, zu Guth nach Frankfurt fuhr, um ihm meine Nachfolgevorstellungen zu erläutern, ließ ich mich denn auch von anderen Überlegungen leiten. Ich wies ihn darauf hin, daß in den achtziger Jahren große Entscheidungen im Planungs- und Finanzbereich anstünden, die nur ein »fertiger Mann« treffen könne. Dafür habe Reuter die meisten Erfahrungen sammeln können. Er habe von 1973 bis 1980 die Unternehmensplanung geleitet und anschließend das Finanzressort betreut. Für Breitschwerdts Verbleiben an der Spitze des Forschungs- und Entwicklungsressorts spreche, daß dieser das umfangreiche Modellprogramm voll im Griff habe und ein kompetenter Nachfolger nicht bereitstehe. Guth hat mir nicht einmal widersprochen, aber natürlich wich er keinen Deut von seinem Standpunkt ab. Und da Frau von Urach für Breitschwerdt stimmen wollte, stand seiner Berufung gegen unsere neun Stimmen nichts mehr im Wege. Unser Votum stand nicht im Widerspruch dazu, daß ich Breitschwerdt persönlich außerordentlich schätzte. Leider sollte sich ja bald herausstellen, daß man ihm mit der Berufung an die Spitze am wenigsten einen Gefallen getan hatte. Ihm fehlte der für diese Aufgabe unentbehrliche politische Weitblick.

Vor der Abstimmung über die Berufung Breitschwerdts hatte Guth, ohne Namen zu nennen, Stellungnahmen aus dem Aufsichtsrat gegenüber der Presse kritisiert. Natürlich war ich, wie sicherlich auch andere Mitglieder, im Vorfeld der mit Spannung erwarteten Wahl von Journalisten angerufen und dabei nach der Position der Arbeitnehmervertreter befragt worden. Ich hatte mich nicht gescheut zu sagen, was nach der Sitzung ohnehin die Spatzen von den Dächern gepfiffen hätten. Guth sah darin einen »Bruch der aktienrechtlichen Verschwiegenheitspflicht«. Es war nicht das erste Mal, daß ich über dieses Thema mit ihm in Streit geriet. Schon kurz nach Inkrafttreten des neuen Mitbestimmungsgesetzes hatte er verlangt, daß ihm als Aufsichtsratsvorsitzenden jede durch ein Mitglied weitergegebene Information mündlich oder schriftlich mitgeteilt werden müsse – und zwar vorher. Ich habe dies entschieden abgelehnt und das Recht für mich in Anspruch genommen, die Betriebsratsgremien und die Belegschaft im Rahmen dessen, was ich aktienrechtlich verantworten konnte, jederzeit zu informieren. Wenn ihm das nicht passe, könne er ja juristisch gegen mich vorgehen. Auf alle Fälle lasse ich mir keinen Maulkorb umhängen.

In einer ähnlichen Sache geriet ich mit Guth noch einmal aneinander. In der Hauptversammlung 1974 fiel der Aktionärssprecher Kurt Fiebich in übelster Weise über die Gewerkschaften und Betriebsräte her. In seinen Augen waren sie allesamt Faulenzer, die das Unternehmen schädigten. Für seine Tiraden erntete er bei einem Teil des Publikums sogar noch Beifall. Ich war damals noch nicht stellvertretender Aufsichtsratsvorsitzender und saß daher auf dem Podium ein paar Plätze von Guth entfernt. Wütend stand ich auf, ging zu Guth und verlangte das Wort. Er bedauerte und verwies auf eine im Aufsichtsrat getroffene Absprache. Danach sollte in der Hauptversammlung außer dem Aufsichtsratsvorsitzenden ein anderes Mitglied nur in begründeten Ausnahmefällen sprechen. Er war ziemlich verdutzt, als ich ihm antwortete: Ob Sie mir das Wort erteilen oder nicht, ich werde, sobald der Redner geendet hat, ans Pult gehen und reden. Sie können mir ja dann das Mikrophon abstellen. Aber ich mache Sie darauf aufmerksam, daß Sie denen da unten dann erklären müssen, warum Sie mir das Wort verbieten, und das ist öffentlich hier, da sitzt die Presse. – Ich bin dann tatsächlich ans Mikrophon gegangen, ohne daß er mich unterbrochen hätte. Natürlich war er stocksauer, aber das war mir egal. Angriffe, die so eindeutig unter die Gürtellinie zielen, konnte ich nicht auf uns sitzen lassen. Und damit mich jeder verstand, verwies ich darauf, daß es ohne den Fleiß und das Geschick von Tausenden von Arbeitern keine steigenden Gewinne und Dividenden und keine Gratisaktien gäbe. Und ohne die Arbeit der Betriebsräte in elf Werken und 42 Niederlassungen gäbe es kein anständiges Verhältnis zwischen Unternehmensleitung und Belegschaft und keinen stabilen Betriebsfrieden. Es sei schäbig, die Betriebsräte in der Hauptversammlung in einer so rüden Weise zu beschimpfen. Vereinzelt erhielt ich für meine Rede sogar Beifall, ein Beweis dafür, daß sich wenigstens ein Teil der Aktionäre durch solche Scharfmacher nicht hatte beeindrucken lassen.

In der Hauptversammlung 1978 wiederholte sich dieses

makabre Schauspiel. Noch war die Karlsruher Verfassungsbeschwerde der Arbeitgeber nicht entschieden, das Thema
Mitbestimmung erhitzte noch immer die Gemüter. Diesmal
war der erstmalig auf dem Podium sitzende Franz Steinkühler Zielscheibe persönlicher Angriffe. Auch die Betriebsräte
und Gewerkschaften wurden fast in die Nähe terroristischer
Vereinigungen gerückt. Ich bat Guth, der neben mir saß,
ums Wort, und wiederum lehnte er zunächst ab. Ich antwortete ihm: Es ist mir gleich, ob Sie mir das Wort als stellvertretender Aufsichtsratsvorsitzender oder als Gesamtbetriebsrats-Vorsitzender geben, aber geben müssen Sie es
mir, und sei es als Belegschaftsaktionär. – Er wollte mit allen
Mitteln verhindern, daß ich auf diese ungeheuerlichen Be-
schuldigungen antworte. Ich habe den Leuten dann in Erinnerung gerufen, welchen Anteil die Gewerkschaften am
Wiederaufbau nach dem Krieg gehabt hätten. Daß wir ein
in der Verfassung verankertes Streikrecht hätten, unter-
scheide uns von den kommunistischen und faschistischen
Diktaturen. Noch später beantragte ein ewig Gestriger in
jeder Hauptversammlung, Franz Steinkühler als Aufsichts-
ratsmitglied die Entlastung zu verweigern. Aber dafür hatten die meisten nicht einmal mehr ein müdes Lächeln übrig.

Unter Alfred Herrhausen wurde das ganze Klima sehr viel
entspannter. Guth war seiner Grundeinstellung nach ein
konservativer Mann und trat uns aus seiner politischen Position heraus, wie ich spürte, mit Vorbehalten gegenüber. Es
kam in Aufsichtsratssitzungen vor, daß er sachliche Argumente von seiten der Arbeitnehmervertreter einfach igno-
rierte. Herrhausen dagegen ging auf Argumente zu Sach-
und Personalfragen sehr viel intensiver ein. Das beschränkte
sich nicht nur auf Sitzungen. Schon früh bat er mich als sei-

nen Stellvertreter nach Frankfurt, um meine persönliche Ansicht über Breitschwerdt und Reuter zu hören. Wir hatten in dem halben Jahr vor Breitschwerdts vorzeitigem Ausscheiden und der Berufung Reuters zu seinem Nachfolger im September 1987 mehrere Vieraugengespräche. Ich bin sicher, daß Herrhausen ohne die Zustimmung der Arbeitnehmervertreter die Ablösung Breitschwerdts nicht vorgenommen hätte. Schließlich bedeutete dieser Amtswechsel eine schallende Ohrfeige für seinen Amtsvorgänger Guth. Natürlich durften wir uns durch diesen ungewöhnlichen Führungswechsel in unseren seinerzeitigen Bedenken gegen die Regelung der Prinz-Nachfolge bestätigt fühlen. Doch für einen Triumph gab es keinen Anlaß. Dafür hatte das von den Medien weidlich ausgeschlachtete Tauziehen in der Chefetage Daimler-Benz zu sehr geschadet.

Der Wechsel von Breitschwerdt zu Edzard Reuter stand in engem Zusammenhang mit der Diversifikationspolitik des Konzerns. Auch wenn der Einstieg bei Dornier und AEG noch in die Ära Breitschwerdt fiel, waren doch Reuter und Werner Niefer die geistigen Väter der auf eine Verbreiterung der Unternehmensbasis ausgerichteten Strategie. Herrhausen begründete die Berufung Reuters denn auch mit der Entwicklung von Daimler-Benz zu einem Technologiekonzern, der schwerer als ein reiner Autohersteller zu führen sei. Mich überzeugte diese Begründung nicht. Sie sollte in Wahrheit wohl nur darüber hinwegtäuschen, daß man einen Fehler begangen hatte, den man jetzt korrigierte. Die Arbeitnehmervertreter im Aufsichtsrat standen dem Gedanken einer Erschließung neuer Aufgabenfelder grundsätzlich positiv gegenüber. Auch mich persönlich überzeugte das Argument, daß es für ein Unternehmen wie Daimler-Benz vorteilhaft sei, vor allem in der Mikroelektronik eigene Kompetenz aufzubauen. Denn gerade in Autos der oberen Preisklasse spielt diese Schlüsseltechnologie eine immer größere Rolle. Sowohl der Einstieg bei der AEG als auch bei Dornier wurde uns vom Vorstand denn auch in diesem Sinne interpretiert. Beide Transaktionen sind deshalb mit unseren Stimmen im Aufsichtsrat abgesegnet worden.

Eine völlig neue Situation ergab sich für uns mit dem Entschluß des Vorstandes, den Luft- und Raumfahrtkonzern Messerschmitt-Bölkow-Blohm (MBB) zu übernehmen. Am 9. November 1988 diskutierte der Aufsichtsrat in einer fast zehnstündigen Sitzung erstmalig über die MBB-Transaktion. In der Öffentlichkeit hatte die sogenannte »Elefantenhochzeit« einen heftigen Streit ausgelöst. Die Gegner der geplanten Fusion kritisierten vor allem die damit verbundene Konzentration politischer Macht auf den größten deutschen Industriekonzern. Insbesondere auf die Bonner Rüstungspolitik, so ihre Sorge, werde Daimler-Benz einen mitbestimmenden oder gar bestimmenden Einfluß gewinnen. Mindestens ebenso wie diese ordnungspolitischen Bedenken beschäftigte uns die Frage, wie das Unternehmen künftig in der Öffentlichkeit und nicht zuletzt bei unseren Autokunden gesehen werden würde. Schon gab es alarmierende Anzeichen, daß Gegner des Zusammenschlusses keinen Mercedes mehr wollten und dafür auf BMW umstiegen. Mit einem »Rüstungskonzern« Daimler-Benz konnten wir uns nur schwer abfinden, auch wenn dieses öffentliche Image durch den Umfang dieser Aktivitäten, gemessen am Automobilgeschäft, nicht gerechtfertigt war.

In der Diskussion erinnerte ich Reuter daran, daß der Einstieg bei AEG und Dornier seinerzeit damit begründet worden sei, den Fahrzeugbereich durch die Angliederung

von Technologiebereichen abzusichern. Von einem Luft-
und Raumfahrtkonzern neben dem angestammten Automobilgeschäft sei dagegen nicht die Rede gewesen. Im übrigen
befürchtete ich, daß das Management von Daimler-Benz
mit der Integration von MBB überfordert sein könnte. Diese
Bedenken würden in weiten Teilen der Führungskräfte ge-
teilt. Daß wir keine notorischen Schwarzseher waren, haben
die Fakten eindeutig unter Beweis gestellt. Die Unfähigkeit,
das chronische Sorgenkind AEG auf gesunde Beine zu stellen, und die Schwierigkeiten bei der Zusammenführung der
zusammengekauften Luft- und Raumfahrtaktivitäten unter
dem Dach der Deutschen Aerospace (DASA) zeigten, daß
sich Reuter und seine Führungsmannschaft übernommen
hatten. Interessant war, daß Herrhausen ähnliche Zweifel
hatte wie die Arbeitnehmervertreter. Ob Daimler-Benz die
äußerst schwierige industrielle Führung bei MBB gelinge,
sei »nicht ohne weiteres zu beantworten«, sagte er. Das war
für einen Mann, der sich für die Fusion entschieden hatte,
deutlich genug. Auf einer Sondersitzung in der Frankfurter
Zentrale der AEG stimmte der Aufsichtsrat der Daimler-
Benz AG der Übernahme der MBB-Mehrheit zu. Dafür waren die zehn Vertreter der Kapitalseite sowie die leitende
Angestellte, dagegen die übrigen neun Arbeitnehmervertreter.

Wieder einmal hatte sich gezeigt, wie trügerisch der
schöne Schein der Parität war. Ohne daß Herrhausen die
Zweitstimme ausspielen mußte, waren die Arbeitnehmervertreter in einer für den Konzern zentralen Frage majori-
siert worden. Viel ist seitdem geschehen, vor allem politisch.
Der Zusammenbruch des Kommunismus und die Wiedervereinigung haben zu einem einschneidenden Schrump-
fungsprozeß der Rüstungsindustrie geführt. Die Zahl derer,

die der MBB-Akquisition skeptisch gegenübersteht, ist seit der Entscheidung Ende 1988 eher größer geworden. Unsere Vorbehalte gegen die Fusion waren, ähnlich wie gegen die Berufung von Werner Breitschwerdt fünf Jahre zuvor, demnach wohlbegründet und nicht etwa Ausdruck einer prinzipiell oppositionellen Einstellung gegen die Politik des Vorstandes und die Kapitalmehrheit im Aufsichtsrat. In den fast zwölf Jahren, in denen ich dem nach dem Mitbestimmungsgesetz von 1976 gewählten Gremium angehörte, haben die Arbeitnehmervertreter nur ganze viermal mit »Nein« gestimmt.

Nach all unseren Erfahrungen könnte mancher zu dem Schluß kommen, daß den Arbeitnehmern die »paritätische« Mitbestimmung nichts gebracht hat. Soweit würde ich nicht gehen. Auch wenn wir, rein zahlenmäßig gesehen, am kürzeren Hebel sitzen, hat sich unsere Position doch verbessert. Mit dem Einzug von drei externen Gewerkschaftsvertretern, alles kompetente Männer, haben wir im Aufsichtsrat zweifellos eine neue Qualität gewonnen. Die mehr betriebliche Sicht ist durch eine stärker konzernübergreifende wirtschaftliche und politische Beurteilung ergänzt worden. In einem Unternehmen von der Bedeutung der Daimler-Benz AG ist es auch für Arbeitnehmervertreter wichtig, über den Tellerrand hinauszublicken. Die Argumente, die Franz Steinkühler gegen die umstrittene MBB-Fusion vorbrachte, hatten ihr eigenes Gewicht. Ich bin überzeugt, daß ein nach dem alten Schlüssel zusammengesetzter Aufsichtsrat – zwei Drittel Kapitalvertreter, ein Drittel Arbeitnehmervertreter – über dieses Projekt nicht zehn Stunden ununterbrochen diskutiert hätte.

Mindestens ebenso wichtig: Unsere Position hat sich im

Vorfeld von Aufsichtsratsbeschlüssen deutlich verbessert. Zwar kann der Aufsichtsratsvorsitzende dank seiner Zweitstimme uns jederzeit niederstimmen lassen. Doch allein aus Gründen der negativen öffentlichen Wirkung muß er daran interessiert sein, Konflikte möglichst rechtzeitig zu entschärfen. Kampfabstimmungen möglichst zu vermeiden empfiehlt sich insbesondere bei Personalentscheidungen. Ein Vorstandsmitglied, das gegen die Stimmen der Arbeitnehmervertreter gewählt wird, geht in jedem Fall mit einem Handicap an den Start. Dies hat uns die Chance geboten, unser Gewicht frühzeitig in die Waagschale zu werfen. Ich habe deshalb, sobald es eine Führungsposition in der Holding, aber auch bei einer der Konzerngesellschaften (vor allem der Mercedes-Benz AG) neu zu besetzen galt, stets klar signalisiert, wer mit unserer Unterstützung rechnen könne und wer nicht. Mit derselben Entschiedenheit habe ich fast alle Versuche abblocken können, durch die Verlagerung von Produktionen ins Ausland oder zu inländischen Zulieferern Arbeitsplätze in unseren Werken aufzugeben. Trotz allem ist das große gesellschaftspolitische Ziel, in der wirtschaftlichen Mitbestimmung die volle Gleichberechtigung von Kapital- und Arbeitnehmerinteressen zu erreichen, mit der Reform von 1976 verfehlt worden. Die Gewerkschaften sollten das aber über den Kampf um Mark und Pfennig nicht aus den Augen verlieren!

13. Wo die Bürger der Schuh drückt

Die SPD muß wieder klare Antworten geben

*I*m Jahre 1956 trat ich in die SPD ein. Ich war zu diesem Zeitpunkt 27 Jahre. Wenn man sich zu einer Partei bekennt, verbindet man damit bestimmte Vorstellungen und Ziele. Meine Eltern waren, obwohl sie aus ihrer Sympathie für die Sozialdemokraten nie einen Hehl gemacht hatten, nicht Mitglieder. Eine große politische Karriere strebte ich ebenso wenig an, wie ich einen besonderen Gefallen an tiefschürfenden Programm- und Theoriediskussionen fand. Über nächtliche Richtungskämpfe im Kreise engagierter Jungsozialisten kann ich nicht berichten, weil ich vor meinem SPD-Beitritt kein Jungsozialist war. Als Theoretiker hatte ich nur bescheidenes Talent, ich war mehr der von handfesten Arbeitnehmerinteressen geleitete Pragmatiker. Wenn man sich in seiner betrieblichen Arbeit nicht nur mit dem Erreichten zufriedengeben, sondern die Stellung der Belegschaften und ihrer Vertretungsorgane stärken wollte, brauchte man zur politischen Durchsetzung seiner Vorstellungen den verlängerten Arm einer für diese Themen aufgeschlossenen Partei. Die über die Liste der IG Metall in den Mannheimer Betriebsrat der Daimler-Benz AG gewählten Kollegen gehörten schon vor meiner Zeit fast alle einem der parteipolitischen Lager an, überwiegend natürlich SPD und

KPD (nach 1956 deren Nachfolgeorganisationen), in geringerer Zahl der CDU. Ihre Interessen, besonders vor Betriebsratswahlen, verfolgten sie in werksinternen Zusammenschlüssen. Die bis auf den heutigen Tag bestehende sozialdemokratische Betriebsgruppe, in die ich nach meinem Parteieintritt aufgenommen wurde, zählte damals an die hundert Mitglieder. Nicht wenige Initiativen der Kreispartei gingen auf ihre Anregungen zurück.

Wer als Arbeitnehmervertreter in einem Großunternehmen an herausgehobener Position Verantwortung übernehmen möchte, kommt ohne parteipolitische Hausmacht nicht aus. Die Belegschaft will wissen, wie ein Kandidat im Grundsatz denkt, wo seine politische Heimat ist. Ich hätte als Parteiloser niemals Vorsitzender des Betriebsrates oder später des Gesamtbetriebsrates werden können. Ich wollte aber nicht nur von meiner betrieblichen Basis aus politisch wirken. Nach meinem Verständnis sollte der Betriebsratsvorsitzende des größten Arbeitgebers der Stadt auch in der Kommunalpolitik eine aktive Rolle übernehmen. 1965 wurde ich erstmalig in den Mannheimer Gemeinderat gewählt, 1980 übernahm ich das Amt eines stellvertretenden Fraktionsvorsitzenden, seit meinem Ausscheiden aus der Daimler-Benz AG führe ich die sozialdemokratische Fraktion. Zwischen 1972 und 1976 war ich Kreisvorsitzender der SPD Mannheim. Ich habe mich in diesen Funktionen nie als Interessenvertreter oder gar Lobbyist meiner Belegschaft gefühlt. Aber natürlich lag es auch im Interesse meiner Kollegen, daß in einer Industriestadt wie Mannheim eine primär an den Interessen der Arbeitnehmer ausgerichtete Kommunalpolitik betrieben wurde.

Bereits in der Gründerzeit der Sozialdemokratie war im damaligen Großherzogtum Baden und darüber hinaus im

Deutschen Reich Mannheim eine Hochburg der Arbeiter-
bewegung. Aus August Bebels Erinnerungen wissen wir,
daß es Mannheimer Genossen waren, die während des von
Bismarck verhängten Sozialistengesetzes die verbotene Par-
teizeitung »Sozialdemokrat« von ihrem Erscheinungsort
Zürich durch Baden ins gesamte Reichsgebiet schmuggel-
ten. 1874 eroberte die Partei bei den Kommunalwahlen in
Mannheim alle 16 in der dritten Klasse, der sogenannten
Klasse der »Niederstbesteuerten«, zu vergebenden Sitze des
Bürgerausschusses. Es sollte noch 30 Jahre dauern, bis die
SPD mit einer eigenen Liste auch für die zweite Klasse kan-
didieren konnte. Nach der Abschaffung des Dreiklassen-
wahlrechts stieg die Partei zur bestimmenden politischen
Kraft auf und stellte zwischen 1928 und der Machtergrei-
fung der Nazis mit Hermann Heimerich erstmals den Ober-
bürgermeister.

Die Mannheimer SPD schickte auch immer wieder hervorragende Männer in den Deutschen Reichstag – angefangen von August Dreesbach über Oscar Geck bis zu Ludwig
Frank, einem der besten Köpfe der Gesamtpartei. Dieser jüdische Intellektuelle, ein glühender Patriot, meldete sich
1914 zu den Fahnen und fiel nur wenige Wochen nach Ausbruch des Ersten Weltkrieges in Frankreich. Nach 1945 war
zweifellos Professor Carlo Schmid der herausragende Politiker. 20 Jahre lang, von 1952 bis 1972, vertrat er einen der
beiden Mannheimer Bundestagswahlkreise in Bonn. Seine
Popularität reichte weiter über die traditionelle Anhängerschaft der SPD in bürgerliche Wählerkreise hinein. Zu erkennen war dies daran, daß der Anteil der (auf ihn persönlich entfallenden) Erststimmen stets höher als der der seiner
Partei geltenden Zweitstimmen war. Obwohl sein Direkt-
mandat im Mannheimer Norden, einem traditionellen Ar-

beiterwahlkreis, nie gefährdet war und er sich als prominenter Bundespolitiker an der Basis ohne weiteres hätte rar machen können, kämpfte er um jede Stimme. Wo er auftrat, war ihm ein volles Haus sicher. Ich erinnere mich an eine Wahlkundgebung mit ihm auf der Vogelstang, für die nur eine Baracke zur Verfügung stand. Der Raum war zum Bersten voll. Carlo Schmid hielt seine Rede, so als hätte er ein großes Auditorium vor sich. Anschließend saß er mit uns noch zusammen und aß seine Portion Schinken, wofür er eine besondere Schwäche hatte. Nach seinem Verzicht auf eine erneute Kandidatur trug mir der Kreisvorstand der SPD unter Führung des kurze Zeit später zum Oberbürgermeister gewählten Ludwig Ratzel 1972 die Nachfolge an. Die Offerte erreichte mich in einem für meine weitere berufliche Arbeit entscheidenden Augenblick. Denn ich war gerade im Begriff, den Vorsitz des Gesamtbetriebsrates zu übernehmen. Diese zeitraubende Aufgabe und ein Abgeordnetenmandat in Bonn waren jedoch gleichzeitig unmöglich, und so lehnte ich das Angebot ab. An meiner Stelle kandidierte mein Betriebsratskollege bei den Mannheimer Motoren-Werken, Werner Nagel, und wurde auch gewählt.

Ein besonderes Ereignis für die Mannheimer SPD war der in unserer Stadt abgehaltene Bundesparteitag im November 1975. Ihm waren im Sommer der Rücktritt Willy Brandts vom Amt des Bundeskanzlers (als Reaktion auf die Guilleaume-Affäre) und die Wahl Helmut Schmidts als Nachfolger vorausgegangen. Ich war zu diesem Zeitpunkt Kreisvorsitzender und hatte als Mitglied des Parteitagspräsidiums einen Tag lang die Leitung. Was die Einbringung von Anträgen auf Landes- und Bundesparteitagen betrifft, war die Mannheimer SPD nie besonders fleißig; »Weltverbesserei«

und utopische Zukunftsentwürfe waren nicht unsere Sache. Uns beschäftigte vielmehr die Frage, mit welchen praktischen Lösungen bestimmte, den Bürgern unmittelbar auf den Nägeln brennende Probleme aus der Welt geschafft werden könnten. Die beiden Anträge, die der Kreisverband Mannheim auf dem Bundesparteitag 1975 stellte, waren dafür typisch. Mit dem Antrag 279 (»Neugliederung des Bundesgebietes«) wollten wir die Voraussetzungen dafür schaffen helfen, Nachteile für einzelne Regionen und Städte durch unvorteilhaft verlaufende Ländergrenzen zu beseitigen. Wie kaum ein anderes Industriezentrum ist der Wirtschaftsraum Mannheim durch seine Lage im Dreiländereck von Baden-Württemberg, Rheinland-Pfalz und Hessen behindert. Rechtsvorschriften und Verwaltungspraxis weichen teilweise erheblich voneinander ab. Das Problem besteht nach wie vor. Im Antrag 114 (»Förderprogramm für Großstädte«) forderten wir ein gemeinsames, von Bund und Ländern erstelltes Konzept zur Verbesserung der Lebensbedingungen im Kernbereich der Großstädte. Hintergrund war die alarmierende Abwanderung traditionell in den Innenstädten wohnender Bürger und Steuerzahler ins Umland. Aus ihren rückläufigen Einnahmen müssen die Kommunen obendrein zunehmende Ausgaben bestreiten, die mit der ungünstiger gewordenen Sozialstruktur automatisch auf sie zukommen. Auch dieses von uns 1975 erkannte Problem hat sich nicht erledigt. Im Gegenteil, erst heute wird den meisten seine Dramatik bewußt.

Kurz nach dem Mannheimer Parteitag teilte ich dem damaligen Daimler-Benz-Vorstandsvorsitzenden Joachim Zahn mit, daß ich die Absicht hätte, Bundeskanzler Helmut Schmidt zu einer Belegschaftsversammlung in unser Werk einzuladen. Er zeigte sich über meine Mitteilung alles andere als erfreut und erklärte, daß er dies nicht zulassen werde. In einem zweiten Gespräch bekräftigte ich wenig später meine Entschlossenheit, auch ohne seine Zustimmung Schmidt in Mannheim sprechen zu lassen. Immerhin hätte der Betriebsrat und nicht der Vorstand in der Betriebsversammlung das Hausrecht. Zahn erkannte, daß jeder weitere Widerstand gegen unser Vorhaben vergeblich wäre. Als ich ihm auch noch androhte, den Kanzler bei seinem Besuch von den Verhinderungsversuchen des Daimler-Chefs zu informieren, änderte Zahn seine Taktik blitzschnell. Wenn Schmidt schon komme, so schlug er vor, wollten auch er und vielleicht weitere Mitglieder des Vorstandes anwesend sein. Was hätte ich dagegen einwenden sollen?

Es war das erste Mal, daß ein prominenter Bundespolitiker zu unserer Belegschaft sprach. Im Bundestagswahlkampf 1965 waren der damalige Kanzlerkandidat Willy Brandt und mit ihm als Wahlkreisabgeordneter Carlo Schmid im Werk gewesen. Doch hatten sie nur dem Betriebsrat einen Besuch abgestattet und auf der Straße über ein aufgestelltes Mikrophon ein paar kurze Worte an die herbeigeeilten Arbeiter gerichtet. Da Helmut Schmidt außerhalb eines Wahlkampfes zu uns kam, gab es aus Gründen der Parteienneutralität gegen seinen Besuch nichts einzuwenden. Der Kanzler gab in seiner gewohnten Art einen weitgespannten Überblick über die außen- und wirtschaftspolitische Lage. Er erntete einen Riesenbeifall, nur ein paar – offenbar vom Kommunistischen Bund Westdeutschland »in die Bütt« geschickte – Linke versuchten, ihn in der anschließenden Diskussion zu provozieren. Doch rasierte Schmidt, wie man bei uns sagt, »die Maulhelden ohne Seife ab«.

Sowenig Zahn der Auftritt des Kanzlers im Mannheimer Werk paßte, sowenig hatten er und seine Kollegen dagegen einzuwenden, wenn wir unsere politischen Kontakte in Bonn nutzten, um auf Entscheidungen Einfluß zu nehmen, die im Gesamtinteresse des Unternehmens lagen. Als es bei uns im Nutzfahrzeugbereich nicht so recht lief, nutzte ich politische Drähte zum damaligen Verteidigungsminister Georg Leber, um dringend benötigte Bundeswehraufträge für Daimler-Benz vorzeitig zu erhalten. Eine andere Thematik, um die ich mich kümmerte, war die Rabattbesteuerung bei Jahreswagen. Schon in der SPD/FDP-Regierung gab es Überlegungen, dem Staat an dieser Stelle eine neue Einnahmequelle zu erschließen. Ich führte mit dem damaligen sozialdemokratischen Staatssekretär im Bonner Finanzministerium, Rolf Böhme, mehrere Gespräche, um ihn von diesem Vorhaben abzubringen. Mein Hauptargument war, daß auch Mitarbeiter anderer Unternehmen geldwerte Vorteile hätten, ohne daß diese dem Zugriff des Finanzamtes unterlägen. Als Beispiel nannte ich die extrem stark verbilligten Flüge der Lufthansa-Beschäftigten samt ihren Familien oder die Freifahrten der Bundesbahner. Die Pläne blieben wärend der Regierungszeit der sozialliberalen Koalition denn auch in der Schublade. Der Vorstand, den ich über meine Bonner Gespräche vorher informiert hatte, zeigte sich sehr erleichtert, daß der Kelch noch einmal an ihm vorübergegangen war. Denn der Jahreswagenverkauf bildete in der Absatzplanung der Pkw-Verkäufer eine feste Größe und wäre als Folge einer Rabattbesteuerung mit Sicherheit erheblich zurückgegangen.

Ich habe das Ende der sozialliberalen Koalition sehr bedauert. Sie schuf für die Arbeitnehmer und ihre Gewerkschaft eine große Zahl von Mitwirkungsrechten, die uns bis dahin verwehrt worden waren. Sicherlich war der Vorrat an Gemeinsamkeiten zwischen SPD und FDP zum Ende hin nicht mehr so groß wie am Beginn der Reformphase 1969. Aber es gab auch in der SPD starke Kräfte, die offen oder verdeckt für einen Ausstieg aus der Regierungsverantwortung plädierten. Auch in der baden-württembergischen SPD gab es eine starke Minderheit, die der Meinung war, die Sozialdemokraten sollten sich lieber in der Opposition regenerieren. Ich habe mich gegen diese Einstellung stets nach Kräften gewehrt. Man kann Verhältnisse politisch nur verändern, wenn man die Macht dazu hat. In der Opposition sind die Möglichkeiten, den Gang der Dinge mitzubestimmen, doch sehr begrenzt. Daß sich eine Partei auf den Bänken der Opposition angeblich besser regenerieren soll als in der Regierungsverantwortung, hat mir noch nie eingeleuchtet. Die diese Ansicht vertreten, haben nach meinen Beobachtungen oft ein prinzipiell gestörtes Verhältnis zur Macht. Denn Macht und Verantwortung zu haben bedeutet, häufig unpopuläre Entscheidungen gegen vielfältige Widerstände, auch im eigenen Lager, durchzusetzen. Genau dies war die Situation Anfang der achtziger Jahre, als die wirtschaftlich schwierige Lage die Regierung Schmidt zwang, im sozialen Bereich Einsparungen vorzunehmen. Den guten Willen aller vorausgesetzt, hätte darüber in der Partei und mit den Gewerkschaften ein Konsens erreicht werden müssen. Doch hatte der Kanzler in dieser Phase schon nicht mehr die volle Rückendeckung seiner Partei. Dies machte es den Liberalen leicht, den schwarzen Peter dem Koalitionspartner zuzuschieben.

Die Mannheimer SPD stand bis zuletzt mit großer Geschlossenheit hinter der sozialdemokratisch geführten Bundesregierung. Sie wußte, was auf dem Spiel stand. In der

Landespartei sah man dies hier und da anders. Das war nicht verwunderlich. Solange ich zurückdenken kann, herrschte zwischen dem Mannheimer Kreisverband und der Stuttgarter Parteispitze nicht gerade ein herzliches Einvernehmen. Nach unserem Geschmack ging die SPD vor allem unter dem Vorsitz von Erhard Eppler zuwenig auf die wirklichen Probleme und Interessen der Bürger ein. Die Quittung erhielt sie bei den Wahlen. Über Jahrzehnte kam die Partei aus dem Dreißig-Prozent-Turm nicht heraus. Während Stuttgart als eine der ganz wenigen Großstädte bis heute von einem CDU-Oberbürgermeister regiert wird, waren in Mannheim stets wir die bestimmende politische Kraft. Doch leider hatten wir in der Landespolitik der SPD nicht das Gewicht, das unseren Erfolgen bei Wahlen angemessen gewesen wäre.

Vielleicht spielte eine gewisse Eifersucht dabei mit, daß man uns auf Distanz zu halten suchte. Typisch für unser Verhältnis war eine kleine Episode auf dem Landesparteitag 1968, der im Mannheimer »Rosengarten« stattfand. Sehr zum Ärger der Delegierten gab es ein ziemlich miserables Essen, Schnitzel mit Kartoffelsalat. Offensichtlich in der Absicht, dem vermeintlich Schuldigen dafür einen Denkzettel zu verpassen, ließen sie unseren Kreisvorsitzenden Ludwig Ratzel bei der Wahl zum Landesvorstand durchfallen. Als ich wenig später den Vorsitz der Kreispartei übernahm, wurde ich zwar Mitglied des Landesvorstandes; unter der Führung des immer etwas schulmeisterlich auftretenden Erhard Eppler, der im übrigen nur wenig Widerspruch ertragen konnte, gestaltete sich die Arbeit jedoch nicht so, wie ich es mir vorgestellt hatte. Schnell war mir klar, daß ich dieses Amt möglichst bald wieder aufgeben sollte, was ich dann auch tat.

Seit meinem Eintritt in die SPD im Jahre 1956 hat die Partei ihr Gesicht stark verändert. Die einfachen Arbeiter, die bei den Versammlungen der Ortsvereine früher einmal das Bild bestimmten, sind leider zu einer Randgruppe geschrumpft. Angestellte, Beschäftigte des öffentlichen Dienstes und Intellektuelle beherrschen heute die Szene. Dies hat zum einen mit der gesunkenen Zahl gewerblicher Arbeitnehmer zu tun. Selbst in einer klassischen Industriestadt wie Mannheim ist der Anteil der in der Produktion beschäftigten Arbeiter mittlerweile auf 45 Prozent abgesunken. In den Parteiveranstaltungen haben sie gegen die rhetorisch gewandteren Angestellten, Beamten und Studenten einen schweren Stand. Hinzu kommt, daß Mitglieder aus den Betrieben auch bei der Wahl von Ortsvorständen und Parteitagsdelegierten immer häufiger den kürzeren ziehen. Damit hat sich die gesamte Stimmungslage in den Gremien verändert.

Mit dem Wandel der SPD von einer Arbeiter- zu einer Öko- und Mittelschichtpartei und dem Abtritt der Wiederaufbau-Generation von der politischen Bühne haben sich deutlich Prioritäten verschoben. Die in den Wohlstand hineingeborenen jüngeren Mitglieder konzentrieren sich sehr stark auf sozialpolitische und kulturelle Themen. Im Zweifel sind sie eher für eine Grünanlage als für eine Industrieansiedlung. Mich hatte diese Einstellung mehrfach auf die Palme gebracht. Denn so wichtig gerade in städtischen Ballungsräumen Erholungszonen sind, so leben wir nun einmal nicht von Grünanlagen, sondern von krisensicheren, gut bezahlten Arbeitsplätzen. Nur auf dieser Grundlage sind unser Wohlstand und ein leistungsfähiges Sozialsystem dauerhaft zu erhalten.

Ich habe seit langem das Gefühl, daß die beiden großen Volksparteien nicht mehr hinhören, was die Bürger von ihnen erwarten. Im Vergleich zu früher, als sie noch stärker als heute Weltanschauungsparteien waren, kehren ihnen viele Wähler, wenn sie sich nicht ernst genommen fühlen, sehr schnell den Rücken. Daß die Partei der Nichtwähler inzwischen vielerorts die stärkste Partei ist, muß ebenso zu denken geben wie das Aufkommen rechtsextremistischer Gruppierungen. Die Erfolge vor allem der »Republikaner« in klassischen SPD-Domänen hat gezeigt, daß auch unsere Partei von diesem Protestverhalten nicht verschont geblieben ist. Bereits bei der Europawahl 1989 erreichten die Reps in Mannheim einen Stimmenanteil von acht Prozent, bei der Gemeinderatswahl wenig später sogar 9,75 Prozent. Bei der Landtagswahl 1992 stiegen sie in Baden-Württemberg mit 10,9 Prozent zur drittstärksten Kraft auf – eine schlimme Entwicklung.

Besonders große Resonanz finden die Rechtsradikalen bei Männern, jüngeren Wählern und Arbeitern. So kamen bei den letzten Landtagswahlen die Reps bei Männern unter 25 Jahren landesweit auf 19 Prozent der Stimmen. Geradezu alarmierend aber ist die Tatsache, daß die Bereitschaft, eine rechtsextreme Partei zu wählen, bei gewerkschaftlich organisierten Arbeitern sogar noch größer war als bei unorganisierten.

Nichts wäre falscher, als diese Protestwähler als Rechtsradikale abzustempeln oder gar auszugrenzen. Sie werden in das Lager der etablierten Parteien zurückkehren, wenn sie die Überzeugung gewinnen, mit ihren Problemen bei ihnen besser aufgehoben zu sein.

Um dieses Ziel zu erreichen, müssen vor allem die beiden großen Volksparteien ihre Einstellung grundlegend ändern. Einer nach den Landtagswahlen von Baden-Württemberg und Schleswig-Holstein abgeschlossenen Forsa-Erhebung in den alten Bundesländern zufolge gehören die typischen Anhänger der rechtsradikalen Parteien zu den gesellschaftlich Unterprivilegierten. Die Managertypen in FDP und CDU und die »Toskana-Fraktion« in der SPD – von der Akademiker-Partei der »Grünen« ganz zu schweigen – finden, wie Wahlforscher der Universität Freiburg wohl nicht ganz zu Unrecht behaupten, keinen Zugang mehr zu den Problemen und Lebenswelten »politisch verwaister Bevölkerungsgruppen« wie etwa der Industriearbeiter und der neu entstandenen städtischen Unterschicht. Ihre Angst, ins soziale Abseits gedrängt zu werden, entlädt sich in der Feindschaft gegen Ausländer. Sie werden als Konkurrenten um einfache Arbeitsplätze, billige Wohnungen und staatliche Sozialleistungen betrachtet.

Wenn wir das Rad wieder zurückdrehen wollen, müssen wir den Bürgern zuallererst das Gefühl geben, daß wir ihnen reinen Wein einschenken und ihnen nicht aus wahltaktischen Gründen unerfüllbare Versprechungen machen. Dabei muß sich die SPD vor allem von ihrem Glauben an die heilsame Rolle des Staates in allen Lebenslagen, etwa bei der Steuerung der Wirtschaft, lösen. Auch wenn es manche Freunde nicht gerne hören: Wollen die Sozialdemokraten ihren alten Freiheits- und Gleichheitszielen gerecht werden, müssen sie für einen Abbau der Bürokratie, für eine stärkere Selektierung von Sozialleistungen und eine effizientere Organisation des öffentlichen Sektors eintreten.

Eine moderne »Partei der Arbeit« muß sich von einer Gesellschaft leiten lassen, in der vor allem Leistung zählt. Dies hat nichts mit einer Ellbogengesellschaft zu tun. Doch Leistung zu erbringen ist die Erfahrung, die gerade die sozialdemokratischen Stammwähler Tag für Tag an ihrem Arbeitsplatz machen. Wir haben uns viel zu lange viel zu sehr mit politischen und verfassungsrechtlichen Theorien beschäftigt. Die Wahlentscheidungen fallen nicht auf Kreisdelegiertenkonferenzen. Sie fallen draußen auf den Straßen, in den Familien und in den Betrieben, wo die Wähler unter sich sind.

14. Sozialfall Großstadt
Auch die Kommunalpolitik
braucht Visionen

In den großen Städten unseres Landes treffen die Probleme aufeinander, mit denen sich die Bürger und die von ihnen gewählten Politiker zunehmend konfrontiert sehen: Arbeitslosigkeit, Wohnungsnot, Ausländerintegration, Verkehrsinfarkt, Drogenabhängigkeit, Gewaltkriminalität. Hier, in den Ballungszentren, treten ganz besonders kraß die Folgen von Versäumnissen oder Fehlentscheidungen der Landes- oder Bundespolitik zutage. Damit will ich nicht sagen, daß die Kommunen ausschließlich Leidtragende oder gar Opfer höherer Instanzen wären. Für das Wohlergehen unserer Städte sind zunächst immer noch primär die Kommunalpolitiker verantwortlich, auch wenn ihr Gestaltungsspielraum zweifellos geringer geworden ist. Unter der Last rapide steigender Sozialverpflichtungen lassen sich notwendige Zukunftsinvestitionen kaum noch finanzieren. Meist bereits bis an die Grenze des Vertretbaren verschuldet, kämpfen fast alle Stadtväter mit dem Rücken zur Wand.

In der Kommunalpolitik kann man noch direkt und sichtbar Verhältnisse verändern. Buchstäblich »um das Werk herum« an maßgeblicher Stelle die Stadtentwicklung mitzubeeinflussen gibt mir bis heute viel innere Befriedigung. Da wo die Bürger direkt vor der Haustür erkennen können, ob die Politiker die Probleme im Griff haben oder nicht, ist für idealistische Wunschträume ebensowenig Raum wie für ideologische Schaukämpfe. Aber auch ein Pragmatiker kommt nicht ohne Orientierung, ohne Visionen aus. Sonst verirrt er sich in eine falsche Richtung. Er muß vor allem eine Antwort auf die Frage suchen, auf welche gesellschaftlichen Veränderungen er Rücksicht zu nehmen hat. Die wichtigste Frage ist dabei, wie sich die Bevölkerung im allgemeinen und speziell in der eigenen Stadt ihrer Zahl, Alters- und Sozialstruktur nach verändern wird. Ich habe deshalb schon ab Mitte der siebziger Jahre auf Veranstaltungen der SPD und später als Fraktionsvorsitzender im Mannheimer Gemeinderat immer wieder auf die erkennbaren Entwicklungen hingewiesen.

Bis zum Jahre 2030 wird die heimische Bevölkerung nach weitgehend übereinstimmenden Prognosen um etwa 30 Prozent geringer als heute sein. Gravierender als der absolute Rückgang ist allerdings die Verschiebung der Altersstruktur: Das deutsche Volk wird kinderärmer und älter. Das Wort von der Vergreisung macht die Runde. Bereits im Jahr 2000 werden 10,8 Millionen Bundesbürger, 16,1 Prozent der Bevölkerung, älter als 65 Jahre sein. Zehn Jahre später wird dieser Anteil bereits bei 12,6 Millionen oder knapp 19 Prozent liegen. Im Jahre 2040 wird der Anteil der 15- bis 30jährigen, der 1990 noch bei 22 Prozent lag, auf nur noch 14 Prozent absinken. Die Bevölkerungspyramide wird dann auf dem Kopf stehen. Diese Entwicklung hat gravierende Auswirkungen auf nahezu alle Gebiete unseres Lebens. Ein nachlassendes Bevölkerungswachstum bedeutet eine schwindende Dynamik der Wirtschaft: Es fehlen vor allem die jüngeren Arbeitskräfte, auf denen die Hoffnungen auf Innovation und Anpassungsleistung ruhen. Daß das Rentensystem nur durch eine drastische Heraufsetzung der Beitragssätze vor dem Kollaps zu bewahren sein wird, steht schon heute außer Frage.

Um die drohende Bevölkerungslücke wenigstens teilweise zu schließen, sollten wir uns positiv auf eine langfristig geplante Zuwanderung von Ausländern einstellen. Was spricht eigentlich in einer zunehmend überbevölkerten Welt dagegen, daß die trotz aller wirtschaftlichen Probleme in Ostdeutschland immer noch wohlhabende Bundesrepublik ihre Tore öffnet, bevor die geburtenschwachen Jahrgänge zum Engpaß unserer Wirtschaft werden? Wir reden soviel über ein vereintes Europa, über Freizügigkeit und offene Grenzen. Warum überwinden wir nicht endlich unsere Angst vor einer »Überfremdung« und erkennen die Tatsache an, daß wir faktisch längst zu einem Einwanderungsland geworden sind, ob uns das paßt oder nicht? Je eher wir uns ernsthaft mit der Frage beschäftigen, wie wir die zu uns kommenden Menschen in unsere Gesellschaft integrieren können, desto besser. Die unerträglich lang geführte Asylkontroverse hat eine emotionslose Beschäftigung mit einer geregelten Aufnahme von Zuwanderern unnötig verzögert.

Wie die Überalterung der Bevölkerung, so gehört auch die schon an anderer Stelle erwähnte Abwanderung gutsituierter Bürger aus den Städten ins nahe Umland zu den negativen Einflußfaktoren künftiger Kommunalpolitik. Da die meisten Pendler motorisiert sind, nehmen sie die tägliche Autofahrt in die City trotz zunehmender Staus auf den Zufahrtsstraßen klaglos in Kauf. Der innerstädtische Freizeitwert, etwa durch Theater, Kino und andere Unterhaltungsangebote, wird schon lange nicht mehr als so attraktiv empfunden, als daß er den Zug an die Peripherie aufhalten könnte. Auf Dauer werden sich daraus schwerwiegende Verschiebungen des Einkommensniveaus ergeben. Der hieraus resultierende Steuerausfall wird zusätzlich durch die Standortverlagerung kleinerer und mittlerer Unternehmen verstärkt, die es in wachsender Zahl aus der Enge der Städte in das billigere und nicht zuletzt verkehrsgünstigere Umland zieht.

Die demographische Entwicklung und die Abwanderung von Empfängern höherer Einkommen sind jedoch nicht die einzigen Faktoren, die die Sozialstruktur unserer Städte negativ beeinflussen. Hinzu kommt der steigende Zustrom von Aussiedlern und Asylbewerbern, vor allem jedoch die zunehmende Zahl von Dauerarbeitslosen und Sozialhilfeempfängern. Alles zusammengenommen bürdet den Kommunen bei knapperen Kassen immer mehr soziale Belastungen auf. In Mannheim beispielsweise bestritten 1992 nur 41,1 Prozent aller Männer und Frauen im erwerbsfähigen Alter ihren Lebensunterhalt durch eine Erwerbstätigkeit; 58,9 Prozent lebten dagegen von Transfereinkommen des Staates, waren Rentner oder wurden von ihren Eltern unterhalten. Die auf die Kommunen zukommenden höheren Soziallasten betreffen zum einen die direkt zu zahlende Sozialhilfe, daneben ergeben sie sich aus dem notwendigen Ausbau der sozialen Infrastruktur, wie dem Unterhalt von Alten- und Pflegeheimen.

Nicht zu vergessen, daß der Staat immer mehr Sicherungsaufgaben übernehmen muß, um die sich früher die Familie oder Nachbarn kümmerten. Mit der teilweisen Auflösung traditioneller Lebensformen in Richtung auf eheähnliche Gemeinschaften oder Single-Haushalte sind ins wirtschaftliche Abseits geratene, kranke und alte Menschen zunehmend auf die Solidargemeinschaft angewiesen. Mit der absehbaren Überalterung unserer Bevölkerung kommen damit Lasten auf die hiervon besonders betroffenen Großstädte zu, die sich heute noch gar nicht ermessen lassen.

Die Kommunen werden diese Lasten auf Dauer nicht tragen können, wenn es ihnen nicht gelingt, dem »Kippen« der Sozialstruktur erfolgreich entgegenzuwirken. Und dies in zweierlei Hinsicht: Zum einen muß die Lebensqualität erhöht werden. Mit leeren Kassen jedoch ist dieses Ziel nicht zu erreichen. Ebenso wichtig ist es daher, die Wirtschaftskraft der Großstädte zu erhalten. Beides hängt eng miteinander zusammen. Vor allem Dienstleistungsbetriebe beachten bei Neuansiedlungen zunehmend außer harten ökonomischen Standortfaktoren auch kulturelles Umfeld und Freizeitwert. Allein von Banken, Versicherungen und Handelsfirmen können jedoch die mit der Industrie groß gewordenen Städte nicht leben. Sie brauchen auch künftig als wirtschaftliches Rückgrat auf der Basis modernster Technologie tätige Produktionsbetriebe mit krisensicheren Arbeitsplätzen. Mit der Wahrung einer gesunden Wirtschaftsstruktur ist der Markt allein überfordert. Das freie Spiel der Kräfte muß ergänzt werden durch eine vorausschauende Stadtentwicklungspolitik.

Die Kommunalpolitiker müssen sich jedoch die Frage stellen, ob die klassische Ämterverwaltung der Weisheit letzter Schluß ist. Müssen, wie 1986 die »ZEIT« formulierte, aus Oberbürgermeistern Manager werden? Auch ich bin nicht erst seit heute davon überzeugt, daß vor allem die großen Kommunen Erfahrungen aus der Wirtschaft stärker nutzen sollten. Dabei muß es darum gehen, durch eine »schlankere« Organisation die Dienstwege zu verkürzen und überschaubarer zu machen. Die heute von verschiedenen Stellen der Verwaltung wahrgenommenen Querschnittsfunktionen produzieren einen unverhältnismäßig großen Koordinationsbedarf. In einer Zeit, in der sich der Anpassungsdruck in der Wirtschaft dramatisch verstärkt hat, können wir uns das Festhalten an alten Zöpfen nicht mehr leisten.

Die Genehmigungsverfahren für geplante Investitionen sind so kompliziert geworden, daß sie einfach zuviel Zeit benötigen. Es geht nicht darum, den Umweltschutz durch die Hintertür zu reduzieren. Gerade in den dicht besiedelten Ballungsräumen mit ihren hohen Schadstoffbelastungen durch Industrie und Verkehr kommt ihm höchste Priorität zu. Wie soll denn auch das Leben in den Städten wieder attraktiver werden, wenn Luft, Wasser und Böden immer stärker verpestet sind? Es kann auch nicht darum gehen, die gesetzlich geregelten Einspruchsmöglichkeiten der Bürger auf kaltem Wege wieder zu kassieren. Jeder muß auch weiterhin das Recht haben, sich über geplante öffentliche oder privatwirtschaftliche Projekte rechtzeitig zu informieren und gegen unzumutbare Belastungen vorzugehen. Doch scheint inzwischen bei vielen das Gefühl für das rechte Maß verlorengegangen zu sein. Anders ist es kaum zu erklären, daß sich selbst gegen völlig harmlose Pläne sofort massiver Bürgerprotest formiert und Einsprüche durch alle Instanzen hindurchgezogen werden. Die Verfahren müssen so gestrafft werden, daß Bürger und Bürgerinitiativen mit begründeten Beschwerden zu ihrem Recht kommen, ohne daß die Verwaltung Investoren eine zügige Abwicklung von Genehmigungsverfahren schuldig bleibt. Ansonsten werden ansiedlungswillige Unternehmen den vielzitierten »Standort Deutschland« meiden und sich an anderer Stelle im europäischen Binnenmarkt niederlassen.

Ohne die Mitwirkung des Bundes und der Länder werden die Städte die Last der lawinenartig gestiegenen Aufgaben jedoch nicht schultern können. Überfällig ist vor allem eine bessere finanzielle Ausstattung. Schon jetzt hat die Verschuldung der Großstädte ein beängstigendes Ausmaß erreicht. Die Rezession reißt plötzlich Löcher in die Etats der Kämmerer, die selbst durch einen strikten Sparkurs nicht auszugleichen sind. So kassierte die Stadt Mannheim von ihrem größten Gewerbesteuerzahler, der Daimler-Benz AG, 1992 nur noch 8,6 Millionen Mark an Gewerbesteuer. Fünf Jahre zuvor waren es noch fast zehnmal soviel gewesen. Trotz extrem schwankender Steuereinnahmen müssen die Kommunen jedoch Einrichtungen vorhalten oder zumindest subventionieren, von denen teilweise auch die im Umland lebenden Bewohner profitieren. Tag für Tag legt die Stadt Mannheim pro verkauften Platz in ihrem Nationaltheater den stolzen Betrag von 125 Mark drauf. Die Subventionierung der Theaterbesucher kostet die Stadt jährlich zwischen 45 und 50 Millionen Mark. Ähnliches gilt für das Klinikum, das in jedem Jahr 20 bis 30 Millionen aus dem städtischen Etat verschlingt und in dem zu 54 Prozent Patienten aus der Region behandelt werden. Auch im sozialen Mietwohnungsbau sind die Rollen ungerecht verteilt. Da die Nachbargemeinden auf diesem Gebiet so gut wie keine Aktivitäten entfalten, sind sozial Schwache gezwungen, in der Großstadt öffentlich geförderte Mietwohnungen in Anspruch zu nehmen. Die Stadt Mannheim wendet für die Förderung von Sozialwohnungen jährlich fast 40 Millionen Mark auf. Schon heute liegt der Gewerbesteuer-Hebesatz in den meisten deutschen Großstädten erheblich über dem der umliegenden Gemeinden. Diese Entwicklung birgt große Gefahren. Je weiter nämlich die Kämmerer an dieser Steuerschraube drehen, desto stärker treibt es Unternehmen aus der Stadt in »billigere« Gemeinden – statt mehr Steuern kommen weniger ein.

Eines der wichtigsten Instrumente zur Beeinflussung der Sozialstruktur ist der öffentlich geförderte Mietwohnungsbau. Die soziale Wohnungswirtschaft hat sich in der Vergangenheit bestens bewährt. Sie basierte zum einen auf der betriebswirtschaftlichen Rentabilität, zum anderen auf dem gesellschaftlichen Konsens, daß auf dem Wohnungsmarkt eine soziale Ausgewogenheit angestrebt werden sollte. Ohne wesentlich verstärkte Anstrengungen auf dem Gebiet des sozialen Wohnungsbaus wird sich die durch den Zustrom von Übersiedlern und Asylbewerbern, aber gleichzeitig auch durch die Zunahme von Single-Haushalten verschärfte Lage in den neunziger Jahren kaum entspannen. Zu fragen ist dabei, ob die Form der öffentlichen Förderung noch gerecht ist und den in sie gesetzten Erwartungen entspricht. Nutznießer sind zum einen Gutsituierte: Durch großzügige Abschreibungsmöglichkeiten beim Kauf oder Bau von Eigenheimen hilft ihnen der Staat kräftig Steuern zu sparen. Die zweite Gruppe ist die der unteren Einkommensschichten, die in den Genuß des Wohngeldes kommen. Nach Berechnungen des Darmstädter »Instituts Umwelt und Wohnen« vereinigen die obersten und untersten 20 Prozent auf der Einkommensskala jeweils mehr als ein Viertel der Gesamtsubventionen auf sich. Auch bei der Belegung von Sozialwohnungen fühlt sich eine immer größer werdende Mittelschicht ausgegrenzt. Von den ursprünglich »breiten Schichten der Bevölkerung« mit bis zu 70 Prozent Zugangsberechtigten Anfang der siebziger Jahre bei der Vergabe von öffentlich geförderten Mietwohnungen sind in der Zwischenzeit im Durchschnitt nur noch 37 Prozent übriggeblieben. In einigen Tarifbezirken mit vergleichsweise hohem Lohn- und Gehaltsniveau, auch in Mannheim, bewegen wir uns auf die 30-Prozent-Grenze zu. Bleiben die in § 25 des

Zweiten Wohnungsbaugesetzes gezogenen Einkommens-
grenzen weiterhin so starr, besteht die Gefahr, daß sich
durch einseitige Förderung sozial Schwacher zu Lasten des
»neuen Arbeitnehmer-Mittelstandes« in bestimmten groß-
städtischen Wohngebieten eine soziologisch unerwünschte
Mieterstruktur entwickelt.

Die Politiker in Bund, Ländern und Kommunen müssen
sich neue Wege einfallen lassen, um mit der Wohnungsnot
fertig zu werden. So ließen sich für »Fehlbeleger« finanzielle
Anreize vorstellen, ihre Sozialwohnung aufzugeben und in
eine freifinanzierte Wohnung zu ziehen oder eine Eigentums-
wohnung zu kaufen. In Mannheim sind wir mit einem »Miet-
kauf«-Modell auf starke Resonanz gestoßen: In von einer
gemeinnützigen städtischen Baugesellschaft errichteten
mehrgeschossigen Wohnhäusern sollen die Mieter zusätzlich
zu ihrer Miete monatlich 3,50 Mark pro Quadratmeter an-
sparen. Nach zehn Jahren haben sie die Möglichkeit, ihre
Wohnung zu kaufen. Falls sie dies nicht wollen, erhalten sie
ihr angespartes Kapital verzinst wieder zurück. Auch die
lokale Wirtschaft könnte künftig ein Interesse haben, in den
Wohnungsbau zu investieren. Ein ausreichendes Angebot an
bezahlbarem Wohnraum ist für die Industrie, vor allem wenn
sie auf Zuzügler angewiesen ist, ein wichtiger Standortfaktor.
Wenn die Wirtschaft häufig die ihres Erachtens zu geringe
Mobilität von Arbeitnehmern kritisiert, dann liegt dies eben
zu einem großen Teil an der Schwierigkeit, eine passende
Wohnung zu finden.

Völlig neu ausrichten müssen die Kommunen auch ihre
Seniorenpolitik. Dies ergibt sich allein aus der demographi-
schen Entwicklung. Schon in wenigen Jahren wird die Bevölkerung zu einem Viertel bis einem Drittel aus Menschen
bestehen, die aus dem Erwerbsleben ausgeschieden sind.

Viele gehen heute schon mit 63 Jahren in Rente, Schwerbeschädigte mit 60. In Krisenbranchen erleben nicht wenige den Ruhestand bereits mit 58. Dadurch, daß die Menschen ein sehr viel höheres Alter erreichen als frühere Generationen, können sie einen dritten Lebensabschnitt von 20 und oft noch mehr Jahren erwarten. Senioren wollen aber nicht nur betreut werden, sondern aktiv ihre Freizeit gestalten. Bisher gilt die Seniorenpolitik alten Menschen, deren Leben durch Kriegserfahrung, Entbehrung und die Anstrengungen des Wiederaufbaus geprägt waren. Sie erwarteten keine anderen Leistungen und haben sich mit ihrer Lebenssituation abgefunden. Für die »neuen Alten«, die schon als Kinder und Jugendliche im beginnenden Wohlstand aufwuchsen, die weitaus bessere Bildungschancen als ihre Eltern wahrnehmen konnten, verbinden sich mit dem Ruhestand ganz andere Erwartungen. Durch die Medien umfassend informiert und im Zeitalter des Autos und des Massentourismus an Mobilität gewöhnt, planen sie ihre dritte Lebensrunde als aktiv gestaltete Freizeit. Wen wundert es, daß viele vom »Unruhestand« sprechen! Eine künftige Seniorenpolitik muß älteren Menschen daher nicht nur Kultur- und Bildungsveranstaltungen anbieten. Auch die Möglichkeit, Sport – etwa Gymnastik – zu treiben oder sich in ursprünglich für die Jugend gedachten Einrichtungen in handwerklichen Fähigkeiten zu üben, wird dazugehören. Daß die Senioren ihren Forderungen wirksam Nachdruck verleihen werden, steht für mich außer Zweifel. Ihr steigender Anteil an der Gesamtbevölkerung verleiht ihnen als Wähler starkes politisches Gewicht.

Wenn, wie es heute bereits absehbar ist, die besonders leistungsfähigen mittleren Jahrgänge zahlenmäßig zurückgehen, müssen die gemeinsamen Anstrengungen von Politik und Wirtschaft darauf gerichtet sein, die vorhandenen Arbeitsmarktreserven soweit wie möglich auszuschöpfen. Die Unternehmen sollten dabei mehr Phantasie auf das Angebot möglichst vielfältiger Teilzcitmodelle verwenden. Statt Vollzeit zu fahren, wollen viele Beschäftigte vielleicht nur zwei oder drei Tage die Woche oder in einem anderen Rhythmus arbeiten. Gleichzeitig werden wir alles unternehmen müssen, junge Ausländer intensiver auf ihren Beruf vorzubereiten. Die in den kommenden Jahren ins Berufsleben eintretenden Jugendlichen werden zu über einem Viertel ausländische Mitbürger der ersten oder zweiten Generation sein. Speziell für sie benötigen wir Qualifizierungsprogramme, die schon in der Grund- und Hauptschule beginnen müssen. Wir werden diese Menschen nicht nur in den Fabriken benötigen. Der technische Fortschritt in unserem Lande würde erlahmen, wenn künftig weniger junge, kreative Spezialisten in Universitäten, Forschungsabteilungen und Ingenieurbüros arbeiteten. Die Dynamik würde nachlassen, wenn da, wo Spitzenleistungen zu erbringen sind, die mit den Technologien von gestern an ihre Positionen gekommenen Spitzenkräfte zu lange die Szene beherrschen.

Wir werden uns schließlich nicht länger den Luxus leisten können, die Frauen so stiefmütterlich zu behandeln wie bisher. Im allgemeinen Bewußtsein kommt den Männern im Beruf immer noch eine bevorzugte Stellung zu. Die berühmten»drei K« – Kinder, Küche, Kirche – sind dagegen die Domäne der Mütter. Die Zeit, die sie ausschließlich ihrem Nachwuchs widmen, fehlt ihnen im Wettbewerb mit ihren männlichen Konkurrenten. Frauenförderung muß deshalb da einsetzen, wo es um Chancengleichheit bei der Qualifizierung und Beförderung von Mitarbeitern beiderlei Geschlechts geht. Des weiteren muß Frauen der Wiedereinstieg in ihren Beruf erleichtert werden – ein Ziel, das zu erreichen angesichts der rückgängigen Geburtenrate auch der Wirtschaft am Herzen liegen muß. Darüber hinaus müssen die Betriebe die nötigen Rahmenbedingungen schaffen, daß Frauen Familie und Beruf besser miteinander in Einklang bringen können. Dazu zählen flexible Arbeitszeiten, die den Frauen die Berufstätigkeit ermöglichen, Teilzeitarbeitsplätze sowie Kindertagesstätten. Letztere müssen nicht unbedingt Betriebskindergärten sein; denkbar wäre vielmehr, daß sich mehrere Unternehmen zusammentun, um gemeinsam die Einrichtung von Krippen, Kindergärten und Horten zu organisieren oder zu finanzieren.

Dem Ziel, Frauen mit Familie die Fortsetzung ihrer beruflichen Arbeit zu erleichtern, würde schließlich auch der Übergang zur Ganztagsschule dienen. Ende der achtziger Jahre stammten in Mannheim 30 bis 40 Prozent aller Kinder im Vorschul- oder Schulalter aus Familien, in denen die Mutter oder der alleinerziehende Elternteil erwerbstätig waren. Zwei Drittel der Mütter von Kindern unter 18 Jahren gingen für mehr als 20 Stunden die Woche einer Erwerbstätigkeit nach. In anderen deutschen Großstädten dürften die Verhältnisse nicht viel anders sein. Allerdings sind Gesamtschulen, vor allem wegen des höheren Personalbedarfs, im Unterhalt um 30 bis 40 Prozent teurer als Halbtagsschulen. Diese Mehrkosten stehen jedoch in keinem Verhältnis zu den Vorteilen. Ganztagsschulen ermöglichen nicht nur kindererziehenden Frauen, ihren Beruf auszuüben. Sie sind daneben geeignet, bei Kindern aus schwierigen sozialen Verhältnissen und aus Ausländerfamilien Bildungsdefizite auszugleichen, die diese in ihrem häuslichen Umfeld nur schwer überwinden können. In einem künftigen europäischen Binnenmarkt, in dem um uns herum die ganztägige

Schulausbildung seit langem die Regel ist, werden sie den erhöhten Bildungsanforderungen unserer Industrie- und Dienstleistungsgesellschaft sehr viel besser als jeder andere Schultyp gerecht.

Kommunalpolitik ist in erster Linie das zunehmend mühsame Geschäft, mit den drängenden Problemen der Gegenwart fertig zu werden. Im Zeitalter der leeren Kassen ist dies zu einer Verwaltung der Knappheit geworden. Als Mitglied des Mannheimer Gemeinderats und verstärkt als Vorsitzender seiner Mehrheitsfraktion habe ich jedoch immer wieder versucht, den Blick über den Tellerrand der Tagesereignisse hinweg auf die absehbaren Herausforderungen der Zukunft zu richten. Davor die Augen zu verschließen wäre nicht nur töricht, sondern auch gefährlich. Noch besitzen die demokratisch gewählten Politiker trotz aller in letzter Zeit verstärkt spürbaren Parteiverdrossenheit den notwendigen Kredit der Bürger, die überfälligen Weichenstellungen vorzunehmen. Vieles würde schwieriger, wenn die großen Volksparteien ihre Führungsrolle verlören, wenn sich die Wähler den schrecklichen Vereinfachern von rechts an den Hals werfen würden. Auf New York wurde schon vor Jahren das Wort von der »unregierbaren Stadt« geprägt. Davon sind unsere Großstädte zum Glück noch weit entfernt. Doch ein brisantes Problemgemisch mahnt zur Wachsamkeit. Nur wenn wir den Mut aufbringen, Neues zu wagen, statt einfach weiterzuwursteln, wird es uns gelingen, die Vitalität und Lebensqualität unserer wirtschaftlichen und kulturellen Zentren zu erhalten.

Personenregister

Hinweis zu den Abbildungen: Die Photovorlagen wurden vom Autor zur Verfügung gestellt. Photographen konnten nicht ermittelt werden.

Kurt Sontheimer

Grundzüge des politischen Systems der neuen Bundesrepublik Deutschland

347 Seiten. Serie Piper 1200

Kurt Sontheimers Buch – inzwischen ein Standardwerk
der politischen Bildung – bietet eine
Einführung in das politische System der Bundesrepublik
Deutschland, die nun auch für die neuen Bundesländer
Gültigkeit hat.

»Hier handelt es sich um ein – angenehm wenig lehrhaftes –
Lehrbuch der politischen Bildung im weitesten Sinne,
dem man Verbreitung und Gebrauch nur eindringlich
wünschen kann.«
DIE ZEIT

Deutschlands Politische Kultur

191 Seiten. Serie Piper 1289

Ziel des Buches ist es herauszuarbeiten, was für die
politische Kultur im Deutschland
der Vorkriegszeit typisch war, wie sich nach der Teilung
Deutschlands zwei unterschiedliche politische
Kulturen in der Bundesrepublik und in der DDR entwickelt
haben und welche Perspektiven
es für eine gemeinsame politische Kultur
im künftigen Deutschland gibt.

Piper

Dieter Nohlen (Hrsg.)

Wörterbuch Staat und Politik
822 Seiten. Serie Piper 1179

Mit diesem Wörterbuch legt der Heidelberger Politik-
wissenschaftler Dieter Nohlen ein kompaktes Nachschlagewerk
vor, das für einen breiten Benutzerkreis in Politik, Verwaltung,
Forschung und Lehre, in den Medien und in politischer
Bildung konzipiert ist. Es informiert über politische Theorien
und Ideologien, über zentrale politische Begriffe, politische
Institutionen und Prozesse sowie umfassend über die
Politikfelder der Innen- und Internationalen Politik.
129 renommierte Wissenschaftler bürgen für die hohe
Qualität von Information und Analyse.

Pipers Wörterbuch zur Politik

Band 1:

Politikwissenschaft
Theorien – Methoden – Begriffe
Herausgegeben von Dieter Nohlen und Rainer-Olaf Schultze.
Zwei Halbbände. Band 1/1: 588 Seiten, Serie Piper 1150.
Band 1/2: 641 Seiten. Serie Piper 1151

»Dies ist eine imponierende Gemeinschaftsleistung der
beteiligten Wissenschaftler und ein Aushängeschild für die
gesamte Disziplin, das in der Tat schon jetzt als
unumgängliches Standardwerk gelten darf.«
Neue Politische Literatur

PIPER